本书为第二次青藏高原综合科学考察研究——土地利用变化及其环境效应（2019QZKK0603）"中缅边境贸易通道历史变迁与现状调查"项目阶段成果。

"中国近代经济地理研究"丛书

吴松弟 主编

国家出版基金项目
NATIONAL PUBLICATION FOUNDATION

"十四五"时期国家重点
出版物出版专项规划项目

时局与地域：全面抗战时期云南的经济开发与经济建设研究

张永帅 著

山东画报出版社

济南

图书在版编目（CIP）数据

时局与地域：全面抗战时期云南的经济开发与经济建
设研究 / 张永帅著.—济南：山东画报出版社，2023.1
（"中国近代经济地理研究"丛书 / 吴松弟主编）
ISBN 978-7-5474-4091-9

Ⅰ.①时… Ⅱ.①张… Ⅲ.①区域经济发展—研究—云
南—1931-1945 Ⅳ.①F127.74

中国版本图书馆CIP数据核字(2021)第235670号

SHIJU YU DIYU: QUANMIAN KANGZHAN SHIQI YUNNAN DE JINGJI KAIFA YU JINGJI JIANSHE YANJIU

时局与地域：全面抗战时期云南的经济开发与经济建设研究

张永帅 著

项目策划	赵发国
责任编辑	郑丽慧 许 诺
装帧设计	王 芳 公冶繁省

主管单位	山东出版传媒股份有限公司
出版发行	山东画报出版社
社 址	济南市市中区舜耕路517号 邮编 250003
电 话	总编室（0531）82098472
	市场部（0531）82098479
网 址	http://www.hbcbs.com.cn
电子信箱	hbcb@sdpress.com.cn
印 刷	青岛国彩印刷股份有限公司
规 格	160毫米×230毫米 32开
	10.75印张 320千字
版 次	2023年1月第1版
印 次	2023年1月第1次印刷
书 号	ISBN 978-7-5474-4091-9
定 价	86.00元

如有印装质量问题，请与出版社总编室联系更换。

序：中国近代经济地理研究的新进展

吴松弟

在正式开展中国近代经济地理研究之前，我们从2000年左右开始，用约十年的时间，大体上完成了东北、华北、华东、华中、西南、华南等区域的二十余个口岸城市及其腹地的研究，形成了一系列论著，其中广被引用的《中国百年经济拼图：港口城市及其腹地与中国现代化》一书，即由山东画报出版社于2006年出版。

在近代"港口—腹地"研究的基础上，2008年，我们联合二十五位学者开始撰写九卷本的《中国近代经济地理》，由华东师范大学出版社于2014年至2017年陆续出版。该丛书共分为九卷，第一卷《绪论和全国概况》为总论卷，从全国层面分别讨论了近代中国贸易和商业、人口、农业、工矿业、交通、金融业、城市的发展及其空间分布；第二卷至第九卷为大区域卷，较为详细地探究了全国八大区域的近代经济地理状况，各卷关注近代经济变迁的空间过程，三次产业、人口、城市等部门的经济地理及其变迁。《中国近代经济地理》出版之后，在学术界和社会上产生了重要的影响，并获得多种奖项。2018年5月，荣获第十五届上海图书奖一等奖；2018年10月，荣获上海市第十四届哲学社会科学优秀成果奖学科学术奖著作类一等奖；2020年获教育部第八届高等学校科学研究优秀成果奖（人文社会科学）著作类一等奖。

中国经济地理研究的历史时段，尤其是最为重要的近代时期，具有非常重要的理论与学术意义，已成为学界的共识。在九卷本《中国近代经济地理》写作的后期，我们对哈佛大学图书馆、中国海关总署档案馆中收藏的旧海关内部出版物进行了整理、出版工作，进入了收官阶段。我们发现，中国近代经济地理在很多方面仍有待研究，大量的旧海关史料尚未得到充分利用。因此，我们决定拓宽或深化近代经济地理的研究范围，在港口—腹地、区域经济转型、城市空间演化、经济区形成、自由港和边疆贸易、贸易网络、进口替代等问题上进一步研究，这些成果被收入"港口—腹地与近代中国经济转型研究"丛书，被列入"十三五"国家重点图书出版规划项目并获得国家出版基金资助，由齐鲁书社于2020年出版。

本次出版的"中国近代经济地理研究"丛书七种，从不同的角度进一步深化了中国近代经济地理研究，具有重要的学术价值，获得了学术界的认可，获得国家出版基金资助，并被列入"十四五"时期国家重点出版物出版专项规划项目。本七卷本丛书是华东师范大学出版社九卷本的新推进，囊括了中国近代经济地理研究理论与实证方面的新进展。如果说2014—2017年完成的九卷本是一项结构严谨的近代经济地理研究尝试，是一项弥补空白的学术研究，那么，本七卷本丛书则着力于推进近代经济地理研究的新拓展，深化近代经济地理领域一些重要的理论与学术问题，遵循由浅及深、由表及里的学术思路，这是中国近代经济地理研究的新推进。

本七卷本丛书富有理论与实证的新意，深化了中国近代经济地理研究，相关内容囊括了中国近代经济地理格局、近代典型城市与区域（上海、长三角）、近代中国口岸与城市、近代中国常关贸易、近代上海外贸埠际转运、近代中国地域经济（温州及东南地区）、抗战时期边疆经济等方面最新的探索。这些研究成果，或对已有的相关研究作了进一步的探索与归纳，或弥补了之前相关议题研究的不足，或对近代中国区域经济地理与地域经济进行了跨学科的新解析和新探索。

1993年，我和邹逸麟先生撰文呼吁历史地理工作者"尤其要注重研究与经济建设有关的重大课题",建议"历史地理学研究的历史时代应尽量后移,尤其要加强对明清乃至民国时期历史地理的研究"时,并没有想到近代经济地理会成为中国历史地理学新的学科生长点,经过近三十年的发展,取得今日之成绩,在学术界和社会上产生了广泛的影响。值此丛书出版之际,谨对山东画报出版社的大力支持表示衷心的感谢!对协助我出版"港口—腹地与近代中国经济转型研究"丛书九种的樊如森教授、对协助我出版"中国近代经济地理研究"丛书七种的方书生副教授,以及参与两套书写作的同学们(他们几乎都成长为教授、副教授),表示我本人的感谢和祝贺。值得一提的是,2012年,我申报的国家社科基金重大项目"中国旧海关内部出版物的整理与研究"开题,樊如森教授的"大阪产业部近代中国及'海上丝路'沿线调查资料整理与研究"和王列辉教授的"21世纪海上丝绸之路的港口供需演化与均衡状态研究",分别在2018年、2020年获批国家社科基金重大项目。这两个重大项目以及山东画报出版社等出版的两套书,不仅对历史研究,而且对国际贸易、海上航线和经济建设,都具有重大意义,作为导师,我自然为学生的成功和进步而高兴。

2021年10月

目　录

绪　论

一、相关研究进展

截至目前，关于全面抗战时期的云南经济，还缺少一部专门的研究著作，只是在相关研究的著作中，作为其中的一部分内容而有所呈现。第一，在云南通史和云南近代史的综合性研究中，多对全面抗战时期的云南经济有所涉及，如牛鸿斌、谢本书主编的《云南通史》第六卷从农村经济、内迁工业、财政、金融与商业等几个方面，以一章的篇幅描述了抗战时期云南经济的基本面貌①，《云南近代史》编写组的谢本书等编撰的《云南近代史》以一节的篇幅蜻蜓点水式地描述了抗战时期云南经济社会的发展②。第二，在云南抗战史的研究中，经济方面则是其研究的重要内容，代表性成果有孙代兴、吴宝璋主编的《云南抗日战争史》，其第四章《云南战时交通》、第五章《云南经济在抗战时期的大发展》对全面抗战时期的云南经济发展进行了较为全面的描述③。第三，更多的相关研究，则主要在云南地方经济史研究中，通代的研究如罗群等

① 何耀华总主编，牛鸿斌、谢本书主编：《云南通史》第六卷，中国社会科学出版社2011年版，第247~287页。

② 《云南近代史》编写组：《云南近代史》，云南人民出版社1993年版，第493~502页。

③ 孙代兴、吴宝璋主编：《云南抗日战争史》（增订本），云南大学出版社2005年版，第164~246页。

著《云南省经济史》①在不同的专题中均对全面抗战时期云南经济的相关方面有一定的论述；断代的研究如李珪主编的《云南近代经济史》，将抗日战争时期和解放战争时期的云南经济作为一个整体，分多个专题进行了论述②；专题性研究如陈征平的《云南工业史》没有把全面抗战时期作为云南工业发展的一个独立阶段，而是将其纳入转型时期的近代云南工业之中，分部门描述了近代云南工业的发展③，杨寿川的《云南烟草发展史》第五章从两个方面即云南烟草工业迅速发展的原因和云南烟草工业迅速发展的状况论述了全面抗战时期云南烟草工业的迅速发展④。第四，在有关抗战大后方的研究著作中，也会或集中或零散地涉及有关云南经济的内容，如周天豹、凌承学主编的《抗日战争时期西南经济发展概述》⑤、黄立人的《抗战时期大后方经济史研究》⑥、张守广的《抗战大后方工业研究》⑦、谭刚的《抗战时期大后方交通与西部经济开发》⑧等。

不仅尚无专书，将全面抗战时期作为一个特定的阶段，对云南经济相关方面进行研究，而且这方面的相关论文（包括学位论文）也不是很多。工业方面，除陈征平的《二战时期云南近代工业的发展水平及特点》重新评估了全面抗战时期云南工业发展规模和发展水平外⑨，企业内迁对云南近代工业发展的影响，则多为论者所关注。如晁丽华分别对全

① 罗群等：《云南省经济史》，山西经济出版社2016年版。

② 云南省经济研究所 李珪主编：《云南近代经济史》，云南民族出版社1995年版，第421~609页。

③ 陈征平：《云南工业史》，云南大学出版社2007年版，第351~530页。

④ 杨寿川：《云南烟草发展史》，社会科学文献出版社2018年版，第71~77页。

⑤ 周天豹、凌承学主编：《抗日战争时期西南经济发展概述》，西南师范大学出版社1988年版。

⑥ 黄立人：《抗战时期大后方经济史研究》，中国档案出版社1998年版。

⑦ 张守广：《抗战大后方工业研究》，重庆出版社2012年版。

⑧ 谭刚：《抗战时期大后方交通与西部经济开发》，中国社会科学出版社2013年版。

⑨ 陈征平：《二战时期云南近代工业的发展水平及特点》，载《思想战线》2001年第2期。

面抗战时期内迁云南的民用工业与军事工业进行了较为详细的梳理①；非茶娟对内迁云南的军事工业的发展进行了较为详细的论述，并在此基础上分析了军事工业内迁对云南社会的影响②；姜晶晶以资源委员会厂矿内迁为例，探讨了厂矿内迁与云南工业发展的关系③；赵善庆认为大量企业内迁云南，推动了云南近代工业的跨越式发展，加速了云南近代工业的变迁④；等等。此外，杨寿川的《抗战时期的云南矿业》论述了云南矿业在全面抗战时期由盛而衰的过程⑤；凌永忠的《论抗日战争时期的云南铜业》认为，抗日战争时期国民政府在云南采取积极措施，使云南军需铜材产量大幅提升，保证了抗战的铜材需求，有力支持了中国人民的抗日战争，而云南铜业的生产规模和技术也在抗战期间得到极大提升，加快了云南矿业现代化发展步伐等⑥，也都值得注意。农业方面的研究成果较少，杨天虎认为，抗战时期，基于云南省棉布棉纱的自身需要和全国棉纱的需求，中央政府和云南省政府组织各方力量在云南推广木棉种植，并取得了很大的成效⑦；庞雪晨对抗战时期云南由推广美棉转向主要推广木棉的缘由进行了考证⑧；刘春秀的《抗战时期云南农田水利建设研究》认为，云南作为抗战大后方的重要组成部分，再加上全面抗战以来人口、企业、机关的大量迁入，粮食需求大增，农田水利建设受到中央及本地政府的重视，全省范围内的农田水利建设由此进入重要发展时期⑨。

----

① 晁丽华：《抗战时期迁建云南的民用工业研究》，载《昆明大学学报》2007年第3期；《抗战时期迁建云南的军事工业研究》，载《大理学院学报》2007年第5期。
② 非茶娟：《抗战时期军事工业内迁云南的社会研究》，昆明理工大学2011年硕士学位论文。
③ 姜晶晶：《抗战厂矿内迁与云南工业发展——以资源委员会厂矿内迁为例》，云南农业大学2016年硕士学位论文。
④ 赵善庆：《抗战时期企业内迁与云南近代工业的跨越》，载《求索》2015年第7期。
⑤ 杨寿川：《抗战时期的云南矿业》，载《云南社会科学》1995年第6期。
⑥ 凌永忠：《论抗日战争时期的云南铜业》，载《中国边疆史地研究》2012年第1期。
⑦ 杨天虎：《抗战时期云南木棉推广研究》，载《安徽农业科学》2013年第19期。
⑧ 庞雪晨：《近代云南美棉改植木棉缘由的考证》，载《云南农业大学学报（社会科学版）》2009年第2期。
⑨ 刘春秀：《抗战时期云南农田水利建设研究》，云南师范大学2019年硕士学位论文。

相对而言，全面抗战时期云南交通的建设与发展的研究成果是最多的，但多集中于对滇缅公路和史迪威公路的研究，如贾国雄的《抗战时期滇缅公路的修建及运输述论》关注滇缅公路在抗战过程中的运输物资数量及运输物资类目，同时对滇缅修筑路面特点进行概括①；韦丹凤从工程史的角度对滇缅公路作了较为深入的研究②；徐康明对中印公路修筑的过程及其战略意义进行了论述③；肖雄认为，中印公路是一条真正意义上的、打破了敌人持续七年多的战略性交通封锁之路，又是一条为缅北、滇西反攻战提供后勤保障的战略进攻之路；④ 等等。此外，徐康明⑤、谭刚⑥、刘莲芬⑦等人对驼峰航线的研究，唐靖、王亦秋对川滇公路的关注⑧，张永帅对中印输油管道铺设情况的论述⑨，也都值得注意。

　　以上对相关研究的回顾，可谓挂一漏万，但截至目前，学界对全面抗战时期的云南经济还没有予以充分的重视。笔者认为："全面抗战时期，云南成为大后方，经济建设的广度和力度前所未有，极大地改变了云南经济发展的基本面貌，在云南经济发展史上有着特殊的意义，当以一个完整的时段来看待，从而窥知局势变化与政策因素在云南这样的边

---

①贾国雄：《抗战时期滇缅公路的修建及运输述论》，载《四川师范大学学报（社会科学版）》2000年第2期。

②韦丹凤：《滇缅公路研究（1937—1942）——基于战时公路工程史的视角》，北京科技大学2018年博士学位论文。

③徐康明：《滇缅战场上中印公路的修筑》，载《抗日战争研究》1995年第1期。

④肖雄：《对中印公路抗战意义的重新审视》，载《档案》2019年第11期。

⑤徐康明：《二次大战中的"驼峰"航线》，载《云南大学学报（社会科学版）》2003年第3期。

⑥谭刚：《"驼峰"航线与美国对华援助》，载《长白学刊》2007年第2期。

⑦刘莲芬：《抗战期间中美的战略合作与驼峰空运的发展》，载《军事历史研究》2007年第4期。

⑧唐靖、王亦秋：《抗战时期修筑川滇铁路的意义及其艰难历程》，载《重庆师范大学学报（哲学社会科学版）》2016年第2期。

⑨张永帅：《一滴汽油一滴血》，载《军事文摘》2016年第3期。

疆省份地方经济社会发展中扮演的重要角色。"①而在以往，全面抗战时期的云南经济总是更多地被纳入"近代""民国时期""国民政府时期"等相关时间概念下，没有认识到将全面抗战时期作为一个完整的时段来研究。为了深入理解云南经济发展史和云南近代史的重要意义，这一点亟待加以改变。

二、历史地理学的研究视角

（一）"时间""空间"与历史地理学

一般认为，历史学是一门时间的科学②，"时间是这一学科最明晰的特点"③。作为其最突出的学科特征，历史学的研究注重对"时间上变异（的）描述"④。也正是历史学总是热衷于对"时间"的探讨，总是试图描述历史事实的时代特征及其表现形式，并往往惯于从"时间"的角度分析历史演变的逻辑，从而忽视了对"空间"或"区域"的关照，多数历史学家甚至"对特定时期的地理环境状况还是不屑一顾的"⑤。而一般认为，"空间"或"区域"是地理学研究的对象，"'何地'以及'何以在该地'是地理学的基本问题"⑥，因此，地理学对时间的关注主要体现为强调地理环境在时间上的变化⑦，很少关注"时间"对"空间"或"区域"的塑造作用。历史地理学虽然被认为是兼具历史学和地理学特征的

①张永帅：《口岸—腹地：对外贸易与近代云南经济变迁（1840—1945）》，齐鲁书社2020年版，第8页。

②俞金尧：《历史学：时间的科学》，载《江海学刊》2013年第1期。

③菲利普·J.埃辛顿文，杨莉译：《安置过去：历史空间理论的基础》，载《江西社会科学》2008年第9期。

④〔美〕R.哈特向著，黎樵译：《地理学性质的透视》，商务印书馆2009年版，第100页。

⑤赵世瑜：《从空间观察人文与地理学的人文关怀》，载《读书》1997年第5期。

⑥〔英〕阿兰·R.H.贝克著，阙维民译：《地理学与历史学——跨越楚河汉界》，商务印书馆2008年版，第39页。

⑦朱士光：《历史地理学中的"时空交织"观念》，载《中国社会科学报》2013年2月20日。

一门交叉学科，但不论中外学界，都往往将其归为地理学的一个分支，所做的工作主要是对过去的地理环境的复原。既很好地探讨"时间"对"空间"的反映，又深入地分析"空间"对"时间"的塑造一类的成果，实属凤毛麟角。

对过去地理环境的复原研究，往往只是为现代地理学研究进行必要的历史溯源提供素材，根本无法彰显历史地理学的学科价值，而且受资料和数据的限制，历史地理学的研究成果在量化与分辨率等方面为现代地理学者所诟病者不少，进一步影响着地理学界对历史地理学的接纳与认同。这就提示我们，至少从拓展学科发展空间的角度看，有必要对历史地理学的学科性质重新进行审视。

笔者在《历史地理学：学科调整、学科性质与学科发展》[①]一文中，从逻辑出发，重申前人有关历史地理学是一门独立学科的观点，并进行了系统论证。笔者认为，历史地理学能不能成为一门独立的学科，关键要看其是否在很大程度上拥有相对排他的研究对象、研究视角、研究内容与学科体系，以及由此形成的学科特性，此即所谓的"研究视角"。当时的表述是：

> 正如前引哈特向所指出的那样，毫无疑问，历史地理学首先是"历史学""地理学"这两大现分别归属于人文学科和自然科学学科的结合，没有二者的交叉便没有历史地理学。因此，历史地理学的研究视角自然是既吸收了历史学的，也采纳了地理学的，而其特色则是将二者有机结合。
>
> 众所周知，时间和空间是不可分割的，但历史学与地理学却因对二者重视程度的不同，成为各自学科的主要特色，从而成为它们之间及其与其他学科相区别的主要标志。一般地，历史学的

---

① 张永帅：《历史地理学：学科调整、学科性质与学科发展》，载《中国历史地理论丛》2017年第4辑。

研究注重对"时间上变异（的）描述"，地理学的研究则强调对"空间上变异（的）描述"。也就是说，历史学首先关注的是事物在时间上的变化，地理学则将事物在空间上的差异作为其研究的首要问题。那么，历史地理学的研究自然是要将"时间"与"空间"的视角结合，从而形成标志历史地理学学科特色的"时空交织"的理念。因为万事万物无时不在发生着变化，而空间不均衡性又是一种绝对的存在，所以既重视时间的视角，也不忽略空间的视角，将二者有机结合，才能真正认识清楚事物的真实面貌。换言之，"时空交织"作为标志历史地理学学科特色的一大理念，充分表明了历史地理学的学科价值。

也就是说，将根植于历史学的"时间"视角与根植于地理学的"空间"视角结合，形成"时空交织"的研究理念，与历史学、地理学既有联系，又有所区别，这一独特的方法论是历史地理学成为独立学科的充分条件之一。独特的研究视角彰显学科的独特价值，这一认识改变了以往简单的以研究对象界定历史地理学的做法，强调对历史地理学学科性质的认识。方法与视角同样重要，且更有利于学科发展，因为这样一来，我们或许可以将历史地理学"定义"为以"时空交织"的视角探讨历史时期人类社会发展问题的学科，从而既拓展了历史地理学的研究领域，又以其独特的研究视角与问题意识而具有更强的不可替代性。

（二）特定的"时间"与一贯的"空间"

在接续历史学与地理学这两个时间与空间学科的关系上，法国年鉴学派做出的努力有目共睹。这在布罗代尔的研究中体现得最为明显，在其成名作《地中海与菲利普二世时代的地中海世界》一书中，布罗代尔认为，历史可以被分解为地理时间、社会时间、个人时间。这三种历史时段也就是布罗代尔后来所说的"长时段""中时段""短时段"，与这三种时段相适应的概念则分别称为"结构""局势""事件"。布罗代尔认为，包括地貌、气候在内的长时段"结构"因素，对中时段的经济社会运动"局势"和短时段的历史"事件"起着隐蔽的决定性作用。很显然，从空间的角度认识历史，强调地理对历史的塑造作用，是布罗代尔史学研究的重要特色。但是，多少有点令人遗憾的是，在该书中，他并没有深入分析"长时段"是如何对"中时段"和"短时段"起决定作用的。《地中海与菲利普二世时代的地中海世界》一书中的三个部分似乎是互不相干、割裂开来的，人们看不出总体和局部之间的有机联系，特别是第三部分——政治史与第一部分之间的关系。①

以上，布罗代尔以及年鉴学派所存在的问题在一定程度上是"时间"与"空间"的特殊性使然。所谓"形势比人强"，一个时代有一个时代之特征，特定的时间性因素铸造特定的时代特征，对特定时代时间性因素及其相互关系进行分析，才能准确而深入地认识和理解这一时代。但又有"时移势易"之谓，即形势随时间性要素的变化极易发生变动，这些变化以其作用空间大小的不同而形成不同（横向的）规模等级的"事件"（如地方性的、全国性的、世界性的），又以其作用时间的长短而形成不同（纵向的）效应等级的"事件"，后人可以横向或纵向，当然也可以综合地认识和评判这些事件。一般而言，凡事变化越明显，越容易引起人们的注意与重视，人类社会发展过程中带有一定程度"剧烈性"的变化，不仅会引起当时之人更多的注意，从而留下更多记载，也会引起后世之人更多的重视，历史学家更钟情于对重大历史事件的研究，这是一个很重要的原因。

但是，与"时间"的易变性形成鲜明对比的是，"空间"是相对稳定的，诸如特定空间的地理位置、气候、地貌、土壤。尽管自从有了人类，因为人类活动的影响，它们也都发生了变化，但这些变化多属"渐变"的范畴。如果我们设定的空间不是足够小的话，那么，任何具体的人类活动都很难从整体上改变这一空间的自然面貌和自然属性。从这个意义上说，空间及其构成空间的各种要素具有相对的稳定性和一贯性，

---

① 张芝联：《费尔南·布罗代尔的史学方法》，载《历史研究》1986年第2期。

因而，也就往往易于为人所忽视。即使是那些有着强烈的"地理塑造历史"意识的人，往往也不得不最终陷入一种尴尬的境地。因为，"地理"是稳定的，之前的"地理"如此，现在的"地理"和以前大致相同，而社会却发生了变化，在如何很好地说明社会的变化，以及"地理"具体起到了怎样的作用时，"地理"最终被表述成了"历史"的背景，二者被割裂了。

但这只是表述的问题。所谓"一方水土养一方人"，不同地方、不同区域的人之所以存在差别，地理环境的差异是其最初的成因，地方和区域的特质之所以能够长期延存，在很大程度上即缘于地理环境较少发生剧烈变化。很显然，地域环境是构成地域特质的原力，持续而稳定地影响和制约着特定地域的人类活动。以"求真"为目标，不是放弃对"地理"塑造作用的探讨，而是找寻恰当的表述方式把这种相对隐蔽的作用揭示出来。

笔者认为，空间既是历史展开的舞台，当然也是历史演进的原因，其对历史的影响不管有多隐蔽，也不能否认它的存在，因此，分析空间对历史的塑造作用应该是一项全面、系统的工作，而不是仅仅把空间视作历史的背景；在历史叙述中对时间的界定，既在于说明研究对象发生在"何时"，更在于要去探究"何以在该时"，时间不仅仅是历史展开的背景，更是历史展开的原因。这也就是说，不管何种意义上的历史，都是不能脱离空间与时间而存在的，纷繁复杂的历史现象是时间与空间碰撞的产物，因此，认识历史、解释历史既要重视时间的视角，也不应忽视空间的视角，应将二者有机结合。此外，还应注意到，时间性要素对人类社会的制约往往易于变化，空间性要素的影响则相对稳定，在具体的研究中应该把握好相应的尺度。

（三）时局、地域与全面抗战时期的云南经济变迁

全面抗战期间，为了开展对日持久战、最终战胜日本，国民政府将西北与西南确定为抗战的大后方，并聚合中央与地方力量对大后方进行了一系列的开发与建设活动，有力地支援了抗战，对抗战最终取得胜利起到了极为重要的作用。云南作为西南大后方的重要组成部分，特别是其在国际交通上的重要性，在后方建设中的地位尤为突出。为了配合抗战、支援抗战，云南的经济开发与经济建设得到前所未有的开展，云南经济也因此获得空前的发展。

但是，这种发展是很不平衡的，表现在有的部门发展得好，有的部门发展得不太好；有的地方发展得比较好，有的地方发展得不是很好；有的方面取得了较大的成绩，有的方面则乏善可陈……从历史构造于"时间"与"空间"的碰撞来看，之所以这样，应该说是时局因素与地域特征综合作用的结果。

从时局方面看，全面抗战期间的云南经济开发与经济建设是以服务于抗战为根本目的的，因此，一方面，与抗战直接相关的行业、部门如交通、工业等，首先成为建设与投资的重点领域；另一方面，以"今日之言建设西南后方，至为切要……因为要抗战到底，所以我们第一要建设后方，因为我们要建设后方，所以我们必需要建设一强大的新西南起来"[①]为指导思想，而试图全面推进云南的经济开发与经济建设，从而既使得云南经济获得了前所未有的发展机遇，又造成了云南经济发展的不尽如人意。

从地域方面看，国民政府西迁重庆后，云南特殊的区位与地缘使其在抗战中的重要性凸显，又因其边疆与民族地区的属性而使得全面抗战时期的云南经济开发与经济建设，不仅在认识上，而且在实践中，基本上都是将后方建设与边疆开发相结合的。此外，更重要的是，云南经济发展的基础较为薄弱，自然地理环境非常复杂，民族与人口构成又极为多样，这些都是云南经济开发与建设不得不面对的问题。这就使得云南经济发展的成效，在很大程度上体现为经济政策与经济建设的内容在多大程度上是与这些地域性因素相适应的。全面抗战时期云南经济开发与经济建设所呈现出来的表征与结果，须从这一角度去分析与评

---

① 张国瑞：《如何建设西南》，载《西南导报》1938年第1卷第1期。

价。

总的来看，全面抗战时期，但凡是因时局因素即抗战需要，又充分考虑和有机结合地域因素即云南特殊的地理环境特征而开展的经济开发与经济建设活动，则一般能够取得较好的经济成效，反之则不然。全面抗战时期云南经济发展的基本面貌是时局与地域共同作用的结果。

三、本书主要内容

基于以上认识，本书并没有对全面抗战时期云南经济开发与经济建设进行全方位的复原，而是选取时局与地域因素共同深入影响经济发展，以及经济政策与经济开发活动深刻反映时局与地域互动作用的相关内容，以之为研究的具体对象，分别进行分析与研究。因此，本书在内容安排上，以交通方面的内容为多，这与云南作为大后方尤以其在交通上的地位突出相符合；在农业上则选取了蚕桑、木棉的推广，因推广的相关史实已有具体的研究，因此对这部分除进行必要的补充以进行更进一步的复原外，重点在对其推广效果进行定性评价的基础上，深入分析时局因素与地域环境如何影响和制约了推广的进行，并决定了推广的效果；又因全面抗战时期是云南烟草业发展的转折期而对此专门予以论述；全面抗战时期是云南工矿业获得空前发展的重要时期，对此，以往的相关成果很少进行系统、全面的梳理，因此本书首先对这一时期云南工矿业的发展情况进行较为全面和详细的梳理，然后主要是从空间布局所反映的地理环境与社会特征的方面进行分析。对特定时期、特定地域的经济建设和经济开发，时人总会有这样那样的看法，这些认识因认识主体身份、地位的不同自会产生不同的作用与影响，而来自政府和知识界的看法，其影响一般较大，因此，对这些认识进行分析和归纳，就很有必要。但受资料限制，本书要对全面抗战时期国人对西南经济建设问题的认识进行较为详细的分析，因为云南作为西南大后方之有机组成部分，自然为认识全面抗战时期云南经济建设与经济开发提供了必要的背景，故而从逻辑上讲，我们将此内容置于首章。由此，本书由以下八章构成：

第一章　后方建设与边疆开发：全面抗战期间国人对西南经济建设问题的认识

第二章　地理与形势：全面抗战时期开发云南水运的设想与实践

第三章　国际交通应当预作准备——全面抗战时期云南公路的修筑与公路运输

第四章　交通"大动脉"？——全面抗战时期云南铁路的修筑与铁路运输

第五章　地理，抑或人事？——全面抗战时期的云南蚕桑业

第六章　"大自然的恩赐　云南的特产"？——全面抗战时期云南的木棉推广

第七章　引进与更新：全面抗战时期美烟在云南的种植和推广

第八章　抗战军兴：全面抗战时期云南近代工矿业的发展及其空间分布

以上各章尽管内容彼此相对独立，但又都围绕时局因素与地域环境对全面抗战时期云南的经济开发与经济建设的塑造进行分析，从这点上看，内容又是共通的。

从历史到现实，本书认为，云南经济的发展需要有好的形势与政策，这固然是非常重要的，但形势与政策应植根和适应于包括地理环境在内的云南社会，真正做到既因时制宜又因地制宜，才能更好、更持久地促进云南经济的健康发展。

第一章

后方建设与边疆开发：全面抗战时期
国人对西南经济建设问题的认识

　　全面抗战期间，为了开展对日持久战、最终战胜日本，国民政府将西北与西南确定为抗战的大后方，并聚合中央与地方力量对大后方进行了一系列的开发与建设活动，有力地支援了抗战，对抗战最终取得胜利起到了极为重要的作用。资料表明，大后方的建设与当时国人对开发西北、西南及其如何开发的认识是紧密地联系在一起的。这些认识既有对政府抗战战略的诠释，代表了政府的看法；也有在调查和研究的基础上，对于如何建设后方与开发边疆向政府提出的建议，代表了学界的认识。作为一个基本的特点，不论是政界的看法，还是学界的认识，都主张将后方建设与边疆开发结合起来，后方建设首先是为了抗战，但促进边疆开发、巩固边疆稳定、推动边疆经济社会的发展也是后方建设的应有之义。

　　时人对西北、西南经济建设问题的认识，特别是来自政界与学界的认识，与后方建设实践关系密切，相互影响，因此，对此进行研究具有重要的学术意义。遗憾的是，相关成果对大后方战略地位的演变有较多的研究①，关注较多的是大后方建设的具体内容和实践过程②，对时人有关西北、西南经济开发问题的讨论，却很少关注，而仅有的讨论又存在认识不清、看法不准确的问题③。为此，本章利用当时公开发表（出版）的相关文章和著作，对全面抗战时期国人对西南经济建设问题的认识进行系统的梳理，以弥补现有研究之不足，从而也为认识全面抗战时期云南经济开发与经济建设提供必要的背景。

第一节　为何建设：全面抗战时期国人对西南经济建设
原因之认识

对西南的开发与治理，虽然至迟从元代开始就成为历朝历代国家治理的重要内容，但是，对于历代中原王朝而言，军事和国防上的威胁主要来自北方，因此，除元朝和清朝外，"封建统治者经营边疆地区的注意力主要在北方，对南方则相对忽视"④。直到进入近代，随着边疆危机的日益加剧，西南地区才受到国家和一般民众越来越多的关注，但是，

---

① 王树荫：《国民党何时确立西南为战略大后方》，载《史学月刊》1989年第2期；林建曾：《国民政府西南大后方基地战略思想的产生及结果》，载《贵州社会科学》1995年第4期；姜从山：《试论国民政府大西南大后方战略的确立》，载《扬州大学学报（人文社会科学版）》1997年第4期；潘洵：《论抗战大后方战略地位的形成与演变——兼论"抗战大后方"的内涵和外延》，载《西南大学学报（社会科学版）》2012年第2期。

② 董长芝：《抗战时期大后方的交通建设》，载《抗日战争研究》1993年第1期；谭刚：《抗战时期大后方的内河航运建设》，载《抗日战争研究》2005年第2期；李俊：《论抗战时期大后方的林业开发》，载《求索》2014年第11期；黄正林：《内生与转型：抗战时期中国大后方农村经济发展的两大变化》，载《河北学刊》2015年第3期；段金生：《南京国民政府的边政》，民族出版社2012年版；段金生：《南京国民政府对西南边疆的治理研究》，社会科学文献出版社2013年版。

③ 孙喆：《江山多娇：抗战时期的边政与边疆研究》，岳麓书社2015年版，第107~173页。

④ 方铁、邹建达：《论中国古代治边之重北轻南倾向及其形成原因》，载《云南师范大学学报（哲学社会科学版）》2006年第3期。

总的看来，国人对西南地区的关注，远不及对西北地区、东北地区的关注。抗战前后，开发西南一度受到国人普遍的关注，特别是在七七事变后，更是盛极一时，正如孔祥熙在1938年曾指出的那样，"无疑的，西南经济建设，是十分重要的问题，而在抗战期间，关系尤为重大"[1]。此一时期谈论西南开发，因其与抗战情势相连，自有其不同于以往的特殊内涵。因此，要说明"为什么要建设西南"这样的问题，论者往往首先强调的是抗战的需要。但是，如果说因为抗战的需要而去开发西南是为了满足"当下"需求的"一个急救的办法"的话，那么，不少论者其实并没有仅仅将目光停留在这一层面。

一、建设坚强后方，以增强抗战力量

1938年，张国瑞在《如何建设西南》一文中指出，这时在政府领导之下来提倡开发西南与建设西南之"动机与目的即在此，其最大要求，无非为要在战时用各种方法来实现吾人建设坚强后方之企图"，"以增强抗战力量"。[2]这不是张国瑞个人的看法，而是不论政界还是学界国人较为普遍的认识。所谓"战争之胜负，全系于军事之得失，惟最后胜利决定，则往往视经济能力之强弱而为转移"[3]，战争"最后胜负之决定，不在一城一池之得失，不在一枪一炮之攻击，而在两方人力财力物力三者之和的总决斗"[4]，所以，在国民政府实现了对西南地方的控制，移都重庆后，西南地区政治军事地位陡然提升，"西南各省，遂一跃而为全国军事政治经济及交通之重心"[5]。西南经济建设之重要，似乎成为不必明言的常识，为全国各界人士所认同，"自战局转移，国府西迁，西南数

---

[1]孔祥熙：《西南经济建设问题》，载《四川经济月刊》1939年第11卷第1—2期。
[2]张国瑞：《如何建设西南》，载《西南导报》1938年第1卷第1期。
[3]贾士毅：《从战时经济说到西南经济建设》，载《西南导报》1938年第1卷第2期。
[4]卫挺生：《西南经济建设之我见》，载《西南实业通讯》1940年第1卷第6期。
[5]方显廷：《西南经济建设与工业化》，载《新经济》1938年第1卷第2期。

省，遂为抗战复兴之根据地，举国上下，咸明晰西南建设之重要"①，"西南建设事业的重要性，在目前的段落上，是一个已被大家周知道理，当然用不着赘说"②。

　　需要说明的是，很显然，从总体上看，对西南的开发与建设，在七七事变之前，国人并没有予以足够的重视，不少人还只是认为"对于建设边疆而言，似乎还是只要开发西北不必建设西南"③。七七事变后，人们的认识随之发生改变，与之前形成鲜明对比的是，在这之后国人普遍更为强调开发西南的重要性，"西南经济建设之呼声，甚嚣尘上"④。这种变化的出现，应该说首先是战争形势发展的必然结果，"当前抗战愈趋紧张，愈迫使我们觉得有开发西南的必要"，而不仅仅是开发西北就可以的了；随着战争的扩大，西南在作为大后方的同时，也成了抗战的前线，从而使西南在国防上的地位愈加凸显，"自去年七七抗战以来，战线日广，国土日蹙，西北西南，同为支持抗战之后方，今则西南诸省竟自后方一跃而为前线，地位愈形重要"，因此，促进西南"经济建设，以巩固国防，增强实力，更觉刻不容缓"。⑤除此之外，更为重要的是，与西北相比，西南更具区位优势，开发与建设的条件更好，国防地位更为突出："西南的地理位置气候、资源与民力等等多较优于西北。""大家都承认西北的物力不如西南，并且西南比西北易于防守，西南的绵亘不断的山脉是天险，西北则不然，黄河是容易渡过的，而由包头到宁夏和兰州是并没有天然的阻碍的。"从空间方面看西北与西南各自的地位，"如是则西北诸省可视为左翼，西南诸省可视为右翼。因右翼方面距印度洋较近，有天然的海口，故在国防经济上尤居重要地位"。因此，大家纷纷主张："就我国形势说，为避免帝国主义之威胁，一切建设基础，

---

①陈立夫：《如何共同建设西南》，载《实业通讯》1940年创刊号。

②陈豹隐：《西南工业建设与特种奖励制之创设》，载《西南实业通讯》1940年第2卷第1期。

③凌民复：《建设西南边疆的重要》，载《西南边疆》1938年第2期。

④卫挺生：《西南经济建设之十大政策》，载《西南实业通讯》1940年第2卷第2期。

⑤方显廷：《西南经济建设与工业化》，载《新经济》1938年第1卷第2期。

皆应奠定于西南，尤以重工业及军需工业为必要。"所以提出"建国必先建设西南"，"近年中国经济建设以注重西南各省为其确定之方针"。①

总之，抗战爆发后，人们纷纷强调开发西南，将西南经济建设的重要性提到前所未有的高度。开发西南是"抗战"这一特定时代的产物："抗战军兴，东南财赋，遽被摧毁，无以赓续作军事供应。"西南乃"天赋特厚之区"，故"此其亟须在最短时期，完成西南以国防为中心之建设，为维抗战持久之计，实已无烦侈言"，建设西南之首要目的，也就是"以应时代需要而已"。②

二、"决不要误以为是抗战中间一个急救的办法"

1940年，罗敦伟在《西南经济建设与计划经济》一文中说道："今日的西南建设……在整个中国的经济建设上是一个基本的工作，也可以说是中国整个建设的基础，决不要误以为是抗战中间一个急救的办法。——当然，在抗战时期更有其重要性。"③这一说法既说明了抗战期间强调西南经济建设是因应抗战的产物，也强调在抗战期间谈论西南经济建设不应仅仅局限于抗战，而应立足长远，全面、综合地看待这一问题。应该说，这是代表了大多数论者的一种较为普遍的认识。归结起来，除了满足抗战之"一时之需"外，国人认为，开发与建设西南还应有以下诸项长远和整体的目标诉求。

（一）"利用抗战之机会，校正从前之分布"

我国经济重心至迟到唐宋时就已从北方转移到了南方。到近代以

---

①凌民复：《建设西南边疆的重要》，载《西南边疆》1938年第2期；黄汲清：《西南煤田之分布与工业中心》，载《新经济》1939年第1卷第7期；张其昀：《今后抗战之西南经济基础》，载《西南边疆》1939年第5期；邓汉祥：《建国必自建设西南始》，载《西南实业通讯》1940年第1卷第6期。

②陈立夫：《如何共同建设西南》，载《实业通讯》1940年创刊号。

③罗敦伟：《西南经济建设与计划经济》，载《西南实业通讯》1940年第2卷第3期。

后，中国内部经济发展水平的空间差异虽然还存在着南北的不同，但更为主要的表现是东西的差异。中国近代经济变迁是"自东向西、由边向内"在空间上次第展开的，但就其影响来看，"自东向西"是主要的方向，"由边向内"为次要方向。[①]受这一"空间"机制的影响，东部沿海省份日益成为中国经济最为发达的地区，近代城市、近代工业都主要分布在东部沿海省份；广大的西部地区发展缓慢，经济发展水平远远落后于中、东部地区。尽管"此种经济事业集中沿海一带之情形，自有其历史上地理上之成因"[②]，但随着战争的扩大，此种经济分布格局的弊端日益凸显。国人普遍认为，战争的失利与此分布格局不无关系："我国国防既不充实，沿海区域，随时有被威胁可能，就中国国情言，经济建设早应偏重于西南中部，倘将过去经营沿海各省之精力，集中于西南，则此次抗战之损失，不致如斯之大，可以断言。"[③]"自七七及八一三以后，吾国北部东部经济重心悉陷为战区，此于吾经济上之损失至为重大，而均为前此经济之发展偏于沿海一带，有以致之也。"[④]"卢沟桥事变以前，我们把重要的工厂，重要的交通网，和其他一切重要的建设事业，都放在上海，南京，广州，以及其他的沿海地带。一年又半的抗战，才使我们深深的觉悟，这种漫无计划的建设的错误。"[⑤]于是，国人纷纷觉得有必要"利用抗战之机会，校正从前之分布"[⑥]，主张"现吾人既发觉以前之错误，即当力矫此弊，今后使经济主流发源由内地"[⑦]，"此后吾国经济之发展，务本内重外轻之原则，使集中于内地，而使沿海及接近边境外围，成为商业地带，然后国家之经济基础，不易受外国武力侵略之影

①吴松弟主编：《中国近代经济地理》第一卷，华东师范大学出版社2015年版，第468~473页。
②卫挺生：《开发西南经济意见》，载《四川经济月刊》1938年第1卷第3期。
③贾士毅：《从战时经济说到西南经济建设》，载《西南导报》1938年第1卷第2期。
④卫挺生：《开发西南经济意见》，载《四川经济月刊》1938年第9卷第3期。
⑤黄汲清：《西南煤田之分布与工业中心》，载《新经济》1939年第1卷第7期。
⑥翁文灏：《西南经济建设之前瞻》，载《西南实业通讯》1940年第2卷第3期。
⑦张国瑞：《如何建设西南》，载《西南导报》1938年第1卷第1期。

响"。不少论者强调这恰恰是"作者之草本文主张开发西南经济之理由也"①。

（二）"此为建设西南之唯一机会"

西南经济建设，由于受其地理位置偏远、环境复杂、历朝历代重视不够等因素的影响，所谓"抗战以前，西南因僻远之故，开发较迟，货弃于地，非一日矣"②，而且"诸省过去以地处边陲及交通不便，外界未及注意，且因政治黑暗，烟毒蔓延，民众受苛捐杂税之剥削与黑祸之摧残，进取精神，丧失殆尽，经济建设，一无可言"③，有着太多的历史欠账。抗战全面爆发后，国民政府将大量行政事业单位、工业企业、教育机构等向大后方迁移，为西南经济建设提供了极为有利的物质保障与人才条件，"全国技术人才，复云集于后方"，对此，正如邓汉祥所指出的那样，"此为建设西南之唯一机会"。西南各地唯有"趁此千载一时"之机，大力推进开发与建设工作，方可使西南改旧貌换新颜。④这是抗战时期国人力倡开发西南的又一重要原因。

（三）"且足为树立全国共同努力之先声"

国民政府要员陈立夫在发表于1940年的《如何共同建设西南》一文中指出：

> 且西南建设，自有其本身经济上之价值，一为西南远处腹地，向未被沿海外来势力所侵渐，今兹建设，就地取材，经济机构，独立完整，将不复如以前次殖民地式之为外力所操纵左右；次为西南富有天然资源，不难作到自给自足地步，抗战时期，固可为前线物资之供应，时势承平，亦可以供西南一万五千万人口之消费，工业基础，可垂久远，亦所以免蹈以前集中东南一隅之覆辙，

---

① 卫挺生：《开发西南经济意见》，载《四川经济月刊》1938年第9卷第3期。
② 邓汉祥：《建国必自建设西南始》，载《西南实业通讯》1940年第1卷第6期。
③ 方显廷：《西南经济建设与工业化》，载《新经济》1938年第1卷第2期。
④ 邓汉祥：《建国必自建设西南始》，载《西南实业通讯》1940年第1卷第6期。

如能次第推行于西北东北各区，将可赖以获得普遍的繁荣，故西南建设，不仅为目前国防上之需要，且足为树立全国共同努力之先声。[1]

很显然，在陈立夫看来，建设西南，其意义不仅限于西南本身，还在于将其作为"全国共同努力之先声"，将西南经济建设之经验推广而及西北、东北等地区，或可建设一个经济布局更为合理、各地普遍繁荣的"新中国"。

应该说这是以更为广阔的视野从整体上来看待西南的开发。除陈立夫外，从此种角度看待西南开发的还大有人在。比如，卫挺生就认为，国家经济力培养与增强，"不但抗战之最后胜利以之为必要的基础，而且建国之百年大计，亦莫不以之为先决的条件。培养并增强国家经济力之道为何？曰：加紧西南经济建设是也"[2]。乔启明亦指出："是以西南经济建设之成败得失，非仅关于一隅，抑且影响于全国。"[3]李德毅在说明西南在地理上的重要性时也说："近为抗战远为建国起见，国内明达之士，曾纷纷建议，拟在西南适当地点，树立工业区域多处，以谋取得多项事业之联系，冀获互益之功效。"[4]

由此可见，在国人看来，开发西南、建设西南，当然首先是抗战的需要，但这还只是一种"眼前"的需要，从长远看，更是在为"建国"做准备。"抗战建国"乃西南经济建设之要义。

---

①陈立夫：《如何共同建设西南》，载《实业通讯》1940年创刊号。
②卫挺生：《西南经济建设之我见》，载《西南实业通讯》1940年第1卷第6期。
③乔启明：《西南经济建设与农业推广》，载《西南实业通讯》1940年第2卷第5期。
④李德毅：《西南天然林之开发及其途径》，载《西南实业通讯》1940年第1卷第3期。

第二节　建设什么：全面抗战时期国人对西南经济建设内容之认识

在阐明了"为什么要开发与建设西南经济"这一问题之后，接下来的问题，也是更为重要的问题，那便是开发的具体对象是什么，建设的具体内容是什么；对此，国人相对普遍和共同的看法又是什么。

一、"第一须从整理交通着手"

西南各省除少数的盆地、坝区外，少有平地，处处崇山峻岭、浅滩湍流，交通素不发达，严重制约着地方经济社会的发展。对此，国人看得很清楚。如，张肖梅就视交通阻塞为以往西南各省实业不发达第一要因，他指出："西南水道，多属上游，水流急而滩险多，益以运输工具，墨守成法，不知改进，行动需缓，不易争取时间。牲畜或人力驮运，时间尤不经济，费用亦复高昂，致成国本增高，因此生产事业，往往痛感生产之不易，如非企业家都具有敏锐之眼光。熟习操奇计赢之技术，其又谁愿为此不合经济原则之投资？此过去西南实业之不发达之第一主要原因。"[1]卫挺生亦言："交通之于经济建设事业，犹如血液之于人体，经济建设各方面之成功，无一不惟交通是赖。今日西南经济之落后，交通之不发达，必然为要因之一。"[2]此二人之分析，可谓鞭辟入里，抓住了西南经济之所以长期得不到发展的关键所在，代表了国人对这一问题的普遍认识。因此，国人无不将交通建设作为西南经济开发之中最为重

---

①张肖梅：《对开发西南实业应有之认识》，载《工商界》1945年第2卷第5期。
②卫挺生：《西南经济建设之我见》，载《西南实业通讯》1940年第1卷第6期。

要的内容之一，如张国瑞就指出："第一须从整理交通着手。""在今日而言建设西南，其最重要的，第一就是要整理交通，从交通建设上着手做起。"[1]胡秋原也认为，"为目前计，急应进行之事"首先便是交通问题，"今天第一事是设法解决交通困难"，"要发展实业，第一步必须发达交通，必须交通发达，才能增加出口，输入机器"。[2]寿勉成亦说："然吾人于西南经济建设之方针，尚有不能已于言者：第一为西南交通之亟应谋其便利。"[3]

交通建设包括铁路、公路、水道、航空等多个方面，应以何者为先，如何开展，国人在论及此一问题时则多以西南缺少铁路，"现在西南数省中除云南仅有法人经营之由河内直达昆明的一段铁路外，至今尚无新路完成[4]，且"西南各省目前所恃之交通维持只赖公路，而公路交通较铁路运输，金钱时间，两不经济，于安全及载重能力方面，亦不如铁路运输远甚，军事方面如坦克车飞机大炮等重兵器及弹药之运输，经济方面如机器之运入皆需有铁路，始可接济前方需要，开发后方经济"，强调应以铁路建设为重。其次则为公路建设，一是要"充分利用各已成之公路"，二是"应积极修筑未完成各公路"。[5]还要积极修整长江与川江等水运通道，构建西南交通网，"西南一隅，可自成一交通单位，须建立一西南交通网，伸入西南各地，则西南交通路线，可联成一气，每省再以一重要城镇为中心，连锁各支线，脉脉相接，处处沟通"[6]，"惟今后均需以西南为中心，俾使西南诸省间处处有路，路路可通，以期建立强大之后方为根本任务"[7]，以

①张国瑞：《如何建设西南》，载《西南导报》1938年第1卷第1期。
②胡秋原：《谈西南经济建设》，载《西南实业通讯》1940年第2卷第3期。
③寿勉成：《西南经济建设之商榷》，载《中央周刊》1938年第1卷第12期。
④张国瑞：《今日开发西南之先决条件》，见唐润明主编《抗战时期大后方经济开发文献资料选编》，重庆出版社2012年版，第144页。
⑤卫挺生：《开发西南经济意见》，载《四川经济月刊》1938年第9卷第3期。
⑥卫挺生：《西南经济建设之我见》，载《西南实业通讯》1940年第1卷第6期。
⑦张国瑞：《如何建设西南》，载《西南导报》1938年第1卷第1期。

"合乎国防上之要求"[1]，又可使西南一般之"经济建设，可以迅速发展也"[2]。

由上观之，国人之所以强调交通建设，在交通建设之中又特别强调铁路建设，无不既是从抗战之"亟须"着眼，又是从西南地方经济发展之"长远"目标出发。换句话说，抗战时期国人对西南经济开发之认识，是将后方建设与边疆开发、国防需求与地方发展融为一体的，目的在于追求这一双重一体目标的实现。

二、"先从并急从工业建设着手"

一方面，"所谓现代国家就是工业国家"，"今后立国于世界之中，不有完全无缺之实业建设，实不足以自列于真正的独立国家之林"[3]。"中国经济建设之目的，是发展中国的实业，发展民族的工业，使农业手工业的中国变为工业的中国。必须工业发达，才能改革农业，健全财政，也才能充实国防，改善民生"[4]；另一方面，西南各省的工业又"只能勉强说是'尚在萌芽'"[5]。因此，要想在较短时间内促进西南经济建设，以建立起强大而稳固的抗战大后方，论者纷纷主张，在各相关经济门类建设之中，应"先从并急从工业建设着手"[6]，"第一要紧的就是要建立西南的工业"[7]。

抗战时期，西南各项建设事业的推进，既然其首要目的在于满足抗战之需要，而工业又是后方经济建设的核心与关键，自不当例外，其"自应以建立国防工业为中心工作，而其他一切经济建设之举办，胥当

① 卫挺生：《西南经济建设之十大政策》，载《西南实业通讯》1940年第2卷第2期。
② 卫挺生：《西南经济建设之我见》，载《西南实业通讯》1940年第1卷第6期。
③ 陆鼎揆：《建设西南的必然性及其方案》，载《西南导报》1938年第1卷第2期。
④ 胡秋原：《谈西南经济建设》，载《西南实业通讯》1940年第2卷第3期。
⑤ 黄汲清：《西南煤田之分布与工业中心》，载《新经济》1939年第1卷第7期。
⑥ 陈豹隐：《西南工业建设与特种奖励制之创设》，载《西南实业通讯》1940年第2卷第1期。
⑦ 黄汲清：《西南煤田之分布与工业中心》，载《新经济》1939年第1卷第7期。

以促进或协助国防工业之早日完成为鹄的"①，"应以建立国防工业为目前最迫切的中心工作，而其他一切经济建设事业，如农业之改良，矿藏之开发，交通之促进，贸易之增加，与夫金融之流通，都应以促成国防工业的早日建立为鹄的"②。而西南工业建设既以建立国防工业为中心，则轻工业与重工业、军需工业与民用工业的建设与推进，又当有轻重、缓急之分，"以西南矿产之富及手工业之发达，第一步应发展重工业及军需工业、化学工业"，"民生日用之资，尚可赖手工业供给"，"交通，工业及化学发达以后，我们就可改造农业及手工业，及其他民生日用之工业了"。③

而工业建设的开展，不仅仅在于推进工业自身的发展，还在于以其为中心使一切经济事业均朝着工业化的方向发展，这是多为论者所强调的。对此，方显廷的看法可谓最为典型，他说："夫欲一国之工业化，非徒事现代工业之提倡与建立，可达目的也，必也其国之社会，政治，经济，军事，教育诸端，均已循现代工业发展所取之途径，利用科学技术，采取大规模组织，以适应现代国家生存之需要而后可。即就经济一端言，亦必须工业以外之一切经济活动如农、矿、交通、贸易、金融以及财政等，均已循工业发展之途径，引用新式技术与大规模组织，始得谓为已臻工业化之境。"为此，他旗帜鲜明地指出，西南经济建设"应以工业化为进行之唯一方针，可无疑义"。④

国民政府战时工业发展指导原则确定："我国战时工矿建设负有四个基本的任务。第一，增加军需原料和制品的生产，以提高国防能力；第二，增加出口物资的生产，以提高对外的支付能力；第三，增加日用必需品的生产，以安定人民的生活；第四，发展基本工矿业，以奠定工

①方显廷：《西南经济建设与工业化》，载《新经济》1938年第1卷第2期。
②张国瑞：《我们需要一个西南最高的经济计划机关》，见唐润明主编《抗战时期大后方经济开发文献资料选编》，重庆出版社2012年版，第144~149页。
③胡秋原：《谈西南经济建设》，载《西南实业通讯》1940年第2卷第3期。
④方显廷：《西南经济建设与工业化》，载《新经济》1938年第1卷第2期。

业化的基础。"①也就是一方面要最大化地满足抗战对工业生产的需要，这是眼前的任务；另一方面要为以后实现中国的工业化奠定必要的基础，这是长远的目标。以上诸论者对战时西南后方工业发展的主张，很好地将工业建设的眼前任务与长远目标结合，既充分强调后方工业建设以"战时"为其主要特征，以"后方工业是完全适应战争的需要而兴起的，所以尽量供应争取最后胜利所必需的军需民用"为其生产之主要目的；也主张借"战时"建设之机为"边疆"地区的工业化与经济的长远发展创造良好的条件是后方工业建设的应有之义，指出"如果今日后方工业能够在技术上、经济上和组织上建立较坚强的基础，则在战后实现工业化的大建设中，今日的所谓后方工业自应成为登高自卑的重要凭藉"②。在国人的认识当中，将后方建设与边疆开发有机结合之意，由此可见一斑。

三、农业的推广与改进

足食足兵是抗战的重要保障，而足食目标的实现主要依赖于农业的发展，因此，在国人看来，抗战时期的西南经济建设，农业的改进与发展是其重要内容，这是近因。从更深层次上讲，农业乃是国民经济的基础，无论是工业的发展"端赖有充分适用原料之供给，若无农业之支持则仍无由发展"，还是商业与贸易的推进对农业有很强的依赖，"我国外销货品以农产品为大宗，如桐油、蚕丝、茶叶、羊毛、皮革、肠衣、猪鬃、蛋产品等，西南各省皆有大量出产，如能继续精进，发展犹无限量"。这都说明，农业的发展是保障国民经济整体发展的基础，西南经济建设的整体推进，就"不得不于农业建设方面特别致意，加紧努力普便发展，藉作永久之计者"，国人对此有着非常清晰的认识。③再则，西

---

① 翁文灏：《经济部的战时工业建设》，载《中央周刊》1941年第3卷第42期。
② 李紫翔：《我国战时工业生产之发展趋势》，载《四川经济季刊》1944年第1卷第3期。
③ 乔启明：《西南经济建设与农业推广》，载《西南实业通讯》1940年第2卷第5期。

南农业发展基础总体薄弱，而"此次抗战范围之广，破坏之大，殆为我国有史以来所仅见"，因此，无论是为了更好地发挥西南作为"后方"的作用，还是以西南作为战后国家复兴的根据地，从"所有战后农村复兴之资源，若夫耕牛种籽等等现在需要及时培养，早期准备。此为西南各省尤为理想地域，所不能推辞之责任也"[1]来看，农业的开发与建设都是抗战时期西南经济建设的重要一环。

至于农业开发的核心与关键问题，国人论及主要有移民拓垦、农业技术改良与农业工业化、水利建设等数端，但无不认为以移民拓垦扩大耕地数量和改良农业耕作技术、改良作物品种提高粮食产量两项最为紧要。在国人看来，这是因为西南地区尤其是云南、贵州两省有大量可垦之荒地，"西南荒地甚多，如四川有荒地五千五百余万亩，贵州有荒地一千六百余万亩，云南有荒地二千余万亩，广西有荒地一千五百万亩，四省合计已有一万零六百余万亩，再加上西康的荒地，则更为可观"[2]，而"西南偏僻之处农民较少"[3]。又，据估计，"自抗战以来，战区难民之流亡后方者，约为八千万"[4]，则"现在正好乘战区人民逐渐内移的机会，由当局设立专门管理机关，分配荒地"[5]，实施大规模的移民垦殖。移民垦殖，扩大粮食种植面积，固然可以提高粮食总产量，但毕竟在短时间内是难以取得明显效果的，因此，改良农业技术和推广农业机械化就显得非常必要，应"利用动力改良农业技术，使农业耕作机械化，以增加农业生产率"[6]；"应尽量利用工业化设备，尽可能的采用机械，革新旧式农业，以达到增加农产的目的"[7]；应深耕细耕，注意涵养土地肥力，提高耕作指数，并着力改良作物品种，推广改良种，"改良种或优良种是

---

①乔启明：《西南经济建设与农业推广》，载《西南实业通讯》1940年第2卷第5期。

②蒋君章：《西南经济地理》，商务印书馆1946年版，第383页。

③张国瑞：《如何建设西南》，载《西南导报》1938年第1卷第1期。

④季树人：《滇边车里移垦计划》，载《西南导报》1938年第1卷第2期。

⑤张国瑞：《如何建设西南》，载《西南导报》1938年第1卷第1期。

⑥贾士毅：《从战时经济说到西南经济建设》，载《西南导报》1938年第1卷第2期。

⑦卫挺生：《西南经济建设之我见》，载《西南实业通讯》1940年第1卷第6期。

别于普通种而言，其收获量要比普通种增加甚多……对于增加农产物，是很有效果的"①，而以上措施并举则必然利于提高土地单位面积产量。如此一来，既可以在较短时间内实现粮食增产的目的，又可以革新西南"旧式农业"，从而既满足了后方建设之需，又为边疆的深入开发与西南经济长远发展奠定了基础。

四、开发林业与改进矿业

一方面，西南地区森林资源丰富，"西南林区，北起青甘南达滇北，绵延约近一千公里，其总面积约在五十万方公里以上"②，四川林地面积"占全省面积百分之四十九"；云南"宜林地占一半以上……天然林在滇西一带颇为发达"；"贵州省也是著名的森林区域，宜于森林的面积要占全省总面积之半"；除"交通路线的森林，已为采伐"外，"广西森林亦颇丰富"；"西康最富林木"，林地面积约"占全省面积百分之五〇"，林业开发条件非常优越。③另一方面，却是长期以来"造林事业，未能积极进行，致有林地面积远在宜林地面积之下"④，开发与利用还停留在很原始的阶段，而"木材为造纸及人造丝的主要原料，加以干溜，可得木精，为重要液体燃料，铁路的枕木，以及作战上的防御工程等，都是需要木材的"⑤，且"自抗战军兴以来，国外木材及纸浆之来源，早经断绝，而内地之需求，与时俱增"⑥，木材之供给远不能满足时需。因此，抗战时期，国人在论及西南开发时，多有强调重视林业开发者。比如，陆鼎揆就非常强调林业开发的重要意义："言森林则川滇黔之原始林，不知

---

①蒋君章：《西南经济地理》，商务印书馆1946年版，第383~384页。
②张肖梅：《对开发西南实业应有之认识》，载《工商界》1945年第2卷第5期。
③蒋君章：《西南经济地理》，商务印书馆1946年版，第129~137页。
④方显廷：《西南经济建设与工业化》，载《新经济》1938年第1卷第2期。
⑤蒋君章：《西南经济地理》，商务印书馆1946年版，第138页。
⑥李德毅：《西南天然林之开发及其途径》，载《西南实业通讯》1940年第1卷第3期。

有若干面积，使能开发尽力，经营得宜，以之自给之余，其可以输之国外者，其量必甚众，则是物产方面之宜于建设亦毫无问题者也。"[1]贾士毅也认为，"栽植森林"[2]是战时西南经济建设的重要内容。方显廷亦指出，"西南各省，崇山峻岭，最宜林牧事业"[3]，理应积极进行。

西南地区矿产资源丰富，盐、煤、石油、铁、铜、锡、铅、金、银等在全国均居于较重要的位置，贵州的铅，云南的铜、锡，四川的盐，以其储量丰富、开发历史悠久、利用价值大而著称一时，正所谓"西南各省矿藏特富，构成西南经济最大之特色"[4]。倡言西南经济建设者无不视其为有利条件，"现在抗战时期中最重要的就是军需工业原料的获得"，西南地区丰富的矿藏恰可以为支撑，"我们既有了这许多富足的资源，已可有恃无恐"。[5]但是，其中除以"云南之铜，锡，四川之盐，已用新法采取外，余多用土法开采，成效未著"[6]，产量不多，"惟西南矿产之开采量，则微乎其微。其原因，则为土法开采之不科学化也"，因此，西南矿业开发当以革新采矿方法和实现机械化采矿为目标，"故今后开发西南之矿藏，须改用新法，尽量利用机械，以求矿产大量之增加"。[7]

西南地区森林资源丰富，宜林地面积较广，因此之故，与西北相比，林业开发是西南大后方建设区别于西北大后方建设的突出特征之一。发挥西南资源优势，开发西南森林资源，近可以解因战争而造成的木材供应匮乏之忧，远乃为西南经济长远发展寻一利源，正如李德毅所指出的那样，这是西南林业开发所应坚持的原则："盖吾人所谓开发森林者，实指包括利用与培植双方而言，若徒事采伐，不谋更新，是为滥

①陆鼎揆：《建设西南的必然性及其方案》，载《西南导报》1938年第1卷第2期。
②贾士毅：《从战时经济说到西南经济建设》，载《西南导报》1938年第1卷第2期。
③方显廷：《西南经济建设与工业化》，载《新经济》1938年第1卷第2期。
④卫挺生：《西南经济建设之我见》，载《西南实业通讯》1940年第1卷第6期。
⑤张国瑞：《如何建设西南》，载《西南导报》1938年第1卷第1期。
⑥张国瑞：《如何建设西南》，载《西南导报》1938年第1卷第1期。
⑦卫挺生：《西南经济建设之我见》，载《西南实业通讯》1940年第1卷第6期。

伐，对于抗战所需，虽暂能解决，而于建国远久大计，反遗无穷之患，如秉斯旨从事一面采伐一面培植，则一切开发措施，既可双方兼顾，始有收获全功之望。"①这一原则也就是要将后方建设与边疆开发结合起来，以期实现抗战建国的双重目标，而这恰是时人普遍的看法。时人论西南矿业之开发，亦复如此，为免啰唆，此不赘言。

第三节　如何实施：全面抗战时期国人对西南经济建设 推进措施之认识

一、筹措资金

有建设必然要有投入，以西南经济建设历史欠账之重和开展大后方建设之紧迫论，大量的资金投入就成为必须，而"年来各方面提倡西南建设尤其工业建设，而真正实际的建设仍迟迟未能发展者，其主因在于资本之缺乏。这不但为许多想从事工业建设者所同声忧叹，而且为一些已从事工业建设者所终日忧虑；不但私营工业如此，就是国营或公营工业也是如此"②，大后方建设中资金又最缺乏。因此，筹措资金就成为西南经济"着手建设之第一要件"③。

建设西南资金之来源，政府拨款自然是必须的，但在战时政府财政紧张的境况下，除了政府拨款外，时人无不认为还应从以下几个方面多方筹措：一是引进外资。"利用外资，发展实业"，本"为总理遗教之主张"，何况"西南经济建设事业，需用资本浩大，自非大量利用外资

---

① 李德毅：《西南天然林之开发及其途径》，载《西南实业通讯》1940年第1卷第3期。
② 陈豹隐：《西南工业建设与特种奖励制之创设》，载《西南实业通讯》1940年第2卷第1期。
③ 陆鼎揆：《建设西南的必然性及其方案》，载《西南导报》1938年第1卷第2期。

不可"。在引进和利用外资时，时人强调，"应由政府拟具外人投资之详细办法，向国际作有效之宣传"，以期外国资本踊跃投资于西南经济建设事业，投资越多越好，但万万不能因此而受制于人，要坚持"权操自我"，要知道"欢迎外资不是借款。借款办事万万不可"，"我们应与外国财产订立契约"，"只要权操自我，不要太阿倒持便不虞受人宰制，而可充实吾抗战之力"。① 二是鼓励华侨投资。华侨向有爱国之心，普遍愿意支持中国人民的抗战事业，"我国外汇基金供给之增强，多赖华侨汇款，可见华侨爱国之热诚，颇为浓厚"。因此，政府应制定政策，加大宣传，并"辅以优厚之奖励办法，则西南建设资金，将无忧虑之必要"。② 三是吸收社会游资。"经济学家之观察，均谓港沪各埠所存游资，达数十万万元之巨"③，但大多留在私人手里或用于投机，而且"沿海一带及长江下游移来之游资甚多，此项游资正可乘机利用，万不能再令其集中都市"④，政府当采取措施吸收社会游资，"惟政府促进社会储蓄，必须深入民间，加紧宣传，推行储蓄教育，养成人民储蓄之习惯，并提高储蓄之利益，以增高人民储蓄之兴趣"⑤。四是银行创造资金。努力构筑西南金融网，因为"金融不枯竭，运转迅速，即无异于消极的创造资金，同时，积极的由银行发行钞票，扩张信用"⑥，并发行公债"摊派于公私各银行，以其所得，组织战时建设银（行）公司，根据建设计划，妥为运用，利息从低，期限放长，条件改宽，庶几水到渠成，可以收建设之效矣"⑦。资金问题一旦解决，其他建设中所缺乏的人才、技术、生产工具等问题都将迎刃而解。

---

① 卫挺生：《西南经济建设之我见》，载《西南实业通讯》1940年第1卷第6期；胡秋原：《谈西南经济建设》，载《西南实业通讯》1940年第2卷第3期；卫挺生：《开发西南经济意见》，载《四川经济月刊》1938年第9卷第3期。

② 卫挺生：《西南经济建设之我见》，载《西南实业通讯》1940年第1卷第6期。

③ 欧阳仑：《如何吸引游资以济后方工业之需要》，载《西南实业通讯》1941年第3卷第6期。

④ 卫挺生：《开发西南经济意见》，载《四川经济月刊》1938年第9卷第3期。

⑤ 卫挺生：《西南经济建设之我见》，载《西南实业通讯》1940年第1卷第6期。

⑥ 卫挺生：《西南经济建设之我见》，载《西南实业通讯》1940年第1卷第6期。

⑦ 寿勉成：《西南经济建设之商榷》，载《中央周刊》1938年第1卷第12期。

二、谨订计划

凡事预则立，不预则废。时人指出："我们中国人对于伦理问题非常敏感，然对于经济，对于机器，则不免迟钝，我敢大胆说一句，我们在抗战以前，说不上什么经济计划，抗战以后，也没有一个适应长期抗战的切实计划。"所谓"我们不必痛惜过去，然前事不忘，后事之师"，因此，"时至今日，我们所应该有的，不是计划的讨论，而是切实的执行"。[①]在西南经济建设中拟订切实而具体之计划乃政府应有之举措[②]，西南经济建设不仅应该实行计划经济，而且"应该与整个国策相配合"，"成为实施计划经济的基础"，"站在整个的中国计划经济看，西南的经济建设，实在是中国计划经济实践过程上的一个重心"。[③]

时人认为，西南经济建设实行计划经济，一是要有计划，要有切实可行的计划。计划的制订应分两个层次进行，"必然的首先要求一个'总计划'；而要西南经济建设与计划经济的实施相适应，尤其非根据这个'总计划'不可"。然而，"总计划，当然只能够规定实践计划经济的大纲大领或实施计划经济的一个原则，解决一些经济建设的基本问题"，因此，"总计划决定之后，西南经济建设的分计划，即应该重行检讨，加以决定。立定了一个分计划，再决定一套工作进展的'分期计划'，同时还需要各种各样的'分业计划'"。[④]二是必须要有一个执行计划的机构，以切实推进计划的实施。"这个机构，也许是政治性的，也许是财团法人而受政府的统制，都未尝不可'因事制宜'去斟酌决定。"但从"大体上说，西南各省，各有相当的政治界限；但是大规模的经济建设，必然是

---

① 胡秋原：《谈西南经济建设》，载《西南实业通讯》1940年第2卷第3期。
② 张肖梅：《对开发西南实业应有之认识》，载《工商界》1945年第2卷第5期。
③ 罗敦伟：《西南经济建设与计划经济》，载《西南实业通讯》1940年第2卷第3期。
④ 罗敦伟：《西南经济建设与计划经济》，载《西南实业通讯》1940年第2卷第3期。

超越省界的……所以必须有一种超越省界的机构"①。"为使其有权可以强制各方推行起见，或在最高国防委员会下设一西南经济计划委员会，以最高领袖兼任委员长，行政院长兼任副委员长，国防最高委员会秘书长兼任秘书长，财、经、交三部部长及川、康、黔、滇、桂等省主席与全国银行公会首脑及商联会主席等兼任委员，并集中全国专家，担负各部分计划指导的责任"，从而组织起西南最高经济计划机关，在工作的过程中实行分工合作的制度，以此最高"计划机关"强力推进，西南经济建设方可有序开展，"是则开发西南经济，充实国防力量，才会有希望"。②

三、政经协调

经济的发展有赖于良好的政治以为保障，政治不良必然阻滞经济建设的顺利推进，战时尤其如此，因为"战时的行政机能要简单迅速而能够发生实效，凡重复或事权不统一的地方，应即加以调整或改善，并且要权衡轻重，把事权全部集中起来，功效亦就可以立刻看出来了，总之，要以能适合战时环境为第一条件。因为行政上了轨道，然后各事方有办法，否则很多骈枝机关里的官员尽是拿钱不做事，事实上必须办的事反因藉口战时节省财力起见而又多不办，事权颠倒缓急不分，影响抗战前途，关系至大"③。因此，论者认为，西南"但要经济建设有成绩，必须有良政府，良官吏。什么是良政府良官吏的标准？第一，不贪污，其所行不妨害工商。第二，进一步扶助工商业之发达。不仅官吏行为应如是，而国家的经济政策财政政策亦应如是"④。"今日后方之各种经济机

---

① 罗敦伟：《西南经济建设与计划经济》，载《西南实业通讯》1940年第2卷第3期。

② 张国瑞：《我们需要一个西南最高的经济计划机关》，见唐润明主编《抗战时期大后方经济开发文献资料选编》，重庆出版社2012年版，第144~149页。

③ 张国瑞：《今日开发西南之先决条件》，见唐润明主编《抗战时期大后方经济开发文献资料选编》，重庆出版社2012年版，第120~124页。

④ 胡秋原：《谈西南经济建设》，载《西南实业通讯》1940年第2卷第3期。

构，均须以抗战为前提"，制定经济政策要以服务于经济建设、促进经济建设为宗旨，"政府必须坚持培植国家经济的政策，来巩固和加强独立的民族经济"。要建立独立的民族经济，从政治上保障西南经济建设的推进，必须满足这样的政治前提：一是"对外须审度情势，除技术合作外，一切国家的富源或其他权益不得作为利用外资的交换条件"；二是"对内通令各级地方政府，举凡各种有关经济建设之生产机构，均须特别维护"，只有政治服务于经济，达到政经协调的效果，西南经济建设方可顺利进行，"否则侈谈建设，实际上则毫无裨益"。①

四、广泛动员

开发与建设西南经济不能光靠政府，还需要广泛动员，需要全社会的参与和支持，"此则不得不于政府举办事业之外，更望实业界人士，本匹夫有责之义，按照政府施行方针，一致参加，先由政府统筹计划，负责兴办其艰巨部分，并领导推动，共同努力进行，分道扬镳，既可博众擎易举事半功倍之效，复能从时间上赶上需要"。只有积极发动群众，依靠群众，"政府人民一致着力，则今兹一年之所成就，将远胜于前此十数年之筹划，足以弥补以往之失"。②而要想真正发动群众，就必须相信群众，"如其怕人民程度不够，干不好，或怕人民得了好处而不肯放手，我觉得此一教导责任，还在政府，不必因此与百姓分家，各行其是"。要允许并积极鼓励和引导民间资本投入到除必须由政府兴办之外的各项事业中，"不要把可以民营的事业，偏划着官营，而政府又搁着不做，这种腐败的官厅包办现象，须极力改除"。③兴办各种企业"惟应仍以听任人民自由投资，发展一切企业为根本原则"，哪怕是"属于政

---

① 张国瑞：《如何建设西南》，载《西南导报》1938年第1卷第1期。
② 陈立夫：《如何共同建设西南》，载《实业通讯》1940年创刊号。
③ 张国瑞：《今后西南新经济建设之途径》，见唐润明主编《抗战时期大后方经济开发文献资料选编》，重庆出版社2012年版，第138~143页。

府自办项下，如果人民自愿投资兴办者，亦应听其进行，并予以全力之辅助，以收充分发展之效"。①

以上是从大的方面讲，要想将其落实下来，时人认为：一是要重视人才，如果"我们这时倘再不知爱惜人才，把流亡到后方来的各种技术员工，任他闲散无事，不去延揽招致，殊非得计"②。二是创造条件，使人尽其才，"农工商矿，分门别类，无所不具，先令各种人才，就其所长，分赴各地，为精密之调查"③，"目前东南东北人才，几均以抗战关系而集中西南，其中各部门多阶级之人才均有……此批人才，如能量材器使善为利用，则所望不奢，且均盼能于抗战期间对国家作无论直接间接之贡献，故所费必小，而收效必宏"④。三是不分人等、不分地域，"务使每一个人都成了国家的原动力"⑤。而要想使每一个人都成为西南经济发展的建设者和推动者，则既需要利用大量因战争而进入西南移民之力量，又需发动和利用边疆各族人民之力量，"今日一言建设，人力之需要，实占极重要之地位，惟有利用此种机会，将全部已移徙之难民，悉容纳之于西南各省，人力增加，然后荒地之垦殖，工人之招徕，与夫筑路浚河之工作，皆有下手之余地，而国家实力移向西南发展之大目的，方有完全实现之一日"⑥。"所以我们一面开发边区，移殖战地难民。他面则施行开化教育，俾使大量文化言语迥异之边民能渐归同化，同时利用边地财富，扩大生产机能，使全国都能人无遗力，地无遗利，以完成这伟大的全民抗战之任务"⑦。

---

①陆鼎揆：《建设西南的必然性及其方案》，载《西南导报》1938年第1卷第2期。
②张国瑞：《今后西南新经济建设之途径》，见唐润明主编《抗战时期大后方经济开发文献资料选编》，重庆出版社2012年版，第138~143页。
③陆鼎揆：《建设西南的必然性及其方案》，载《西南导报》1938年第1卷第2期。
④卫挺生：《开发西南经济意见》，载《四川经济月刊》1938年第9卷第3期。
⑤张国瑞：《如何建设西南》，载《西南导报》1938年第1卷第1期。
⑥陆鼎揆：《建设西南的必然性及其方案》，载《西南导报》1938年第1卷第2期。
⑦张国瑞：《如何建设西南》，载《西南导报》1938年第1卷第1期。

五、整体推进

难能可贵的是，时人认为，进行西南经济建设不能就经济而言经济，而是强调经济的发展往往要以政治、军事、文化诸方面的共同发展为前提，要想真正推动西南经济建设事业之发展，就必须进行各项综合国力的整体开发。陆鼎揆《建设西南的必然性及其方案》一文论及的"普遍发展"的原则是时人西南经济建设"整体推进"论的典型阐述，他说："一切事业之必求其普遍发展，与相互呼应联络，如是则一种事业发展之后，因有相联事业之同时成立，其收效必更巨大，于是彼此事业之基础，必亦愈为巩固，其发展之速度，愈为加增，人民之财富，自亦随之而继长增高，而发展可茬于无止境……其实言之，因今代工业之十分复杂性。任何工业，与其余各种之实业，无不间接直接，有多少之相联关系，一物之或缺即足以减少若干工业之效能，设备愈周全，则收效自愈宏大，所以普遍发展，厥为今日建设惟一之重要原则也。"[1]

经济的发展离不开其他诸项事业的共同发展，这是就后方建设各项事业之间的相互关系而言的，既然经济包括工业、农业、商业等各个方面，因此，处理好农、工、商诸业之关系，使之协调发展，也就成了从整体上推进西南经济建设之应有之义，时人所谓"至建设事件，条理万端，非有整个之计划，使一切农林工矿交通，齐头并进，不足以副此意"[2]，说的也就是这个意思。更进一步讲，即使在战时要以国防工业建设为重，但毕竟"经济建设，经纬万端，且其相互之间，有密切关系，国防工业，不过其一端耳。必也各个经济部门均已充分发达，然后整个国家经济始克臻于健全"，是故，"欲谋国防工业之树立有成，必须谋国防工业以外之有关系经济建设同时并进，而供给原料之农矿林牧，输送原

---

①陆鼎揆：《建设西南的必然性及其方案》，载《西南导报》1938年第1卷第2期。
②邓汉祥：《建国必自建设西南始》，载《西南实业通讯》1940年第1卷第6期。

料与成品之交通运输，流动资金之金融机构，殆其尤要者也"①。当整个经济获得发展了，作为经济之一端的国防工业当然会获得长足的发展。

总之，无论是仅就经济建设一项来讲，还是从经济建设与其他建设事业的相互关系看，对后方的建设与边疆的开发应从整体着眼，这是时人相对一致的看法。

对于西南经济建设的实施，时人以上所论，无不着眼于"为维（持）抗战持久之计"，而首先强调西南经济建设在国防上的意义②，体现出以"后方建设"为重的倾向；但其各项主张又往往能做到急"急"又不避"缓"，立足长远，没有忽视西南经济建设在于"以跻西南诸省于富强之域"③这一目标追求，强调"边疆开发"的重要性。将"后方建设"与"边疆开发"有机结合推行西南经济建设事业，是当时西南经济建设论者普遍的主张。

第四节　着眼未来：全面抗战时期国人对战后的西南经济建设问题的关注

如果说时人没有将战时西南经济建设仅仅视作救一时之急的话，那么，不少论者在谈论后方建设时特别关注战后西南经济建设，强调战后西南经济建设的重要性，则进一步说明了这一点。对此，罗敦伟的看法就很有代表性，他在《西南经济建设与计划经济》一文中特别强调了战后西南经济建设的重要性，认为"我们应该认识，今日的西南经济建设，即是完成民族独立经济的基本工作，决不是一个单纯的战时建设，

---

①方显廷：《西南经济建设与工业化》，载《新经济》1938年第1卷第2期。
②陈立夫：《如何共同建设西南》，载《实业通讯》1940年创刊号。
③方显廷：《西南经济建设与工业化》，载《新经济》1938年第1卷第2期。

也决不是一个单纯的局部建设"。为了进一步阐明这一观点，他说：

> 基于上面的说明，西南建设工作即是建国的基本工作，那末，西南经济建设，在战时及战后，它的重要性可以说完全相等。大家不必设想到抗战终了以后，政治军事重心的移转，也许会使西南经济建设减低它对于整个中国经济建设的比重。反而可以说，在抗战时期西南经济建设因为在客观上有许多困难，不能不受一种事实上的限制，不能充分发挥它的作用，而在抗战终了之后，它才可以充分的把应有的任务担负起来。它的效能、作用，也随着抗战终了而更增大。所以西南经济建设的重要性，在战时固然十分明白，而到战后其性质之重要，也是非常显明的。①

强调战后西南经济建设的重要性，在很大程度上也就是以一种更长远的目光来看待战时的西南经济建设问题，也就是在强调"边疆开发"与本地发展在西南经济建设中的重要性。众所周知，西南经济建设之所以在战时获得前所未有的发展，乃"纯系战时特殊环境所造成"，为此，张肖梅不无担心地指出："一旦战事终了，今日处于有利条件下之西南工业，彼时又将处于不利地位，当为意中之事，故如何开发西南，实尚待吾人作进一步之研究与认识。"为了使战后西南经济建设提前有所准备，他在提到应"积极训练当地技工"之事时特别指出："战事一告终止，外来技工纷纷离厂返里，工厂当（的）局势将无法应付，一部分工厂，恐难免形成生产停顿之局面，大足阻碍今后西南实业之发展。故当地技工之训练，不能不视为迫切之工作。"②与张肖梅一样心存忧虑的还有胡秋原等人，胡秋原在《谈西南经济建设》一文中尽管对于西南经济建设"亦抱无限乐观"，但还是指出，到战后"我们必首先做到两件事

---

①罗敦伟：《西南经济建设与计划经济》，载《西南实业通讯》1940年第2卷第3期。
②张肖梅：《对开发西南实业应有之认识》，载《工商界》1945年第2卷第5期。

情"，第一就是"已迁此处工厂，千万不要再迁回去。工厂一迁，就是一年半载的停业。我们既在西南立了根，就应在此开花结实"，[①]否则，西南经济不仅会失去进一步发展的基础，甚至还有可能会发生经济倒退的现象。反观战后政府机关、工厂企业、学校机构等纷纷回迁的史实，张肖梅、胡秋原等人此种认识真可谓先见之论。

总之，战时与战后西南经济建设的关系，正如张国瑞在《今后西南新经济建设之途径》一文中所指出的那样，"现在我们的新经济基础正在开始建设之中……至于目前能否支持战局与战后中国之能否复兴而跻于世界列强之域，则全视今日我们之努力如何而为断了"[②]。如何认识战时的西南经济建设，如何实施战时的西南经济建设，必然影响战后的西南经济建设，而战后西南经济建设更关乎边疆的繁荣与稳定，开发边疆与繁荣地方经济乃西南经济建设的长远任务。

第五节　本章小结

抗战期间，国人纷纷畅言建设西南，自是受抗战形势变化和国民政府西迁影响的必然产物，因此，论者无不首先强调建设西南在国防上的意义，甚至认为"所有建设，应合乎国防上之要求，无国防之建设，与不建设无异"[③]。换言之，建设西南的首要目的，就是要建立一个足以支撑持久抗战的大后方，"今日之言建设西南后方，至为切要……因为要抗战到底，所以我们第一要建设后方，因为我们要建设后方，所以我们

---

①胡秋原：《谈西南经济建设》，载《西南实业通讯》1940年第2卷第3期。

②张国瑞：《今后西南新经济建设之途径》，见唐润明主编《抗战时期大后方经济开发文献资料选编》，重庆出版社2012年版，第138~143页。

③卫挺生：《西南经济建设之十大政策》，载《西南实业通讯》1940年第2卷第2期。

必需要建设一强大的新西南起来"①。建设西南也就是建设抗战的根据地，所谓"经济建设，为增强国力的唯一办法"②，西南经济建设具体对象的设定、实施步骤的确定等自必围绕这一目标而展开。但是，论者对西南经济建设的认识并未仅仅停留在这一层面，而是认为"当今全国抗战，加强充实建设后方时，西南边区之急待开发，已不容再缓"③。西南经济建设应将"充实后方经济"和"促进边省建设"有机结合，在设定西南经济建设内容与实施过程时，"求西南各省之富强"④是不能不考量的。由此，笔者认为，相关研究把当时国人对开发西北和西南的认识界定为"西南：抗战的根据地""西北：建国的根据地"⑤显然是不准确的，应该说，在时人眼里"抗战"与"建国"分别是抗战时期开发西南和西北的眼前诉求和长远目标，二者是并行不悖的，建设西南经济应将二者有机结合。

本章只是就全面抗战时期国人对西南经济建设的认识作了一番梳理与归纳，这些认识对当时西南经济建设的实践具体产生了什么样的作用尚需进一步考察。但是，仅就上述时人对战后西南经济建设问题的关注与建议，已足以说明这些认识的深刻性。遗憾的是，他们对战后西南经济"彼时又将处于不利地位"的担忧竟一语成谶。抗战胜利后，随着大批机关事业单位、工业企业、教育机构的回迁，以及相关政策的不再，西南经济发展又开始面临诸多不利条件。而这又从一个侧面说明，与东、中部地区相比，在客观条件上不具优势的西南甚或西部地区，时局与政策在其发展中起着举足轻重的作用。如何看待当下西南的经济发展，寻找促进西南经济发展的路径，历史或许能给我们些许启示。

---

①张国瑞：《如何建设西南》，载《西南导报》1938年第1卷第1期。
②孔祥熙：《西南经济建设问题》，载《四川经济月刊》1939年第11卷第1—2期。
③张国瑞：《如何建设西南》，载《西南导报》1938年第1卷第1期。
④方显廷：《西南经济建设与工业化》，载《新经济》1938年第1卷第2期。
⑤孙喆：《江山多娇：抗战时期的边政与边疆研究》，岳麓书社2015年版，第149、157页。

第二章

地理与形势：全面抗战时期开发云南水运的设想与实践

　　受地理环境的限制和地方经济发展滞后的影响，尽管云南的现代交通起步并不算晚，但发展一直缓慢；与此同时，云南的现代交通，虽然在抗战以前就已经有了一定的发展，但门类不多，运输能力有限。抗日战争全面爆发后，云南成为抗战大后方，成为政府投资建设的重点区域。为了支持抗战，将云南建成运输抗战物资的大通道，国民政府与云南地方非常重视交通建设，动用大批的人力、物力与财力建设、改善云南交通。抗战期间，云南交通建设突飞猛进，蓬勃发展。因此，但凡论及抗战时期后方经济建设的论著无不对云南交通有所着墨①，以抗战时期的交通发展为研究对象的成果又因云南交通建设在抗战中的重要地位往往将其作为重点论述对象②，而更多的文章则从不同角度对抗战时期的云

---

①周天豹、凌承学主编：《抗日战争时期西南经济发展概述》，西南师范大学出版社1988年版；《云南近代史》编写组：《云南近代史》，云南人民出版社1993年版；孙代兴、吴宝璋主编：《云南抗日战争史》（增订本），云南大学出版社2005年版。

②李占才、张劲：《超载——抗战与交通》，广西师范大学出版社1996年版；徐万民：《战争生命线——国际交通与八年抗战》，广西师范大学出版社1995年版；谭刚：《抗战时期大后方交通与西部经济开发》，中国社会科学出版社2013年版。

南交通，或作整体性的论述①，或就相关方面、相关问题作专门的研究②。这些研究成果囊括了公路、铁路、航空诸方面，似乎已经可以为我们勾勒出一幅抗战时期云南交通面貌的整体图景。

但令人遗憾的是，或许是论者往往习惯于从"结果"或"影响"的角度赋予研究对象研究的价值或意义，致使抗战时期云南水运开发因"几无成绩可言"而至今尚未引起人们的注意，仅有两三篇档案性质的文献发表，并且还只涉及"金沙江查勘试航"一事。③笔者以为，那些影响不大或意义不突出的历史并不能说就不具有研究的意义，甚至可以说，对历史进行研究未必一定要寻求其特定的价值，史学赖以自立的基础是求真存实，其次才是经世致用。④从这个意义上讲，研究抗战时期的云南交通自不应对当时曾发生过的水运开发视而不见。而且，更为重要的是，我们知道任何事物都是无法离开具体的时间与空间而存在的，时间与空间既是万事万物存在的背景，又往往是万事万物生成、发展的条件，从这个意义上讲，揭示特定的时间、空间及其特征对历史事实的塑

---

①蒲元华：《抗战时期的云南交通》，载《今日民族》2005年第9期；高振云：《抗日战争与云南交通的变革》，载《思茅师范高等专科学校学报》2010年第4期。

②陆韧：《抗日战争中的云南马帮运输》，载《抗日战争研究》1995年第1期；贾国雄：《抗战时期滇缅公路的修建及运输述论》，载《四川师范大学学报（社会科学版）》2000年第2期；徐康明：《二次大战中的"驼峰"航线》，载《云南大学学报（社会科学版）》2003年第3期；徐康明：《中国抗日正面战场的主要国际通道》，载《淮阴师范学院学报（哲学社会科学版）》2005年第3期；刘莲芬：《抗战期间中美的战略合作与驼峰空运的发展》，载《军事历史研究》2007年第4期；蒋新红：《云南公路运输在抗战时期的战略地位》，载《楚雄师范学院学报》2008年第2期；韩继伟：《从抗战时期滇缅公路运输的三个阶段看中英美日等国际关系》，载《广西社会科学》2012年第5期；刘黎：《边疆学视野下民国时期云南的"内地化"——以抗战时期云南交通建设为中心》，载《山西大同大学学报（社会科学版）》2015年第3期；张黎波：《抗战生命线：京滇公路与战时运输》，载《民国档案》2015年第4期；唐靖、王亦秋：《抗战时期修筑川滇铁路的意义及其艰难历程》，载《重庆师范大学学报（哲学社会科学版）》2016年第2期。

③张振利：《蒲德利与金沙江查勘试航》，载《云南档案》2012年第9期；李硕：《抗战时期开辟金沙江航道的查勘试航纪实》，载《档案与建设》2014年第8期。

④王学典主编：《史学引论》，北京大学出版社2008年版，第133页；周振鹤：《求真存实还是经世致用——〈中华文史论丛〉与我》，载《文汇报》2011年6月6日。

造作用自是历史研究求真求实题中应有之义。因此，本章对抗战时期云南水运开发议题的关注，不只是要说明是什么的问题，即描述抗战时期开发云南水运的设想与实践，更是要探讨为什么的问题，即揭示抗战这一特定的时间属性和云南特殊的地理环境这一空间属性对云南水运开发的塑造作用，从而以时空交织的视角对抗战时期的云南水运开发问题试作探讨。

第一节　地理不宜：区域水环境与云南水运开发

　　云南省境内河流较多，分属六大水系。大理—楚雄—昆明—沾益一线以北属金沙江水系，此线以南从西到东依次则为伊洛瓦底江水系、怒江水系、澜沧江水系、元江水系、南盘江水系。受地形、降水、土壤特征的影响，云南河流具有鲜明的季风性河流的特征以及高原山地河流的性质，具体表现在：一是大多数河流穿梭于崇山峻岭之间，不仅河道曲折蜿蜒，而且落差很大，如澜沧江支流补远江主河段落差530米，南盘江干流总落差达1400米，元江支流李仙江干流总落差1368米，藤条江全河落差1300米，金沙江支流普渡河总落差1161米，怒江干流落差达1123米；[①]二是河川径流年内分配不均匀，水位和流量季节性变化较大，流量最大期一般出现在7—10月份，流量占全年总流量的50%以上，最大甚至超过80%；[②]三是流速大、挟沙能力强，水流中的推移质占悬移质的1/3或更多，河流平均含沙量1.93千克/立方米，输沙量3.88亿吨，远远大于平原地区河流的含沙量。[③]

---

①王声跃主编：《云南地理》，云南民族出版社2002年版，第113~117页。
②昆明师范学院史地系编著：《云南地理概况》，云南人民出版社1978年版，第31页。
③王声跃主编：《云南地理》，云南民族出版社2002年版，第120~121页。

云南河流的以上特征是非常不利于发展航运的。20世纪40年代，蒋君章在论及西南水路运输时指出："水运最大的益处是运费低廉，特别是轮船航行，尤为合于经济的发展，不过水运须有良好的水道，所谓良好的水道是指河流本身的长度，河水的深度，河身的少弯曲，河水的平稳，流域的富庶等。西南河流，在航路上是有很多的缺点的。如河身曲折太多，水势过急，滩险林立，深浅不一。因此在船只行驶上，困难甚多。"[①]蒋君章此处所谓"西南"概指当时的四川、云南、广西、贵州、西康五省区。考察此五省的位置、地形、土壤等情形，并结合上述云南河流的特征，是不难得出西南五省发展水运极为不利而以云南尤甚这样的结论的。而这正是云南水运长期不被人重视的主要原因，云南"所有各河，或可联络他省，或能直通海洋，惜乎水道曲折倾斜，悍流湍急，难于通航，是以以前讲求水利，仅系农田一项而已"[②]。历史上虽曾有地方官绅从巩固国防的角度提议开发云南水运特别是金沙江水运，如明杨士云《开金沙江议》、毛凤韶《疏通边防河道议》、清师范《云南水道纪略》等倡议开发金沙江航道，强调"夫陆以行车，水以行舟，自然之道也"，"开通施行，则不独一时一方之利，实我国家久安长治之计策也"，[③]但终究未得真正施行，或有施行而未获全功，以致云南河运虽历代均有一定的利用[④]，但长期停留在"航运上不能畅行自如，仅一部分得享其利。或拥有河川而无法航行者，亦往往有之"[⑤]的状态。

所以，迟至20世纪初，云南省内仅有少数河流的部分河段可供木船通过，且基本上都只是季节性通航，多数又只能通行小船以运柴薪等

① 蒋君章编著：《西南经济地理纲要》，正中书局1943年版，第180页。

② 云南省志编纂委员会办公室：《续云南通志长编》下册，1986年，第268页。

③ 方国瑜主编：《云南史料丛刊》第四卷，云南大学出版社1998年版，第682~687页。

④ 古永继：《云南古代的水运发展》，载《云南社会科学》1992年第1期。

⑤ 李春龙审订，李春龙、江燕点校：《新纂云南通志四》第五十七卷《交通考二》，云南人民出版社2007年版，第26页。

物。如红河虽为"省内水运唯一大可注意者，但在滇越铁路开通之后也便处于湮灭状态了……只有在铁路雨期不通之时，其运输才又得再现"。大关河为川滇货物往来重要通道，但航路艰险，又须陆路接运，耗时费力，其"老鸦滩常有十数艘民船停靠"，输送货物有"铜、亚铅、麻、漆等物"。西江上游的"甸江在夏季增水期于婆兮以南可行小舟"，但也只是"近距离的舟行"而已。①其他河流，则往往只是于渡口设置渡船或竹筏以渡行人罢了。而滇池、洱海、星云湖、抚仙湖等湖泊在沟通流域内各地间发挥的重要作用②，使其成为历代云南水上运输的重点所在③。但湖运的运输半径较小，直接的运输仅限于流域以内，运输规模和运输效益有限。如滇池，在20世纪30年代末，虽"可以航行木舟及小汽轮，木船载重，约自四千斤至一万五千斤。其速度每小时七八华里。汽轮载重约二三十吨，速度为每小时三十华里，惟航线不长，仅限于滇池四周，不能及远处"④；洱海则仅"间有木船由大理运货到对岸宾川县境，或从宾川县境运货到大理县境"⑤。

总之，水运是人们利用自然水体作为运输方式的活动，它必然受水体水文状况的制约，受流域内地理环境的影响，而从以上论述来看，就整体而言，云南显然是一个不太适宜于发展水运的省区。

---

①〔日〕东亚同文会编：《中国省别全志》第三卷《云南省》，台湾南天书局1988年影印版，第452~456页。

②杨伟兵、张永帅、马琦：《中国近代经济地理》第四卷《西南近代经济地理》，华东师范大学出版社2015年版，第299~302页。

③古永继：《云南古代的水运发展》，载《云南社会科学》1992年第1期。

④《云南省建设厅为查复重庆至昆明等处水道航情形致省政府呈》，见云南省档案局（馆）编《抗战时期的云南——档案史料汇编》，重庆出版社2015年版，第968页。

⑤郭垣：《云南省经济问题》，正中书局1940年版，第260页。

第二节　形势逼人：国际通道建设与抗战时期云南水运开发设想

　　既然云南是一个不太适宜发展水运的省区，那么，任何试图较大规模开发云南水运的行为，显然就不是"因地"之举，而只能是"应时"之措了。抗战时期开发云南水运就属于这种情况，是抗日战争进行到特定阶段的必然产物。

　　1937年前，云南虽然拥有我国历史上第一条跨国铁路——滇越铁路，第一条民营铁路——个碧石铁路，但现代交通建设进展缓慢，在运输方式中所占比重很低。1937年，我国铁路通车里程总长2万多公里，滇越铁路和个碧石铁路合计长度约为454公里，仅为全国铁路的1/44[①]，而且受自然环境的制约与管理制度的影响，云南铁路的运输成本较高，效益比较低下[②]。云南有公路始于1921年，该年建成昆明至黄土坡马路一条，但进展一直比较缓慢，1924年才将此路向西延伸到碧鸡关，通车里程总计16.4公里。1928年，昆明至安宁的公路修通，全省公路通车里程总计60多公里。此后，由于"主席龙公云积极主修公路……于是，划分省道，规定修费，锐意从事，不遗余力"[③]，如表2.1所示，云南公路修筑的步伐才有所加快。尽管如此，云南与全国公路发展较快的省份相比仍相差甚远。以1935年为例，全国各省每千平方公里公路，广东最多，为505公里；云南为5.3公里，尚不及广东的1%，在西南五省（云

---

　　① 周天豹、凌承学主编：《抗日战争时期西南经济发展概述》，西南师范大学出版社1988年版，第212页。

　　② 车辚：《滇越铁路的成本与收益分析》，载《云南民族大学学报（哲学社会科学版）》2010年第2期。

　　③ 云南省志编纂委员会办公室：《续云南通志长编》中册，1986年，第947页。

表2.1　1928—1937年云南公路累计通车里程变化　（单位：公里）

年份	累计里程	年份	累计里程
1928	68.2	1933	2568.3
1929	354.3	1934	2787.7
1930	1325.7	1935	3279.7
1931	1439.3	1936	3712.9
1932	1888.6	1937	4533.5

资料来源：《云南公路交通史》第一册，转引自吴兴南《云南对外贸易——从传统到近代化的历程》，云南民族出版社1997年版，第300~301页。

南、四川、贵州、西康、广西）中也仅比西康多。[1]而且由于汽车数量有限，效益很差，公路运输的优越性难以得到真正发挥[2]。航空方面，仅有巫家坝机场。1929年，国民政府交通部成立沪蓉航空管理处，计划开辟沪渝蓉航线，但迟至1935年才开辟了渝昆航线，成为云南历史上第一条民用航空线。到1937年时，虽有昆明至成都、重庆、西安、南京、上海等数条航线，但运量非常有限。因此，客货运输仍不得不以人力、畜力为主，马帮是长途运输的主要承担者，交通艰险落后之状一如往昔。过去滇民常用"一日上一丈，云南在天上"来形容云南交通的艰险，20世纪20年代东亚同文书院学生在云南调查时，曾感叹道："昔李白《蜀道难》谓'蜀道之难，难于上青天'。倘谪仙再生，至于云南，则掷笔长

---

[1]周天豹、凌承学主编：《抗日战争时期西南经济发展概述》，西南师范大学出版社1988年版，第212~213页。

[2]黄恒蛟主编：《云南公路运输史》第一册，人民交通出版社1995年版，第119页。

叹而不能述其道路之艰险哉。"①十多年后，云南当地史志修纂者在述及云南公路修筑之源起时，说到云南交通的艰险，几乎如出一辙："滇处岩疆，山谷险阻，行路之难，视蜀道且过之。"②由此可见，现代交通的出现并没有在多大程度上改变云南交通的落后面貌，其艰险之状几乎一如往昔。这是全面抗战爆发前云南交通的基本情形。

全面抗战爆发后，特别是国民政府迁都重庆、西南被确定为抗战的大后方后，正如时任交通部部长张嘉璈所指出的那样："全面抗战以来，交通的重要性，随着军事的发展，而益加增进；几使一般人相信，'抗战'与'交通'，相为表里，不可或分。""抗战固以交通为命脉，而交通的维系，更以抗战的前途为依归。"③后方交通关乎抗战前途，军需物资大规模输往前线要以畅通的交通为条件，广大援华物资的输入更需要便捷的交通来作为保障，大后方经济的发展也需要发达的交通以为支撑，而西南落后的交通显然是无法满足这种需要的。因此，正所谓"今天第一事是设法解决交通困难"④，改变西南交通面貌就成为"时下"最为紧迫之事，这就使得国民政府不得不将交通建设作为西南后方建设的重中之重，成立机构、制定方针、大力投入，通过"举办水陆空联运，增筑铁路公路，加辟航线"⑤的一揽子行动，以期在较短时间内改善西南交通面貌。

在各项交通建设中，"铁路为近代交通之利器，其惟一优点为载重量大而行动速，运费又甚低廉"，但铁路所需投资大、建设周期长；公路的建设费"要比铁路减省五分之四，行车管理又较铁路为便利，速度相去不远，惟运输量则远不如铁路……故汽车能致远不能任重，是其大

---

①〔日〕东亚同文会编纂：《中国省别全志》第三卷《云南省》，台湾南天书局1988年影印版，第236页。

②云南省志编纂委员会办公室：《续云南通志长编》中册，1986年，第947页。

③张公权：《"抗战"与"交通"》，载《抗战与交通》1938年第1期。

④胡秋原：《谈西南经济建设》，载《西南实业通讯》1940年第2卷第3期。

⑤《中国国民党抗战建国纲领》，见李云汉主编《中国国民党临时全国代表大会史料专辑》（上），台湾近代中国出版社1991年版，第357页。

缺点"；而"水运运费低廉犹过于铁道，且特别适宜于体质笨重或庞大之物品。西南物品都为农产物与半制造品，故特别需要水运"，但水运的发展须有良好的水道；航空虽有速度快、建设周期短的优点，但运输成本高，飞机的载重量有限，不适于运输大体积的物品，而且当时飞机缺乏，也缺少飞行员。[①]由此可见，无论哪种交通方式都是优势与不足并存的，无论哪一方面的交通建设有利条件和困难阻滞都是交织在一起的，而唯有取长补短、趋利避害方可收最大效益。因此，国民政府对西南交通建设基本上实行的是突出重点、全面推进、互为补充的举措，在努力推进现代交通建设的同时，复兴传统运输，利用"人力兽力之运输，以补机械之不足"，尽可能利用一切可利用的交通方式以应战时运输之急需。正是在这样的背景下，开发西南水运才被提上了重要议事日程，"故水道之改良，近年作普遍之进行"[②]。其中，云南水运开发恰是西南水运开发的组成部分，是被当作西南后方交通建设的重要一环来看待的。

在西南后方交通建设中，云南的交通建设有其特殊地位。为便于获取外援，抗战时期，国民政府将国际交通运输线的建设作为整个交通建设的重中之重。而早在全面抗战爆发之前，国民政府高层就已经认识到了云南在沟通国际交通中的重要地位，1936年10月孔祥熙呈交蒋介石的一个计划中关于选择国际交通线的意见就指出，比较"由云南联接仰光海口"与"经川康联接印度铁路直达喀尔喀塔海口"，前者较后者里程短，工程不如后者艰巨，沿途经过地区的民族矛盾也不如后者复杂，强调应该考虑第一个方案。[③]而随着南京的沦陷，"那时我们虽远在云南，已感觉到，中国的海岸线不久将被日本侵略军完全封锁，以后战争物资必须经由越南进入中国。这样，云南将要从一个边远省份，变成为咽喉

---

①蒋君章：《西南经济地理》，商务印书馆1946年版，第324~352页。
②蒋君章：《西南经济地理》，商务印书馆1946年版，第337页。
③黄立人、周天豹：《抗战时期国民党政府开发西南的历史评考》，载《历史档案》1986年第2期。

地区。为了对付日寇的封锁，寻找我们的出路，增强抗战的补给路线，实属当时的当务之急"①。因此，国民政府对云南交通的建设是紧紧围绕着将云南建成抗战物资运输的大通道而展开的。随着战争形势的变化，云南一度成为我国最为重要的国际大通道，甚至是唯一的国际通道，云南交通开发的必要性与紧迫性进一步提升，"而开发交通之目的，则仅在于接运国外军需品，亦不足言及云南生产之开发"②。维持国际运输通道的畅通，几乎成为是时云南交通建设的唯一目的。

作为交通建设的一部分，云南水运开发当然也要以构建和畅通国际通道为主要目的，受此影响，易见成效的湖运开发没有得到重视，开发的重点则放在了几条重要的河流上。其中，为了巩固和加强滇越国际运输线的畅通，缓解滇越铁路的运输压力，国民政府试图开辟中越红河水陆联运线；为了畅通川滇交通，提高经缅援华物资的运输效率而施行金沙江水陆联运线的查勘与试航；为了开辟滇缅水上运输通道，曾设想打通瑞丽江—伊洛瓦底江航线；等等，这些都成为抗战时期云南水运开发中最为重要的内容。

第三节　未竟的事业：抗战时期云南水运的开发进程

抗战时期有关云南水运的开发与利用，主要涉及红河、金沙江、瑞丽江等河流。开发、利用这些河流以为航运之便，论其动因，皆出于抗战之需要；而论其结局，却又各不相同，其中，有的历经波折，尚未开始就不得不结束；有的虽以冒着付出生命的危险多次试航，但成绩毕竟

①缪云台：《联系对外交通及战后建设》，见中国人民政治协商会议云南省委员会文史资料委员会编《云南文史资料选辑》第五十二辑，云南人民出版社1998年版，第1页。
②刘楠楠选辑：《云南开发之意见史料一组》，载《民国档案》2013年第1期。

有限；有的却只是设想，因为当时尚不具备实施开发的条件。

一、开辟中越红河水陆联运线的努力

滇越铁路未建成前，红河是滇越交通的主要路线之一。滇越铁路通车后，红河水运衰落。抗日战争全面爆发后，随着东部沿海港口的沦陷，外来物资多取道越南海防，通过滇越铁路，经云南转运内地，以海防为枢纽的中越交通一时成了中国国际抗战物资运输的中心。但是，由于大批的货物云集海防，一时之间，海防港码头仓库货物充塞；红河两岸，机器材料堆积如山；驳船停滞江心无法卸货，甚至有载重过量而沉没的。仅有的铁路、公路又无法将云集海防的货物及时运出，滇越铁路每日运量仅300吨，月运量不过万吨，而且受铁路隧道的限制，不能通过水压机等大型兵工设备；越桂公路的运量每日可达200吨，但常常遭到日机的轰炸，难以利用。受此影响，囤积在海防的货物急剧增加，据1939年9月统计，海防存货超过30万吨，而且旧的未运出，新的又运到，"囤积于海防之货物，不知凡几，日晒雨淋，将成废物"[①]。因此，为了缓解交通压力，增加从海防运华的货量，增强抗战能力，不得不在铁路、公路的基础上，多觅运输路线。于是，利用红河水运，将水路与陆路结合，开辟中越红河水陆联运线便成了"刻不容缓之计"。

于是，1939年5月，国民政府一面加强物资运输统制，优先起运滞留海防的武器弹药、兵工设备、汽油、五金等急需的战备物资，一面拟由西南运输处邀集财政部、交通部、经济部等中央机关和云南省建设厅等单位组队勘查红河航道，以开辟红河水陆联运线。1939年6月4日，财政部、交通部、经济部、西南运输处、行政院水陆运输联合委员会、云南省建设厅、滇缅铁路管理局等单位组成的"红河水道查勘队"，由行政院水陆运输联合委员会专员杨毓春率领，从昆明乘车出发，6月7日

---

① 云南省档案馆编：《抗战时期的云南社会》，云南人民出版社2005年版，第106页。

抵达海防，然后自海防沿江而上经河内、越池、安沛、老街而入国境，经坝洒、田房、南屏、卡房、新街、桥头等地至蛮耗，全程800余公里，于7月11日返回昆明。此次航行虽未能由海防直航蛮耗，进行详尽的查勘，但也基本上完成了查勘任务，编写出了《红河查勘报告》。报告认为，从海防到蛮耗可以通航，并指出，如果能用适当的轮船作水运工具，那么，将来货运数量不但可有较大幅度的增加，而且有超越铁路运量的可能，特别是铁路不能运输的、成件的笨重器材，可改为水运，并可利用回空船运输出口商品，形成完善的国际运输线。各段通航情况，具体而言：海防至田房，可通轮船；田房至蛮耗，可用木船接运；蛮耗以上，虽能通行木船，但无利用价值。此外，报告还对航线礁石及排除方法、航道疏浚、航标设置、纤道及绞关的设置、分段接运、船舶标准、船员及装卸工人雇用、航运设计、码头和仓库设置、造船等事项作了详细的说明。①

1939年6月12日，行政院水陆运输联合委员会专门委员卓越、西南运输处工程师卢明轩及两名警察考察了红河水路联运线。他们考察的路线，从昆明—宜良—弥勒—开远—蒙自沿滇越铁路线至新街、河口回程，经碧色、葡西，沿个碧石铁路至建水，再沿滇越铁路线往通海、玉溪、昆阳而回到昆明，编制出《视察昆明至河口路线报告》。1939年9月，在对《红河查勘报告》和《视察昆明至河口路线报告》进行了详细研究后，行政院水陆运输联合委员会拟制了《利用红河及建筑轻便铁道运输物资计划》，上呈行政院院长孔祥熙。该计划对确定办理机关与推进的原则、分段运输及分期进行的步骤、人事安排、设备的购置与中转站、码头仓库的建设等作了详细说明。1940年2月，西南运输处滇越线联运处副处长邝炎公率领西南运输处专员王湘等一行20余人奉命考察滇越水路联运线并筹设沿线站库，从开远出发，经河口、蛮耗、蒙自、建水、玉溪到昆明，历时20多天，对沿途运输站的设置作了具体

---

① 云南省档案馆编：《抗战时期的云南社会》，云南人民出版社2005年版，第107页。

的规划。[1]

以上多次的考察、踏勘、论证说明，为了开辟红河水陆联运线，中国政府是作了充分的准备工作的。红河水路联运线已万事俱备，就等开工建设了。

但是，一方面，由于法国对日实行绥靖政策[2]，在日本的压力下，法国政府早在1937年10月就经过内阁会议，通过了限制中国借道越南运输的决议，仅仅允许中国中央政府一般军用品通过[3]；另一方面，因为担心红河水陆联运会对滇越铁路形成竞争，法国认为红河水陆联运一旦实现必然会使法国利益受损，所以，法国不顾中法外交关系，对联运线的建设几经阻挠，反复无常，拖延了工程的开工。

因此，国民政府不得不先行建设云南境内的联运线。1940年4月，红河水陆联运线建设终于迈出了实质性的步伐。首先进行的是造船工作，交通部拨款10万元，由西南运输处在河口兴工造船。4月10日，重庆首批34名船工抵达河口，第二批80名也已雇妥，将经昆明转赴河口。造船要用的木料、桐油、白布、铁钉、竹青、油灰等，也都已准备好，并建了工厂一间和码头一个。到6月上旬时，已造好新船14艘，并加入航行。但是，由于船工多病，材料购置困难，雇用船夫不易，且购置材料、建造货栈、雇用船工船夫需款较大，红河水陆联运线建设的进度比较缓慢。[4]

---

①云南省档案馆编：《抗战时期的云南社会》，云南人民出版社2005年版，第107~108页；夏强疆：《抗战时期中越红河水陆联运线的开辟》，见中国人民政治协商会议云南省委员会文史资料委员会《云南文史资料选辑》第五十二辑，云南人民出版社1998年版，第253~256页。

②刘卫东：《论抗战前期法国关于中国借道越南运输的政策》，载《近代史研究》2001年第2期。

③蒋永敬：《抗战期间中法在越南的关系》，见中华文化复兴运动推行委员会主编《中国近代现代史论集》第二十六编《对日抗战》（上），台湾商务印书馆1986年版，第509~526页。

④云南省档案馆编：《抗战时期的云南社会》，云南人民出版社2005年版，第108页；夏强疆：《抗战时期中越红河水陆联运线的开辟》，见中国人民政治协商会议云南省委员会文史资料委员会《云南文史资料选辑》第五十二辑，云南人民出版社1998年版，第256页。

正当红河水陆联运线正在建设之时，战争局势发生变化。1940年6月17日，法国政府向德国投降，日本乘机迫使法越殖民政府停止中越运输，并派人封锁中越边境，中越运输完全中断。9月，法国与日本签订协定，日军由谅山、海防进入河内，占领越南，我国存于海防的10多万吨货品落入日寇之手。开辟红河水陆联运线的工程才刚刚开始，便很快夭折了。

二、金沙江水陆联运线的查勘与试航经过

随着我国东部乃至中部大片国土的沦丧，川、滇、黔、桂等西南省份成了抗战大后方，发展西南交通成为支持抗战的重要举措。于是乎，铁路、公路、航空、水运、驿运的建设与开发纷纷被提上了议事日程。抗战初期，滇缅公路、滇越铁路作为我国最为重要的进出口物资运输线，对打破日本对我国战略物资的封锁发挥了重要作用。但是，云南公路建设滞后，汽车数量不足，汽油供不应求，致使从海防和仰光运入云南的物资难以及时运向内地。因此，政府迫切地需要寻找一条可以打破公路的局限、节省宝贵的油料、用低廉的成本运输抗战物资的运输路线。金沙江"为长江上游之唯一出口"[1]，人们认为开发金沙江航运可以缩短川滇交通距离，节约运输成本，缓解中缅物资运输压力。因此，作为开辟后方水运的重要内容，国民政府试图开通川滇金沙江水陆联运线，为此进行了多次的勘查与试航。

为了确保查勘与试航工作的顺利进行，根据"后方重要水道，除略加疏浚可以利用者外，其他险滩较多、通航较难之干流，应由中央水利机关迅即详加测勘，普设水文观测站，规划改善，以期增加航运里程"[2]

---

①张守光：《改进云南水运之意见》，见云南省档案局（馆）编《抗战时期的云南——档案史料汇编》，重庆出版社2015年版，第960页。

②《西南进出口物资运输总经理处关于改进西南水道推进水陆联运决议案》，见云南省档案局（馆）编《抗战时期的云南——档案史料汇编》，重庆出版社2015年版，第958页。

的原则，受经济部委派，中央水工试验所派员先后在沿江的巧家、永胜等地设立水文站，"实地测量水位、流速、流量及含沙量，并测验此地气温、气压与相对湿度及蒸发量、雨量、风向、风力、日照等气象"①。

1938年1月，全国经济委员会组织川滇查勘队，从2月10日起到4月3日止，对滇池—螳螂川—普渡河—金沙江一线进行查勘后认为，普渡河与金沙江交口处至宜宾段510公里，有包括特等滩、甲等滩、乙等滩、丙等滩等在内的各种滩险70余处，其中，特等滩、甲等滩必须整治，乙等滩、丙等滩除个别地方外，稍加整治就可以通航②。

1939年1月13日至2月7日，西南运输处运输研究委员会委员胡运洲率领1名测量技术人员，乘车从昆明出发，经会泽，对金沙江蒙姑至宜宾段进行了查勘，编制了《金沙江查勘报告书》及通航方案，认为可以立即着手试航、造船、增聘技术人员，分工合作，以尽快实现通航③。

有鉴于"金沙江水道有关川滇交通，且于国际运输攸关重要"，1939年4月初，军事委员会、经济部、交通部聘请国际联盟派驻中国的荷兰籍水利专家蒲得利负责查勘金沙江航行的可能性，并派经济部技士张炯和胡运洲协助蒲得利工作。4月22日，由蒲、张、胡三人组成的查勘队从昆明出发，28日到达永胜县金江街。4月30日，以金江街为起点开始试航，历经艰险，于5天后到达龙街。5月10日再次下水试航，向"绝无通航可能"的巧家县属老君滩驶去。因老君滩水性险恶，原来水手自认不能胜任，船只也小，换船换人后第二天再次下水，船行至滩

①陆崇仁修，汤祚纂：《巧家县志》卷一《大事记》，民国三十一年铅印本，台湾成文出版社1974年影印版，第114页。

②《云南省建设厅王玮关于沿途查勘川滇水道报告》，见云南省档案局（馆）编《抗战时期的云南——档案史料汇编》，重庆出版社2015年版，第964~967页；云南省档案馆编：《抗战时期的云南社会》，云南人民出版社2005年版，第110页。

③云南省档案馆编：《抗战时期的云南社会》，云南人民出版社2005年版，第110页。

中，随即触礁覆没，蒲得利、张炯、胡运洲及水手周光福、张景忠、汪世孝、张荫福同时落水殒命，仅有一名殷姓水手漂流十余里，挣扎脱险。此次试航，老君滩不能行船已成定论，之后金沙江查勘试航至老君滩时均绕行或盘滩而过。①

1939年12月9日，经济部再次组队对金沙江航道进行查勘和试航，由交通部、西南运输处、经济部水利司、扬子江水利委员会、云南省政府、四川省政府各派1人组成"金沙江查勘试航队"。②1940年2月中旬，试航队分批从昆明出发。3月15日，试航队集结于永胜县金江街，从金江街出发，乘大、小木船各一艘，大、小浮桶筏各一艘，木筏一具，沿水流航行，后将浮桶筏、木筏交地方政府保管，乘大、小木船继续航行。此次查勘试航历时近三个月，经大小险滩400余处，中间弃船登岸、盘滩3次，行驶1000余公里，终于取得成功，全体队员于6月7日抵达宜宾。③

此次试航的成功，为开辟川滇金沙江水路联运线提供了依据，在此次试航的基础上编制的《金沙江查勘试航报告》认为开辟金沙江水道的确是可能的，并提出为适应交通运输之急需，可以根据各段水道情况，对一般险滩加以改造，先行分段通航，辅以短程陆路盘驳接运，可以实现全程通行；目前，可以首先着手做整理险滩、修筑纤道、制造船只及训练水手等工作，并实测各段水文情况，提出具体的整治规

①张振利：《蒲德利与金沙江查勘试航》，载《云南档案》2012年第9期；李硕：《抗战时期开辟金沙江航道的查勘试航纪实》，载《档案与建设》2014年第8期；云南省档案馆编：《抗战时期的云南社会》，云南人民出版社2005年版，第110~111页。
②《经济部长翁文灏为检送金沙江查勘详航办法并派员参加致云南省政府咨》，见云南省档案局（馆）编《抗战时期的云南——档案史料汇编》，重庆出版社2015年版，第976~977页。
③云南省档案馆编：《抗战时期的云南社会》，云南人民出版社2005年版，第111页；李硕：《抗战时期开辟金沙江航道的查勘试航纪实》，载《档案与建设》2014年第8期。

划。①1940年8月中旬，经济部在四川屏山成立金沙江工程处，颁布了《经济部金沙江工程处组织规程》，拟定了金沙江疏浚计划，计划分期分段进行施工，整治金沙江航道②。

　　1941年春，经济部、交通部会同四川、云南、西康等省的代表和水利技术人员，组成新的金沙江试航队，自四川宜宾出发，溯江而上，进行查勘试航工作③。1942年行政院颁布了《行政院水利委员会金沙江工程处组织规程》，计划分三期对从金江街至宜宾1000公里的航道进行整治。1942年1月，民生公司派出轮船自宜宾开往安边，后又渐推至屏山、新市镇，航程约100公里，形成了比较稳定的航线。④

　　为了进一步向上游推进，1942年5月，交通部驿运处督察万琮受命再次试航金沙江⑤。在经过了较长时间的准备后，1943年，万琮带领船队采取自下而上、先易后难、分段进行的办法，开始试航行程。万琮

_____

　　①《金沙江查勘试航报告摘要》，见云南省档案局（馆）编《抗战时期的云南——档案史料汇编》，重庆出版社2015年版，第982~988页。方国瑜主编《云南史料丛刊》第四卷收有《金沙江查勘试航报告摘要》一篇，与此报告内容一致，署名为"荷兰水利工程师"。这里的"荷兰水利工程师"实际上指的就是蒲得利（也有译作"蒲德利"），但据王玮《金沙江通航计划书》"川滇水道查勘队曾于民国二十七年二月至四月间，查勘其韭菜地至宜宾之一段（韭菜地在老君滩之上游）。当时玮亦奉派参加之一员，江流情形，幸得目睹。其后又有经济部与西南运输处派员合组试航队，自永胜之金江（地名）起，顺江而下，或乘船，或起旱，沿途研究水文，虽队员在老君滩（一名鱼硐滩）遇难，致无正式报告"（云南省档案局（馆）编：《抗战时期的云南——档案史料汇编》，重庆出版社2015年版，第10118页）和《翁文灏为金沙江试航事致云南省政府函》"经于上年派水利专家蒲得利等前往查勘试航，嗣因该员等在老君滩遇险殉职，试航遂告停顿。本年二月间复经本部组织金沙江查勘试航队，并经贵省派员参加。兹据该队本部代表胡品元呈称：查勘试航工作现已完竣，由队先行拟具报告摘要一份"（云南省档案局（馆）编：《抗战时期的云南——档案史料汇编》，重庆出版社2015年版，第981~982页）等所述，此报告似不应署名为"荷兰水利工程师"。

　　②《经济部关于成立金沙江工程处致云南省政府电》《金沙江宜蒙段分段通航计划书》，见云南省档案局（馆）编《抗战时期的云南——档案史料汇编》，重庆出版社2015年版，第988~989、992~1008页。

　　③张振利：《蒲德利与金沙江查勘试航》，载《云南档案》2012年第9期。

　　④李硕：《抗战时期开辟金沙江航道的查勘试航纪实》，载《档案与建设》2014年第8期。

　　⑤《金沙江宜蒙段分段通航计划书》，见云南省档案局（馆）编《抗战时期的云南——档案史料汇编》，重庆出版社2015年版，第1001~1002页。

"在巧家蒙姑制备大木船两只，装载军用铅块六吨，选雇当地水手数十名，待金沙江涨水期间，于6月2日由蒙姑启航，顺利通过三家村、双龙、黄巧家等险滩，行程50公里，于6月3日到达巧家县城"。万琼等人在巧家休整几天后，再次启程，航行了大约40公里，至白鹤滩时，前船闯滩触礁沉没，船上6人全部遇难，万琼在后船，幸免于难。受此事故的影响，万琼决定不再冒险，但凡遇到险滩，一律盘驳通过，一路备尝艰辛，最后总算抵达宜宾。一路下来，"舟楫不时遇险，损失不资"，说明开辟金沙江航道是得不偿失的，利用价值不大。[①]后来，民生公司又派出轮船，试航新市成功，但是由于险滩太多，未能开通固定航班，只是偶有轮船往返[②]。一般的木船则可以从确营上航130多公里，到芷蕉滩为止[③]。因此，到1943年时，金沙江试航与通航尽管取得了一定的成效，但是，并没有达到水路联运、全线通航的目的。

开辟金沙江航线，主要的目的就是发挥水路联运的优势，将由滇缅公路而来的援华物资由云南转运四川等地。但是，随着局势的变化，这一目的渐趋弱化。1942年5月，日军占领怒江西岸，滇缅公路运输被切断。随着中印"驼峰"空中运输线的开辟，金沙江航道的利用价值减小，再加上以前对金沙江航道的试航，投入和付出都很巨大，但收效甚微，人们已不再热衷对金沙江航道的开发。金沙江上，基本上只有少数几艘轮船在屏山至宜宾间航行，航运价值不大。

三、开辟瑞丽江—伊洛瓦底江航线的设想和试航澜沧江

早在19世纪后半叶，经英国对缅甸的殖民经营，机动轮船就已经成为伊洛瓦底江水运的主力；云南境内的瑞丽江，经畹町、瑞丽流入缅

---

①孙代兴、吴宝璋主编：《云南抗日战争史》（增订版），云南大学出版社2005年版，第194页。

②李硕：《抗战时期开辟金沙江航道的查勘试航纪实》，载《档案与建设》2014年第8期。

③李占才、张劲：《超载——抗战与交通》，广西师范大学出版社1996年版，第225页。

甸，在缅甸伊尼瓦附近汇入伊洛瓦底江。由于瑞丽江历来就有一定的通航能力，因此，随着日本对我国侵略的加深，我国东、中部大片国土沦陷，国民政府为了在西南地区开辟国际运输线，除了建设滇缅公路外，也几乎同时产生了"开辟中缅直航水道"的设想，打算利用瑞丽江—伊洛瓦底江航线，开辟一条水上战时国际运输线。

1938年底，林崇墉奉中央赈济委员会之命调查云南边地情况，在军事委员会西南运输处的协助下，他邀请专家、学者组成滇西边地考察团，分别对云南边地相关内容进行考察。其中，吴尊爵受聘负责考察农田水利、勘测航路，成员有陈碧笙、吴学云等。1938年11月下旬，吴尊爵等人到达滇西。至12月5日，吴尊爵、陈碧笙、吴学云等先后勘测了芒市河、龙川江、南畹河以及瑞丽江的缅甸南坎以上河段。通过这次考察与勘测，吴尊爵和吴学云各自提出了如何开辟瑞丽江—伊洛瓦底江航线的设想与方案。

吴尊爵认为，滇西运输"甚感困难，如欲开发边地，必须利用水道"，瑞丽江段虽然存在不少礁石、险滩、石门、跌水等，但进行疏浚后，工程量并不算浩大，所需费用在300万卢比左右，并不难办；整理芒市河，疏通瑞丽江，可开辟自海口经仰光直驶芒市或腾冲的国际水陆联运线，成为"开发边地之运输干线"，对于支持抗战的意义重大。

与吴尊爵的认识不同，吴学云认为，开辟瑞丽江航运必须基于以内地为核心向外发展的战略，管辖与统制边地的商品出口，才能有助于抗战，有利于边地经济发展。所以他主张，应尽快详细勘测由腾冲至遮放的龙川江的航行情况，来决定瑞丽江开凿该如何进行。为此，他提出，由于芒市河浅滩较多，疏浚困难，如果改为疏通龙川江，航行情况应该更好，"可避免通过保山以至边境之绕山腰易被炸毁之公路线"，使进出口物资安全地经腾冲运输，对我国农矿产品的出口及云南实业的发展都有较大价值。在吴学云看来，龙川江如果通航，可以与其他交通线相配合，有利于管辖与统制边地经济与政治，从根本上有助于抗战建国。因此，他建议尽快派人对龙川江进行详细勘测，以确定开凿瑞丽江的具体方案。

吴尊爵与吴学云的意见尽管存在较大分歧，但在开辟中缅直航水道是可能的这一点上，应该说是基本一致的，差别主要在该如何具体实施。另外，吴学云的意见更加翔实，说理更加通透，因此，西南运输处副主任龚学遂在吴学云呈报意见书的当天，就批示交联运科核办详查，以谋求沟通龙川江—瑞丽江—伊洛瓦底江的航线。①

但是，无论哪种意见，工程的难度都是非常大的。而更为主要的是，随着战争形势的变化，即仰光的陷落、日本全面占领缅甸，以及日本对我国滇西地区的侵占，开辟中缅直航水道不仅没有必要，而且也没有条件来付诸实施了。

除此之外，抗战期间云南也曾试图开发澜沧江航运。1938年1月，张守光提议整治澜沧江水道，认为："金沙江既通汽船，为便于运输起见，自不能不另寻水道接运出口……是以整治先从沧江、元江入手……此两江工程以元江较为易治，因元江从元江县以下现已通帆船。沧江行经深谷，峡险滩多，水势汹涌，但为利益计，似应先整治沧江通航暹罗，则长江货物至元谋后或陆运或水运经缅、暹、越以出海，不必专恃一国也。"②但未见实施。从1940年5月起，民生轮船公司成立澜沧江试航队，利用皮筏等水上交通工具，多次对澜沧江河道、水流、通航的可能性等进行详细查勘。但是，由于大部分的试航队员无法适应热带气候，水土不服，多人患病，试航无法继续进行，勘察工作不得不中止。但在试航查勘工作基础上形成的《澜沧江考察报告》则为以后的试航提供了依据。7月份，民生公司决定直接采用木船试航，但在试航中木船

---

① 《开辟中缅直航水道的设想》，见云南省档案馆编《抗战时期的云南社会》，云南人民出版社2005年版，第113~114页。

② 张守光：《改进云南水运之意见》，见云南省档案局（馆）编《抗战时期的云南——档案史料汇编》，重庆出版社2015年版，第963页。

被急流掀翻，大部分船员遇难，试航又一次被迫停止。①而随着越南局势的紧张，开通澜沧江航道通往越南以作为战时后方国际通道已无必要和可能了，开发澜沧江航运的计划也就此搁置。

第四节　谁主沉浮：影响抗战时期云南水运开发的时空机制

抗战时期的云南水运开发是战争的产物，前文已述，在此，笔者想进一步探讨的是战争这一"时间"因素使后方交通建设形成了什么特征，这样的特征如何影响了云南水运开发的进程；前文对云南区域环境不利于水运开发也作了交代，那么，这样的区域环境特征即"空间"因素又会怎样影响抗战时期的云南水运开发，也是笔者在此想进一步探讨的问题。

一、变化的"时间"：后方交通建设的"战时"特征及其对云南水运开发的影响

以服务于战争需要为原则，并随战争形势的变化而变化，是后方交通建设"战时"特征的集中体现。云南水运开发是后方交通建设的组成部分，自然体现并受这一"战时"特征的影响。

交通与战争的关系，正如时任交通部部长张嘉璈所指出的那样："现代的战争，是整个国力的比赛，谁能支持得愈（久），谁就操着胜利的把握。……以交通来说，实在是整个抗战连锁中的一环。因为就军事言，交通是运输军需军实的利器；就政治言，是传达政情民意的枢纽；就经济言，是促进贸迁有无的要具。军事政治经济三者，为整个国力命

---

① 李占才、张劲：《超载——抗战与交通》，广西师范大学出版社1996年版，第226页。

脉所系。所以又有人说：现代的战争，简直就是交通的战争！"①因此，如果交通不能满足战争的需要而必须要进行新的建设的话，就必然使交通建设打上深深的"应急"的烙印。

而此"应急"带来的结果，一方面使得交通建设以满足战争需要为其宗旨。"自从广州沦陷以后，可以通海的国际路线，只有安南和缅甸了……两大通海国际路线之打通，其关键完全在于昆明"②，在于云南交通建设，正因为如此，国民政府才强调云南交通开发之目的"则仅在于接运国外军需品，亦不足言及云南生产之开发"③。也正因为如此，云南水运开发才忽视了开发条件较好、有一定开发基础的湖运，而几乎仅措意于在沟通滇缅、滇越国际运输线有价值的河运方面，从而使其没有将战争需要与地方发展有机结合，直接造成抗战时期云南水运开发几乎没有什么成绩可言的局面。另一方面则使人们忽视了交通建设的长期性与艰巨性。在论及云南水运开发时，人们尽管认识到了困难，但往往又认为这些困难是可以通过人力轻而易举解决的。比如，蒋君章认为，金沙江航道"自蒙姑至宜宾，仅须起岸三处，故加修牵道后即可用搬水方法节节通航，稍加整治，便可直驶无阻"④。西南进出口物资运输总经理处在提议利用金沙江水运时也认为："金沙江流域宜宾溯江而上，至巧家蒙姑间滩多水急，然稍事整理，仍可利用。"⑤此"稍加""稍事"等用词可谓将论者忽视困难、高估人力的倾向表露无遗了。这种倾向必然会影响人们对云南水运开发的认识，影响云南水运开发的进程。云南水运开发进展之缓慢、付出代价之大，应该说与这种事先对困难的认识不足不无关系。

---

①张公权：《"抗战"与"交通"》，转引自李占才、张劲《超载——抗战与交通》，广西师范大学出版社1996年版，第3页。

②蒋君章编著：《第二期抗战的新形势》，正中书局1939年版，第32~33页。

③刘楠楠选辑：《云南开发之意见史料一组》，载《民国档案》2013年第1期。

④蒋君章编著：《战时西南经济问题》，正中书局1943年版，第189页。

⑤《西南进出口物资运输总经理处关于利用水路航运事宜的临时提案选》，见云南省档案局（馆）编《抗战时期的云南——档案史料汇编》，重庆出版社2015年版，第959页。

后方交通建设既因战争的需要而产生，则其进展必然随战争形势的变化而转变。当战争形势的变化使交通建设的外部环境不复存在时，计划中的建设便无法实施了；当战争形势的变化使交通建设的目标无法达到，不能适应战争的需要时，计划中的建设便没必要实施了，已经实施的建设也便很难继续下去了；而当战争结束之时，又往往是交通建设被搁置之日。凡此种种，均应验在作为后方交通建设组成部分的云南水运开发之上。

既然云南水运开发意在国际交通方面，则其实施自不能不仰赖于英、法等国的支持与配合。如发展中越水上交通，我们以为"目前法人对我抗战颇具同情……自必乐于赞助"①，却不料法国对建设中越红河水陆联运线百般阻挠，延误了工程的开工。当工程终于开工之后，越南又很快被日本占领，进一步的建设既无可能，也没有必要了。开发金沙江航运的主要目的，正如前文所述，是为与滇缅公路接续，缩短川滇交通距离，缓解中缅物资运输压力，但至1942年5月，日军占领怒江西岸，滇缅公路运输被切断，此目的已无法达到，特别是随着中印"驼峰"空中运输线的开辟，金沙江航道的利用价值减小，进一步开发金沙江航道的动力几乎不复存在了。至于设想开发瑞丽江—伊洛瓦底江国际水道而终未实施，开发澜沧江水运止步于试航，虽各有其具体原因，但越、缅先后为日本占据从而使其失去开发的必要则是共同的原因。最后，当战争走向结束，无论是产生了一定效益的金沙江，还是并未真正开发的瑞丽江、澜沧江等，因战争而产生的开发需要无不顿时丧失，没有开发的自然不会去开发了，已经开发了的也仅在于维持现状罢了。

此外，需要指出的是，由于中国的国防实力、经济实力与日本相差悬殊，国民政府确定对日作战之战略为持久战，"倭寇要求速战速决，

---

① 《查勘黎溪水道报告书》，见云南省档案局（馆）编《抗战时期的云南——档案史料汇编》，重庆出版社2015年版，第972~973页。

我们就要持久战消耗战……以坚毅持久的抗战，来消灭他的力量"①。从而使人们认为后方交通建设虽当以"救急"为首要任务，但对于建设难度大的工程又认为可以从长计议，以"长远"的建设逐步满足"应急"的需要。如关于金沙江水运开发，《金沙江查勘试航报告》就认为，由于河道处处险滩，"决非数十处大工程可以解决"，而且"两岸山崩到处可见，水道形势，随时变迁，是以关于各项整理工程之实施，亦属决无把握。然为目前急于利用计，亦可就其各段水道之现状，比较险阻之滩口，施以轻而易举之临时改进工程。在绝对不能通船各险滩，则接以短程之陆运，先行分别通航，然后逐渐求其改进"。②但"长远"的建设毕竟很难及时满足"应急"的需要，必然导致"应急性"开发与"长远性"建设的矛盾。云南水运开发的结局显然与此不无关系。如金沙江，投入大量的人力、物力，甚至付出生命的代价，却成效不大；如瑞丽江，需要投入大量的人力、物力，以及长期的建设过程，却未必能见效果，这就不得不使人对云南水运开发的必要性产生怀疑。到了抗战后期，云南水运开发已开始不为人所重视，应该说，这正是开发必要性逐渐丧失的结果。

二、一贯的"空间"：环境制约对抗战时期云南水运开发的影响

我们知道，人对自然环境的改造和利用能力是与人类社会生产力发展水平相关的，因此，在长期被人视为"跬步皆山，不通舟楫"③的云南发展河运，首先得有更高的开发能力与航运技术，其次还得有大规模的

---

①《蒋委员长对敌人战略政略的实况和我军抗战获胜的要道训词》，见秦孝仪主编《中华民国重要史料初编——对日抗战时期·第二编作战经过（一）》，中国国民党中央委员会党史委员会1981年编印，第47页。

②《金沙江查勘试航报告摘要》，见云南省档案局（馆）编《抗战时期的云南——档案史料1981年汇编》，重庆出版社2015年版，第982页。

③李春龙审订，牛鸿斌、文明元等点校：《新纂云南通志七》第一百三十九卷《农业考二》，云南人民出版社2007年版，第14页。

资金投入。而且就算满足这两个条件，也不是一朝一夕就能见到功效的。

关于开发能力与航运技术，尽管人们做了最大的努力，但依然无法满足当时的需要。首先，专门的航运人才极为缺乏。其次，船只不敷使用，适合各河水文条件的船只更是缺乏。这在金沙江试航时就已显现，"无如金沙江上下，断航已久，水手、带水皆感缺乏，由此一二日经验观之，深觉金江所雇者多不熟练，恐难胜任"；"预计本年内可分段通航，惟金沙江原属不通航河流，故船舶极少，水手亦甚感缺乏"；"以上试航，以船只式样不合，设备欠周，水手只有推横渡经验，并无驾驶直航船只之能力，故不免进行迟缓"；"惟经过各工段时，因当地船只水手两俱缺乏，虽经本处电饬预为准备，而就近招雇仍感困难"。①因此，通航前的准备工作尤以造船和训练水手最为急切。但所需船只数量，即使仅"假定每日能运送一百吨货物为原则"，也需要载重为20吨的船只600多只，这在较短时间内是很难赶造出来的；水手的训练，虽"为迅赴事功起见"，可以采取普通训练和特殊训练两种方式进行，但水手数量的增加也只能做到"自可逐渐增多也"。②此外，无论是开发金沙江还是瑞丽江，虽都经过了较为详细的论证，但并不能说都是行之有效的，而从金沙江、澜沧江试航过程中付出的血的代价，以及航道开通后只有极少数轮船航行的事实，都说明当时的航运技术与航运水平尚难以做到深入地、大规模地开发云南水运。

至于资金，一方面，开发云南水运需要大量资金，要使金沙江通航，据保守估计，诸如购置炸药、造船等款项不计算在内，仅填沙装篓等工程、闸门工程两项所需款项就已高达620万元③；开通瑞丽江—伊洛

---

① 《王玮关于金沙江试航队沿途查勘情况致建设厅呈》《行政院水利委员会请协助金沙江航道疏浚工程致云南省政府函》《金沙江宜蒙段分段通航计划书》，见云南省档案局（馆）编《抗战时期的云南——档案史料汇编》，重庆出版社2015年版，第979、989~990、1001~1002页。

② 《金沙江宜蒙段分段通航计划书》，见云南省档案局（馆）编《抗战时期的云南——档案史料汇编》，重庆出版社2015年版，第1006~1008页。

③ 王玮：《金沙江通航计划书》，见云南省档案局（馆）编《抗战时期的云南——档案史料汇编》，重庆出版社2015年版，第1014~1015页。

瓦底江航运，自南坎至南南答30公里的航道却远非"300万卢比八个月的开凿计划"所能完成①；若再加上开发红河、澜沧江所需资金，其数目则更为可观。

另一方面，西南经济建设资金又远非充分，"年来各方面提倡西南建设尤其工业建设，而真正实际的建设仍迟迟未能发展者，其主因在于资本之缺乏。这不但为许多想从事工业建设者所同声忧叹，而且为一些已从事工业建设者所终日忧虑；不但私营工业如此，就是国营或公营工业也是如此"②。因此，"关于资金之筹划，实为今日着手建设之第一要件"。但在当时，筹措资金又是最感棘手的事，"然以全部建设规模过巨之故，其所需资金，必非现在国内资金，力所能举"。③"西南经济建设事业，需用资本浩大，自非大量利用外资不可。"④但外资来源其实又是很成问题的，唯有民间资本可用，"本来，一国可取以供工业建设之用的资金，可以分为（1）国有资金，（2）公有资金，（3）民间资金，（4）外资四种；但在目前对日抗战将满三年，欧战范围日益扩大的状况下，姑假定（1）（2）及（4）俱已无多大运用余地罢"。⑤资金来源如此单一，即如"经济学家之观察，均谓港沪各埠所存游资，达数十万万元之巨"⑥，但以民间投资的趋利性使然，充分利用民间资本又是非常困难的，"惟资金内移，事实上并不如我人想象之简易"，"以是舆论上资金内移之说虽甚嚣尘上，而实际上，内地资金反作对口岸之外流。政府虽曾运用内汇政策及其他取缔手段，然而走私之行为却因此而更炽"。⑦

这就形成了一组难以解决的矛盾，而欲大力推进云南水运开发显

①《开辟中缅直航水道的设想》，见云南省档案馆编《抗战时期的云南社会》，云南人民出版社2005年版，第113~114页。
②陈豹隐：《西南工业建设与特种奖励制之创设》，载《西南实业通讯》1940年第2卷第1期。
③陆鼎揆：《建设西南的必然性及其方案》，载《西南导报》1938年第1卷第2期。
④卫挺生：《西南经济建设之我见》，载《西南实业通讯》1940年第1卷第6期。
⑤陈豹隐：《西南工业建设与特种奖励制之创设》，载《西南实业通讯》1940年第2卷第1期。
⑥欧阳仑：《如何吸引游资以济后方工业之需要》，载《西南实业通讯》1941年第3卷第6期。
⑦万树源：《资金内移之前提与后果》，载《经济汇报》1941年第4卷第11期。

然不得不受这一因素的制约。特别是当巨额的投入未必能有巨大的经济效益时，投入就显得很没有必要了。如关于瑞丽江的开凿，吴学云就认为，若走芒市河一线，则"从经济方面讲，该航线在我国境内不到30公里，且内地货物外运，国内段并不能减轻运费"，提出"不应仅局限于能自主通航"的主张，说的也正是这个意思。①从这个意义上说，即使没有迫使云南水运开发无法全面实施的战争这一因素，云南水运开发的命运也是不难想象的。

"金沙江航路清初远在现今航路之上游⋯⋯每年运铜曾达一百五十七万余斤以达叙泸"②的记载似乎为开辟金沙江航运提供了历史依据，如《金沙江水道整理工程视场意见》就说："金沙江流经川滇康三省⋯⋯况自最近战局变化以来，国际路线已断，油料来源无着，汽车运输困难日增，则吾祖宗所遗留之伟大水道何尝不可尽量利用。"③但是，被人所忽视的是清朝初年花费大量的人力、物力、财力疏通的金沙江航道即因"自新开滩以上至黄草坪尚属有益，其余上游四十余滩，有损无益，仍需陆运"，在运行十余年后便于乾隆十七年（1752）"废止江运"。④此正可谓是"虽人功之可藉，实天险之难夷"⑤的必然结果。

在中法战争之前，法国为了寻找通过越南进入云南的商道，进行了多次的探路考察。至于以何路进入云南，湄公河（澜沧江）的航运价值首先受到关注。1862年，法国占领越南南圻三省，"遂得控制湄公江之

---

①《开辟中缅直航水道的设想》，见云南省档案馆编《抗战时期的云南社会》，云南人民出版社2005年版，第113~114页。

②蒋君章等编著：《中国边疆地理》，文信书局1944年版，第215页。

③《金沙江水道整理工程视场意见》，见云南省档案局（馆）编《抗战时期的云南——档案史料汇编》，重庆出版社2015年版，第990~992页。

④羊枣：《清初金沙江航道的开凿工程与航运效益》，载《曲靖师专学报》1993年第1期。

⑤《永善县志略》卷二《艺文》，嘉庆八年刻本，见《昭通旧志汇编》编辑委员会编《昭通旧志汇编》，云南人民出版社2006年版，第794页。

海口，因欲上溯湄江上流之澜沧江"①。1866年，法国殖民政府任命拉格莱为总办、安邺为帮办，率领由植物学家优伯尔等组成的调查团，从西贡出发，沿湄公河上溯，经过柬埔寨、老挝，水陆兼程，于次年抵达思茅②。通过这次调查他们了解到，澜沧江河床落差太大，处处急流险滩，"不适于航行"③。1871年、1873年，法国商人堵布益两次经历红河的航运，发现红河为滇越之间通航要道，所谓"滇南所产铜、铅、铁、锡、鸦片烟，取道红河出洋；各项洋货，又取道红河入滇，愈行愈熟，已成通衢"④。所以，在中法战争结束、蒙自开埠后，红河成为云南对外贸易最为重要的运输通道。但是，红河水道不仅滩多水险，"由老街到蛮耗约一八〇华里的航程中，便有大小滩一百多处。其中险滩有大滩，莲花滩，新滩，乌龟滩等十一处之多"⑤，触礁毁船的事时有发生，而且通航状况往往随降水的季节性变化而变化，雨季降水丰富，水位增高，不利于航行，停航也是常有的事。如1896年，"惟是今年九十两月大雨滂沱，水势汹涌，行船分外险阻，是以新帮之货迟延至十月中旬始见有到者"⑥；1900年，"红河一带夏汛涨发，上水船艘多因延滞"⑦；1904年，"红河涨溢，以致航海停顿"⑧，"船只上行过滩，须用纤曳：故雨季水涨，逆水航行时，须三艘同航，以便上滩时互相协助"⑨。也正因为红河在航

---

①李春龙审订，牛鸿斌、文明元等点校：《新纂云南通志七》第一百六十四卷《外交考一》，云南人民出版社2007年版，第547页。

②陆韧：《云南对外交通史》，云南民族出版社1997年版，第323页。

③李春龙审订，牛鸿斌、文明元等点校：《新纂云南通志七》第一百六十四卷《外交考一》，云南人民出版社2007年版，第547页。

④束世澂：《中法外交史》，上海商务印书馆1928年版，第20页。

⑤万湘澄：《云南对外贸易概观》，新云南丛书社1946年版，第20页。

⑥《光绪二十二年蒙自口华洋贸易情形论略》，见中国第二历史档案馆、中国海关总署办公厅编《中国旧海关史料（1859—1948）》第24册，京华出版社2001年版，第255页。

⑦《光绪二十六年蒙自口华洋贸易情形论略》，见中国第二历史档案馆、中国海关总署办公厅编：《中国旧海关史料（1859—1948）》第32册，京华出版社2001年版，第283页。

⑧《光绪三十年蒙自口华洋贸易情形论略》，见中国第二历史档案馆、中国海关总署办公厅编：《中国旧海关史料（1859—1948）》第40册，京华出版社2001年版，第361页。

⑨张肖梅编：《云南经济》，中国国民经济研究所，1942年，第G129页。

运上存在的这个弊端，正如时人所指出的那样，"自滇越铁路告成，（红河水道）即无人顾问矣"①，滇越铁路通车后，红河水运便很快衰落了。

如果说以上事实只是说明了抗战以前云南水运受环境制约而难有长远的发展，是因为生产力发展水平低下的话，那么，近几十年来云南水运的发展状况则进一步说明，这种环境的制约实在是难以突破的。

如表2.2所示，改革开放以来，云南在水运建设上持续投入，但水运里程增长缓慢，甚至出现不增反减的情况。"十二五"期间，云南加大资金投入，加大工程改造力度，"全省水运建设投资首次突破20亿元，重点实施了澜沧江五级航道建设二期工程、澜沧江中缅界河31公里五级航道建设工程等14个项目"②。但直至目前，一方面，云南河流航道依然大多处于天然状态，相当一部分为库区航道，不能形成运输通道；另一方面，受河流水量的变化，不少航道还是只能季节性通航，严重制约着云南水运能力的提高。在云南各类交通运输方式中，水运的地位一直不高，云南发展水运所受制约之大由此可见一斑。换句话说，虽然时代在进步，社会经济在发展，但云南水运发展的环境瓶颈并没有实现根本上的突破。

表2.2　1978—2012年云南水运里程变化　（单位：公里）

年份	里程	年份	里程	年份	里程	年份	里程
1978	2809	1992	1130	1999	1530	2006	2764
1980	1006	1993	1130	2000	1580	2007	2764
1985	1042	1994	1324	2001	1824	2008	2764
1988	1072	1995	1324	2002	1824	2009	2764

①蒋用庄：《滇越铁路与云南交通》，载《交通杂志》1934年第2卷第6期。
②《云南加快内河航道建设》，载《人民日报》（海外版）2016年2月23日。

续表

年份	里程	年份	里程	年份	里程	年份	里程
1989	1072	1996	1324	2003	1810	2010	2893
1990	1130	1997	1324	2004	2549	2011	3174
1991	1130	1998	1324	2005	2764	2012	3400

资料来源：《云南统计年鉴》，中国统计出版社2006年版，第425页；2012年版，第265页；2014年版，第219页。

由此可见，地理环境对云南水运开发的制约并没有因时代的变化而发生根本性的转移，这种制约可谓是一以贯之的。因此，笔者认为，抗战时期云南水运的开发进程，正如上文所述，是随抗战形势的变化而变化的，但从更深层次讲，又是为云南特殊的地域环境所决定了的。

综上所述，笔者认为，抗战时期云南水运的开发既是抗战这一特定"时间"的产物，又受云南地理环境即"空间"的严重制约。抗战时期云南水运开发的基本面貌是"时间"与"空间"交互作用的结果。

第五节　本章小结

从地理上看，云南是不太适宜发展水运的，这是基于一般的科学常识就可以得出的结论，也是早就为人们所认识的。19世纪40年代，美国传教士、著名汉学家卫三畏就曾指出，在云南境内"贯穿着大小河流，切入的河床深几百到几千英尺，几乎不可能用于交通"[1]；20世纪30

---

[1]〔美〕卫三畏著，陈俱译，陈绛校：《中国总论》，上海古籍出版社2005年版，第127页。

年代，曾在中国游历的美国地理学家葛勒石也认为，在云南，"高山和深谷就是这里风景的特征。河道穿流山谷，往往使之下刻至二千尺的深度。这种峻急的峡谷在交通上成了严重的妨碍，这里几乎没有一条可航的河流"①。因此，笔者认为，抗战时期试图开发云南水运显然不是因地制宜的行动，而是因时而动的举措罢了，但这种因时之措除了要受时势变化的影响，还不得不受到地理环境的制约，并且从长远看来，地理环境的制约作用虽然显得隐蔽，却是根本性的。

抗战期间，地理学家张印堂在论及"云南经济建设与地理环境的关系"时指出："因为一地之一切建设或开发的设计，均须循其基础，善为利用，行之以宜，方能奏效，此乃各地一般之定则，云南自亦不能例外。"②此论甚确。以此审视抗战时期云南水运开发问题便可看出，开发云南水运尽管是时势使然，但显然又是没有遵循其地理基础"善为利用，行之以宜"的，而其之所以几乎没有什么成绩可言，也正是没有遵循此"一般之定则"的必然结果。

一般认为，历史学是一门时间的科学③，"时间是这一学科最明晰的特点"④。作为其最突出的学科特征，历史学的研究注重对"时间上变异（的）描述"⑤。这就使得那些具有转折性特点的时间节点成为历史学最感兴趣的研究对象，历史学家往往热衷于探讨"何时"以及"何以在该时"的问题⑥。因此，一般的历史叙述大多由对人类历史进程或社会发展产生直接影响的历史事件和历史人物所构成，那些意义不是很凸现的历史事实和普通大众乃至于所谓的"小人物"总是受到忽视。从这个意义

①〔美〕葛勒石著，谌亚达译：《中国区域地理》，正中书局1947年版，第221页。
②张印堂：《云南经济建设之地理基础与问题》，载《边政公论》1943年第2卷第1—2期。
③俞金尧：《历史学：时间的科学》，载《江海学刊》2013年第1期。
④菲利普·J.埃辛顿文，杨莉译：《安置过去：历史空间理论的基础》，载《江西社会科学》2008年第9期。
⑤〔美〕R.哈特向著，黎樵译：《地理学性质的透视》，商务印书馆2009年版，第100页。
⑥〔英〕阿兰·R.H.贝克著，阙维民译：《地理学与历史学——跨越楚河汉界》，商务印书馆2008年版，第39页。

上讲，抗战时期云南水运的开发因没有多少实际的成果，也没有对当时的社会产生很大的直接的影响，从而被研究者所忽视，也就不是什么奇怪的事了。但是，就本章以上的分析看，这样一个看似并不起眼的"历史"却实实在在地说明了一个深刻的"地域性"问题，以及在"时间变异"过程中"地域性"所起的作用，显然又是不应该被忽视的。因此，笔者认为，历史学研究问题的"大"或"小"是相对的，"真正的历史研究决不能只停留在考订与叙述事实的水平上，而应该上升到有意义的理解与解释"①，研究对象的"价值"是需要研究者去发现的。

_____

① 何兆武：《苇草集》，生活·读书·新知三联书店1999年版，第155页。

第三章

国际交通应当预作准备
——全面抗战时期云南公路的修筑与公路运输

  全面抗战期间，云南的公路建设与公路运输发挥了重要作用。因此，有关抗战后方交通相关问题的研究，无不对此有所涉及。但论者多强调的是滇缅公路一度为我国唯一的国际交通线，至于其他公路，则多被忽视。我们以为，全面抗战时期云南公路建设的成就是多方面的，研究抗战期间云南公路建设问题，不仅要对发挥了国际交通线作用的滇缅公路、中印公路予以足够重视，还应较为全面地复原此期间云南公路的整体面貌。云南公路，虽在全面抗战之前已有一定建设，但建成里程较短，运输规模有限，全面抗战期间，则进行了大规模的建设以至于初步形成了公路交通网，有力地支持了抗战，促进了云南地方经济的发展。两相比照，禁不住会让人思考：到底是什么促成了全面抗战期间云南公路建设的奇迹？包括战争在内的时局因素自然是非常重要的，而与铁路、水运建设略作比较的话，公路本身的特殊性当是不可忽略的因素，而其与地理环境的关系，或进一步使公路成了"此时"云南最能出成效的交通运输方式。

第一节　全面抗战前的云南公路兴筑与公路运输

云南地处我国西南，是为人们所熟悉的云贵高原的重要组成部分，海拔高，地形高下起伏严重，高山与峡谷相间，山地与坝子相邻，河流落差大而难通舟楫，所以，云南的交通一直比较落后。曾长期流传着的一句谚语"一日上一丈，云南在天上"，就生动地描绘了长久以来云南交通运输的艰难。如果说在铁路、公路等现代交通工具未兴之前，云南交通只得以马驮人负为主的话，那在人类发明了汽车、火车且进入中国后，云南也必将进入建设现代交通的征程。

一、云南公路运输之发端

清朝末年，云南周边国家越南、缅甸已有英法殖民者的汽车开行，邻省广西也在宣统元年至三年（1909—1911）有3辆小汽车行驶于龙州至镇南关（今友谊关）之间，而云南公路兴建和汽车运输则是10年后的事。

1913年，滇南绅商邹文翰、谢洪恩等人倡议筹办"临（临安，今建水）阿（阿迷，今开远）个（个旧）"汽车公司，拟先修建阿个公路。这一倡议得到政府赞同和社会尤其是越南华侨商界的支持，但终因政局动荡、人事迁转而未能付诸实施。1921年初，滇军总司令顾品珍取代唐继尧执掌云南省政，派工兵修筑昆明至黄土坡马路一段，这是云南最早修筑的公路。次年，唐继尧重新掌权，重视公路建设，在省公署下专设交通司进行公路兴修和运输管理。1925年9月初，先后从越南购进货车、客车数部，并在西安马路（今昆明医科大学第一附属医院对面）修建了云南第一个汽车站。9月底，小西门至碧鸡关段公路修建完成。10月10日，交通司邀请各机关首脑及社会名流约300人乘车从小西门出发到碧鸡关沿途参观，这是云南历史上第一次开行汽车。[①]但直至1928年龙云上台前，云南公路只修通了小西门至碧鸡关长约16.4公里的滇西省道和昆明市盐行街口至龙泉寺长20公里的滇东省道，通车里程非常有限[②]。

二、云南公路运输的发展

1928年龙云上台后，大力发展公路运输事业，曾亲自担任云南省公路总局督办，直接抓公路建设事务，公路修筑的步伐大大加快。如表3.1所示，1928年，云南公路累计通车里程68.2公里，1929年便增加到了354.3公里，至1936年共计完成公路里程3712.9公里。

表3.1　1924—1937年云南公路累计通车里程变化表　（单位：公里）

年份	累计公路里程	年份	累计公路里程
1924	14.9	1931	1439.3
1925	18.9	1932	1888.6
1926	57.5	1933	2568.3
1927	57.5	1934	2787.7
1928	68.2	1935	3279.7
1929	354.3	1936	3712.9
1930	1325.7	1937	4533.5

资料来源：《云南公路交通史·公路篇》（一），转引自吴兴南《云南对外贸易——从传统到近代化的历程》，云南民族出版社1997年版，第300~301页。

[①]黄恒蛟主编：《云南公路运输史》第一册，人民交通出版社1995年版，第95~97页。
[②]韦丹凤：《滇缅公路研究（1937—1942）——基于战时公路工程史的视角》，北京科技大学2018年博士学位论文。

如表3.2所示，全省公路以昆明为中心，向东、南、西、北各个方向延伸，推进云南公路"四干道八分区"的建设计划："民十八年十二月一日，省政府令分全省公路为四干道、八分区，饬令同时工作，限期完成。旋定修筑公路限为二期，即第一期赶修四省道，第二期分修八分区。"[1]

表3.2　全面抗战前云南公路建设情况

道路名称	支线	通车里程	通车时间
滇东北路	昆明—崇明杨林	52.44公里	1932年
	杨林—柳树河	53.3公里	
	柳树河—功山	34.54公里	1933年
滇西路	昆明—禄丰	112公里	1932年
	禄丰—云南驿	220公里	1934年
	安宁—温泉	7.5公里	—
滇南路	昆明—玉溪	99.3公里	1932年
滇东路	杨林—曲靖	110.72公里	1933年
	曲靖—平彝	69.7公里	—
	沾益天生桥—宣威余家河口	83.4公里	—
	曲靖—罗平	190.82公里	1934年
环城马路	昆明市	12公里	1934年

资料来源：韦丹凤：《滇缅公路研究（1937—1942）——基于战时公路工程史的视角》，北京科技大学2018年博士学位论文。

---

[1]云南省志编纂委员会办公室：《续云南通志长编》中册，1986年，第949页。

尽管如此，但就全国而言，云南公路建设依然滞后。以1935年为例，云南已通车路线长度2137公里，占全国96435公里的2.2%；已兴工路线长度1203公里，占全国16040公里的7.5%；计划而未兴工路线长度2204公里，占全国50543公里的4.4%，是全国公路里程最少的省区之一①，每千平方公里仅有5.3公里公路②。至于汽车数量，据1936年经济部统计，全国共有汽车44802部，其中大型汽车16596部，而这些汽车大都分布在沿海及华北各大城市③；云南汽车数量非常有限，如表3.3所示，不到200辆。

表3.3　全面抗战前云南省运营汽车数量　（单位：辆）

时间		官营	商营	合计
1929—1932年		14	—	14
1933年2月（开放商车）		14	16	30
1934年		14	38	52
1935年	上半年	19	58	77
	下半年	21	160	181
1936—1937年3月		24	168	192

资料来源：黄恒蛟主编：《云南公路运输史》第一册，人民交通出版社1995年版，第106页。

---

①韦丹凤：《滇缅公路研究（1937—1942）——基于战时公路工程史的视角》，北京科技大学2018年博士学位论文。由于资料来源不同，此处数据与表3.1有出入，特此说明。
②周天豹、凌承学主编：《抗日战争时期西南经济发展概述》，西南师范大学出版社1988年版，第213页。
③周天豹、凌承学主编：《抗日战争时期西南经济发展概述》，西南师范大学出版社1988年版，第213页。

受通车里程和汽车数量影响，公路运输的开展，受到很大限制。截至1936年，省内主要形成以昆明为中心的4条汽车运输线路，分别是昆（昆明）大（大理）线、昆（昆明）宣（宣威）平（平彝，今富源）楚（楚雄）线、昆（昆明）禄（禄丰）一（一平浪）线、昆（昆明）曲（曲靖）玉（玉溪）羊（羊街）线，很显然，涉及的区域比较有限。省际汽车运输，则有1936年通车的昆明至贵阳一线。1937年11月，川黔滇湘四省汽车联运实施，沿线设有长沙西站、常德南站、沅陵、芷江、晃县、镇远、黄平、马场坪、贵阳、安顺、永宁、盘县、平彝、曲靖、昆明等站，实现了滇黔湘公路运输的连通。①

第二节　"九月"奇迹：滇缅公路的抢修

一、高瞻远瞩

滇缅公路东起昆明，西迄畹町，原为滇西省道，于1935年12月筑成通车昆明至下关的土路412公里。下关至畹町段，云南省公路总局规划继续修筑，以与缅甸连通，在几经筹划和踏勘后，却因通向缅甸的线路没有确定下来，加之经费缺乏，不得不被搁置。

1937年8月9日至15日，蒋介石在南京召开最高国防会议，与各省军政要员一道共商抗日大计。8月15日，会议结束，蒋介石看望龙云，两人谈话当中，龙云有关修筑滇缅公路的建议，得到蒋介石的认同。两人的主要谈话内容大致如下②：

---

① 黄恒蛟主编：《云南公路运输史》第一册，人民交通出版社1995年版，第107~114页。

② 蒋发源：《滇缅公路修筑史料辑录》，见中国人民政治协商会议云南省龙陵县委员会、云南省社科院保山分院滇西抗战文化研究基地编《滇缅公路——血肉铸成的抗战生命线》，云南民族出版社2013年版，第129~130页。

蒋介石：你看目前的局势形势如何？

龙云：上海方面的战事恐难持久，上海一旦沦陷，南京即受威胁，也难固守。上海既失，我国即无国际港口，国际交通顿感困难了。

蒋介石：这种情况是很可能出现的，那时只有从香港和利用滇越铁路到达内地了。

龙云：日本既大举进攻上海，它的南进政策必付诸实施，南方战区可能扩大，到那时，香港和滇越铁路就都有问题了。

蒋介石：那么，你是怎样的意见？

龙云：我的意见，国际交通应当预作准备，即着手同时修筑滇缅铁路和滇缅公路，可以直达印度洋。公路由云南地方负责，中央补助；铁路则由中央负责，云南地方可以协助修筑。

蒋介石：好得很，好得很。我告诉铁道部和交通部照此办理，叫他们和你商量，早日动工。

不出龙云所料，1937年8月26日，日本宣布对从长江口到潮州的中国海岸的中国船只进行封锁；9月5日，又宣布把封锁范围扩大到除辽宁、山东青岛以外的全部中国海岸。11月12日，上海沦陷，日本军队进一步向南推进，香港岌岌可危。1940年6月，日本侵占越南，法国殖民政府接受了日本提出的终止中越运输的要求，滇越铁路运输中断。在这种情况下，中国的国际通道，也就只有滇缅公路了。

二、确定线路

关于滇缅公路下关至畹町段线路走向，驻腾冲殖边督办兼第一公路分局局长李曰垓等人曾主张修筑腾永线，即由下关经漾濞、永平、云龙、保山、腾冲，从古永出境入缅甸与密支那或八莫连接；云南省公路总局技监段纬则主张修筑顺镇线，其线路是由祥云经弥渡、蒙化（今巍山）、顺宁（今凤庆）、镇康到达缅甸的滚弄，经滚弄与腊戌连通。双方各持己见，争论不休。为了确定最终的线路走向，尽快开始滇缅公路的修筑，1937年10月底，国民政府交通部次长王芃生专程赶赴昆明，与云南省政府商议滇缅路的修筑事宜。

也就在这个时候，时任保山县建设局长的张绳规等人，在权衡腾永线与顺镇线的利弊得失之后，提出了另外一条线路走向的建议，即由下关经漾濞、云龙、永平、保山（施甸）、龙陵、潞西（今芒市）到畹町，出畹町后进入缅甸，连接缅甸腊戍铁路，直达仰光出海口。与腾永线和顺镇线相比，这条线路具有极大优势：一是路程缩短一半以上，可以节省修路花费的人力、物力、财力，有利于缩短工期；二是避开了高黎贡山和龙江、怒江两江之险，而且怒江上已建有惠通桥，加固后即可通车，可以减小修筑的难度，缩减筑路的成本，因此，得到了国民政府和云南省政府的重视。云南省主席龙云在指令时任保山县参议会议长的张笏去保山进行了调查核实后，于1937年11月2日，果断批准了张绳规等建议的路线，决定按此线组织勘测和施工。

线路走向确定后，尚需与缅甸政府达成一致意见，于是，龙云委派云南省政府委员缪云台为国民政府和云南省政府的代表，赴缅甸仰光与缅甸政府协商修筑滇缅公路具体事宜。经过几次商谈，双方最后决定以一年为期，各自将公路修筑到边界衔接，并商定畹町河至木姐18公里的路段也由缅甸修建，中国则负责修筑下关至畹町河段。1938年1月，国民政府又与英国政府商定，以木姐作为滇缅公路的衔接点，至此，滇缅公路全线在滇境和缅境的走向也就完全确定了下来。接下来的工作，就是加紧勘测和修筑了。[1]

---

①云南省交通厅云南公路交通史志编写委员会、《云南公路史》编写组编：《云南公路史》第一册，国际文化出版公司1989年版，第106~118页；保山公路总段编印：《保山公路志》，1999年，第117~121页；缪云台：《联系对外交通及战后建设》，见中国人民政治协商会议云南省委员会文史资料委员会编《云南文史资料选辑》第五十二辑，云南人民出版社1998年版，第1~4页。

三、"九月"奇迹

线路确定后，紧张的勘测与筑路工作随即展开。1937年12月，部分路段的测量与修筑即已开始。1938年1月，云南省公路局在保山设立总工程处，并先后成立了关漾、漾云、云保、保龙、龙潞、潞畹六个工程分处，分别进行下关至漾濞、漾濞至云龙、云龙至保山、保山至龙陵、龙陵至潞西、潞西至畹町这六段公路的测量设计工作，规定各路段的修筑由道路所经各县具体负责。

为了能够早日贯通滇缅公路这一抗日国际大通道，国民政府和云南省政府曾决定限期四个月完工。但这显然是严重脱离实际的，不过，全面抗战进行了仅仅数月，我国东部出海口便大部沦陷，以最快的速度修通滇缅公路，是形势所迫，时不我待。

所以，从1937年12月起，"为配合滇缅公路的修筑，云南政府从公路沿线周边的12个县及5个设治局中征募筑路工人，计划每天出工总人数达122000人，该数字不包括从外地雇佣的木工、石工及其他工人，因此实际出工的人数超过计划征工的数目"[1]。尽管语言不同，风俗各异，但在抗日救亡的紧要关头，由来自滇西28个县和设治局的各族人民组成的筑路大军，不分男女与老幼，自带干粮与工具，"应征民工则以保为排，以甲或村为棚，各设排长棚长带领民工工作。上阵民工一般以10天为一期，期满轮换。到工地必须自带伙食、自带工具、自带行李、自搭窝铺，义务完成分摊到户的夫役任务"[2]。尽管工具非常落后，生活极其艰苦，危险与疾疫随时都在发生，但他们不畏艰险，不怕困难，不惧牺牲，集中力量、全力以赴昼夜赶工。

---

[1] 韦丹凤：《滇缅公路研究（1937—1942）——基于战时公路工程史的视角》，北京科技大学2018年博士学位论文。
[2] 罗树人：《滇缅公路建设片断》，见中国人民政治协商会议祥云县委员会编印《祥云文史资料》第三辑，1993年，第181页。

大约不到半年的时间，下关至畹町之间的毛路即大体完成。1938年8月31日，滇缅公路建成通车。从开始勘测、修筑到建成通车，仅仅用了大约九个月的时间。

在这短短九个月的时间内，完成土方1998万立方米、石方187万立方米；除惠通桥、功果桥外，还有洱河桥、漾濞桥、胜备江桥、小老河桥4座与惠通、功果两桥规模相当的中等桥梁，以及小桥200多座，涵洞2000孔；铺就泥结碎石路面900多公里。如此重大的工程，全线耗资却只有320万元，而且多为桥梁石砌费用，以全线平均，每公里的花费仅为6100元，其费用之低为全国各路绝无仅有。①

仅仅依靠人力，用近乎原始的工具和材料，在如此短的时间内，耗费如此少的物资，却完成了如此艰巨的工程，不可谓不是一项伟大的壮举，中外为之称奇。

下关至畹町共547公里的路程，翻越高黎贡山、怒山、云岭等大山，穿过多处悬崖峭壁，横跨漾濞江、澜沧江、怒江等大河，蜿蜒展开。对此，当时曾有记者描述说："那么多的崇山峻岭，那么多的长江大河，即使是徒手游历，也需要几个月的跋涉，才能完成旅行。"1940年8月4日的《云南日报》发表署名长流的文章《伟大的滇缅公路》，称滇缅公路是继长城、运河之后唯一巨大的工程，是一大历史奇迹，是中华民族生存力量的纪念碑。②

英国《泰晤士报》称赞滇缅公路道："只有中国人才能在这样短的时间内做得到。"美国总统罗斯福电令驻华大使詹森取道滇缅公路赴重庆就任时沿途考察滇缅公路，詹森考察后发表谈话认为，"滇缅公路工

---

① 张家德、蔡泽军、张愚：《滇缅路的修建及作用》，见中国人民政治协商会议云南省龙陵县委员会、云南省社科院保山分院滇西抗战文化研究基地编《滇缅公路——血肉铸成的抗战生命线》，云南民族出版社2013年版，第139页。

② 张家德、蔡泽军、张愚：《滇缅路的修建及作用》，见中国人民政治协商会议云南省龙陵县委员会、云南省社科院保山分院滇西抗战文化研究基地编《滇缅公路——血肉铸成的抗战生命线》，云南民族出版社2013年版，第140页。

程浩大……中国政府能于短期完成此艰巨工程……实令人钦佩。且修筑滇缅路，物质条件异常缺乏。第一缺乏机器，第二纯系人力开辟，全赖沿途人民的艰苦耐劳精神，这种精神是全世界任何民族所不及的"[1]，为世界之奇迹。

四、血肉筑成的国际通道

滇缅公路的修筑完成这一伟大壮举的产生，是云南人民为了早日将日本侵略者赶出国门，排除万难、万众一心、众志成城的爱国精神的体现。为此，滇西各族人民付出了巨大的牺牲。

由于很多青壮年都上了抗日前线，因此，正如著名作家萧乾在修路现场所看到的那样，修路的"罗汉们老到七八十，小到六七岁，没牙老媪，花裤脚的闺女"都上阵了，老人、妇女和儿童成了修路的主力军。特别是对那些修路的"小罗汉"，作家不由得感叹道："当洋人的娃娃正在幼儿园玩耍时，这些小罗汉们却赤了小脚板，滴着汗粒，吃力地抱了只簸箕往这些国防大道的公路上'添土'。"[2]

滇缅公路沿线环境复杂，不少路段不是为瘴疠所困，就是被峭壁所碍，施工过程中，随时还要与暴雨、洪水和山体坍塌作斗争。毫不夸张地说，每一段滇缅公路都是滇西人民用生命和汗水铸就的。

由于劳动强度太大，经常有人累倒在地，曾有筑路工人亲眼看见"芒烘寨一个名叫月里冷的青年女子，个又矮，人又黑，力又小，常常累得昏倒在地上"。

由于劳动环境恶劣，医药设备严重缺乏，筑路过程中患病、因病而死者为数不少。如经芒市、遮放至畹町的大约116公里的路段，是著名

---

[1] 谢自佳：《滇缅、中印国际公路交通线》，见中国人民政治协商会议西南地区文史资料协作会议编《抗战时期西南的交通》，云南人民出版社1992年版，第91页。
[2] 萧乾：《血肉筑成的滇缅路》，见中国人民政治协商会议云南省委员会文史资料委员会编《云南文史资料选辑》第五十二辑，云南人民出版社1998年版，第39页。

的瘴区，修路者死伤竟达半数。云龙一县死于瘴毒者达五六百人之多，筑梅子菁石桥的200名石工中只有一半生还。

由于地形复杂，凿崖、筑路、修桥时，修筑者无不面临着生与死的考验。例如，为了加固惠通桥，就得先开通桥两头的山路，而要凿开怒江对岸鹰嘴形的惠通崖又绝非易事。作家萧乾考察滇缅公路时，曾提及："一个修路的工头在向我描述由对岸望到悬崖上的工人时说：'那真像是用面浆粘在上面一样，一阵风就会吹下江去。'说起失足落江时，他形容说：'就像只鸟儿那么嗖地飞了下去。'随之怒江起个漩涡，那便是一切了，但这还是'美丽'点的死呢。惨莫惨于炸石的悲剧了。一声爆响，也许打断一条腿，也许四肢五脏都掷到了半空。"①

在雨季，遇到洪水是常有的事。一遇到较大的洪水，很可能就会有人被水冲走。比如，在修胜备桥"下桥基的那晚，刚好大雨滂沱。下一次，给水冲掉一次。这时，山洪暴涨了，为了易于管理，一千多桥工是全部搭棚聚住在平坝上的。江水泛滥到他们的棚口，后来侵袭到他们的膝踝……半夜，水退了，早晨，甚至太阳也冒了芽。但点查人数的结果，昨夜洪流卷去了三四十个伙伴"②。

在开挖山路时，遇到山体崩塌，总免不了有人因此丧命。而不小心坠入山崖，轻则受伤，重则丧命，更是时不时就会发生的事情。一位参加过修路的傣族人回忆："我们去换班的那天，坦相领去的那班，正在挖土时，有一个外寨子的民工听上面土动有响声，土司管工的法画准说：'乱讲，你是在吓人。'话还未完，土真的坍下来了，有一个人就被土块打倒滚下山沟去了。大家一看，树根上还挂着一个包头巾，大家赶忙去挖，挖出来时，身子都压红了，这时才认得是我们寨子的岳波岩兰。抬回家两天就死了。"在修干崖放马场那一段路时，"有两个小伙

---

①萧乾：《血肉筑成的滇缅路》，见中国人民政治协商会议云南省委员会文史资料委员会编《云南文史资料选辑》第五十二辑，云南人民出版社1998年版，第40~41页。

②萧乾：《血肉筑成的滇缅路》，见中国人民政治协商会议云南省委员会文史资料研究委员会编《云南文史资料选辑》第五十二辑，云南人民出版社1998年版，第39~40页。

子，在挖土时随土滚下山沟，当场就死了"。[①]

曾任龙陵县县长的王锡光在1938年冬作《滇缅公路纪念歌》时，说滇缅公路"不是公路是血路"，那么，修筑滇缅公路时，到底有多少人受伤？又有多少人死亡呢？令人遗憾的是，找遍所有相关记载，都难以找到一个确切的统计数字。1938年9月21日的《云南日报》曾有报道说："曾经有不少的征服自然的男女战士粉身碎骨，血肉横飞，可怕的死于无情岩石底下，怪凄惨的牺牲于无情的大江之中，还有不少的开路先锋则死于恶性疟疾的暴力之下。"[②]据大约统计，牺牲于上述种种缘故的男女民工，不少于两三千人。虽然两三千人只是一个估计的数字，很不确切，但由此不难想象，修路过程中受伤的民工，显然要远远大于两三千人的规模。

滇缅公路修成后，一度成为当时我国唯一的国际通道。在这条国际通道上，洒满了广大筑路民工的血与汗。滇缅公路是一条公路，却不是一条普通的公路，它是一条用血肉与汗水浇铸而成的抗战生命通道。

五、抗战"输血管"和"生命线"

1942年5月，滇西失守，为了阻止日军的进一步侵略，我军果断炸毁惠通桥北端，阻敌于惠通桥岸，滇缅公路运输中断。1944年5月，滇西反攻战正式开始，随着反攻的一步步胜利，抢修和恢复滇缅公路的工作也在加紧进行。1944年8月，惠通桥修复竣工通车，滇缅公路恢复运输。

抗战期间，滇缅公路实现运输大约5年时间。在这5年当中，由于

---

①周波月相佐口述，谢岩、姜兴治整理：《在芒市抢修公路》，见中国人民政治协商会议云南省龙陵县委员会、云南省社科院保山分院滇西抗战文化研究基地编《滇缅公路——血肉铸成的抗战生命线》，云南民族出版社2013年版，第292页。

②《中共云南地方史简编》，第109页，转引自李慧《云南人民抗战的历史地位》，载《云南师范大学学报（哲学社会科学版）》1995年第4期。

我国东、中部国土大面积沦陷，特别是在1940年日军侵入越南后，滇越铁路运输中断，滇缅公路成为我国唯一的国际通道。外国援华物资源源不断地经滇缅公路输入我国，打破了日本对我国进行全面封锁的企图，为赢得中国抗战的最后胜利发挥了十分重要的作用，被誉为抗战"输血管"和"生命线"。"中国对日抗战以后，沿海口岸受着敌人的封锁，国际交通线端赖滇越铁道，滇缅公路，和西北通苏联的公路的维持。及至法国战败于欧洲，苏联受制于德国，中国通越南一线，又受到日寇的阻塞，西北一线又万里迢迢，剩下最能利用的一条国际交通线，就只有滇缅公路。……近两年来，滇缅路已经成了中国抗战唯一的输血管。"①

1938年12月，苏联6000吨援华物资经滇缅公路运入我国，滇缅公路援华物资运输由此开启。据不完全统计，由滇缅公路和中印公路先后共运入我国战略物资49万余吨、汽车1万多辆。其中，油类20余万吨，兵工武器弹药、通信和交通器材、医疗设备和药品等20余万吨，棉纱、布匹等3万余吨。在滇越铁路被日军切断以前，滇越铁路是外国援华物资运输的主要通道，80%以上的外国援华军用物资是通过滇越铁路运入的。在滇越铁路运输中断后，滇缅公路成为外国援华物资唯一重要的运输通道，承担了几乎全部援华物资的运输任务。"当1940年5月法国封锁滇越铁路后，大量的物资转运缅甸仰光港堆存，再由滇缅路内运。美国在1939年11月4日修改了'中立法案'后，美援华物资也全部由此入口，因此滇缅路的运量倍增。特别是重开滇缅路后，其运量之大，以1939年10月到次年6月看，平均每月竟达1万吨。1941年11月份是最高月运量，达到17500吨，创最高运输纪录。"②大批外国援华物资的运入，对物资极度匮乏的中国而言，无异于像正在急需血液的肌体源源不断地输入大量的新鲜血液，而滇缅公路就是那根"输血管"。

---

①乐恕人：《缅甸随军纪实》，胜利出版社1942年版，第3页。

②张家德、蔡泽军、张愚：《滇缅路的修建及作用》，见中国人民政治协商会议云南省龙陵县委员会、云南省社科院保山分院滇西抗战文化研究基地编《滇缅公路——血肉铸成的抗战生命线》，云南民族出版社2013年版，第141~142页。

此外，滇缅公路在军队调运、远征军入缅作战和滇西反攻中也发挥了非常重要的作用，特别是两次远征军的调运都是通过滇缅公路进行的，滇西反攻战是沿着滇缅公路推进的。试想，如果没有滇缅公路，在当时的形势下，中国的抗战将会走向何方？可以肯定地说，如果没有滇缅公路，中国抗战的历史就不会是我们现在看到的那个样子。滇缅公路，既是"输血管"，也是"生命线"，是一条挽救中华民族命运、改写中国历史走向的"生命线"。

第三节　再辟"生路"：中印公路的修筑

一、谋求从加尔各答出海

中国人民的抗日战争艰难地进行到1941年的时候，日军已经切断我国沿海的所有供给线，滇缅公路因此成为我国唯一的一条国际出海通道。从滇缅公路修通的那一刻起，日本就视滇缅公路为眼中钉，日军侵入缅甸后，即刻对滇缅公路展开了一系列的破坏活动。在1940年10月到1941年2月仅仅四个月的时间内，日军出动飞机就达400余架次，有针对性地对惠通桥、功果桥等滇缅公路上的重要桥梁实施轰炸，致使滇缅公路运输多次陷于停顿。滇缅公路运输一旦中断，中国人民的抗日战争将陷入无比危险的境地。

为了世界反法西斯战争的胜利，中、美、英三国一致认为，开辟一条新的国际通道是十分有必要的。日军侵占缅甸后，中国经滇缅公路通过仰光出海就没有可能了。为此，修筑中印公路，以求实现从加尔各答出海，成为中、美、英三国的共识，最终决定由中国和英国具体负责公路的修筑。

二、初拟线路的夭折

1941年初，经协商，初步拟定的中印公路线为：以西康省西昌（今四川西昌）为起点，经云南中甸至德钦后，分为南北两线——南线在经云南贡山后，穿过中甸（今香格里拉）北端当时未定界的葡萄（又名坎底，现属缅甸），至印度塞地亚，再至印度利多，以利多为终点；北线经西藏察隅，至印度塞地亚后，与南线汇合，也以利多为终点。

线路拟定后，国民政府交通部很快便组成"中印公路勘测队"，从西昌开始勘测。在勘至云南中甸后，分南北两组分别进行勘测。北线勘测组在进入西藏后，因受阻而未能进行勘测，对北线的进一步勘测被迫放弃。南线勘测的结果是：全线共1486公里，其中中国境内905公里，缅甸境内275公里，印度境内306公里；全线所经环境复杂，不仅要经过冬季雪封期较长的9个横断山垭口，而且还有19条江面宽阔、水流湍急的大江河需要架桥，致使线路开挖工程面临的困难十分艰巨；何况还有500多公里要穿行在渺无人烟的原始森林中，毒蛇猛兽出没，若要施工筑路，是难以保障人力、物力的运输和人、畜的食物供应的。[1]

勘测的结果实际已经宣告了初拟线路的夭折，1942年，由中、英、美三国召开的新德里会议，对中印公路线路进行了重新讨论，正式否定了从西昌至利多的路线方案。

三、配合反攻，赶修通车

1942年2月12日，中、美、英三国代表在新德里召开会议，修筑

---

[1] 谢自佳：《中印国际公路交通线》，见中国人民政治协商会议云南省委员会文史资料委员会编《云南文史资料选辑》第五十二辑，云南人民出版社1998年版，第32页；陆韧：《云南对外交通史》，云南人民出版社、云南大学出版社2011年版，第347页。

中印公路为会上商议的主要内容之一。在会上，所有出席人员均同意目前最迅速之线路为"利多—昭甘关—葡萄—密支那—腾越—龙陵一线"，至龙陵后，与滇缅公路衔接，并决定立即开始勘测施工。后经协商确定：由中国代筑缅境路段，印度进行利多—孟拱及利多—葡萄两线，中印双向接线，赶修至衔接为止，不以国界为限。但是，正当勘测工作进行之时，因日军侵占缅甸，进而占领滇西怒江以西的腾冲、龙陵等地，中印公路被迫停修。[1]

两年之后，盟军开始反攻，中印公路的修筑再次被提上议事日程。"三十三年，滇西国军强渡怒江，发动反攻，我驻印远征军亦同时配合美军进击缅北。基于下列动机：（一）与已将完成之列多公路衔接，（二）较原滇缅公路缩短行程二百七十公里，（三）在八莫等地未克复前，先滇缅公路而利用。乃决定兴筑自保山经腾冲而迄密支那之中印公路，由滇缅公路工务局局长龚继成主持负责办理。"[2]路线基本沿用了新德里会议决定的路线。这个时候，一方面，军事反攻需要交通建设的支撑，另一方面，筑路工作又离不开军事反攻的保障，因而，中印公路的修筑，实际上是与对日反攻军事行动融为一体的。

自1944年1月起，中国驻印远征军对缅甸境内的日军发起反攻，中国军队的反攻有力地推动着筑路工程的开展，公路开始从利多向密支那推进。与此同时，驻滇远征军也拉开了滇西反攻战的序幕。几个月之后，远征军从惠人桥、双虹桥一带强渡怒江，取得松山战役的胜利，然后沿滇缅公路一线反攻。随着滇西战场反攻的胜利推进，中印公路云南境内的勘察工作渐次展开。1944年9月，远征军收复被日军占领的腾冲城，勘察工作开始向龙陵和保山方向推进；1944年11月，远征军收复龙陵，中印公路保山至密支那段的勘测工作随之基本完成，紧张的筑路

---

① 谢自佳：《滇缅、中印国际公路交通线》，见中国人民政治协商会议西南地区文史资料协作会议编《抗战时期西南的交通》，云南人民出版社1992年版，第99页。
② 云南省志编纂委员会办公室：《续云南通志长编》中册，1986年，第996页。

工作由此全面展开。仅仅两个月之后，公路便从保山修到了密支那，与利多至密支那的公路完成了对接。1945年1月20日，从利多开出的美军卡车2辆、救济车1辆到达37号中缅界桩处，22日，车辆抵达昆明，中印公路全线试通车成功。其具体线路是由印度的利多出发，经缅甸密支那，从37号中缅界桩进入我国，然后经腾冲、龙陵、保山、下关、楚雄，最后到达昆明。这也就是一般所说的中印公路北线，全长为1568公里。①

除北线外，中印公路还有一条南线，其线路是由利多出发，到密支那后南行，经八莫、南坎、木姐，然后与我国畹町衔接，沿滇缅公路到达昆明，全长为1731.7公里。1945年1月27日，中印公路南线全线打通。1月28日，由120多辆汽车组成的车队驶抵畹町，举行了通车典礼。2月3日，车队抵达昆明。次日上午，在昆明西站举行了盛大的通车典礼。同时，蒋介石在重庆发表题为"中印公路开辟的意义"的广播演说。为了表彰当时任中印缅战区司令史迪威的贡献，中印公路被提议命名为"史迪威公路"。②

中印公路通车后，大批的军车通过昆明时，从西站到东站还没有一条联络线，车辆穿城而过，交通安全难以得到保障。因而，中国又紧急修筑了一条从黄土坡沿城北郊至东站长9公里的公路。作为中印公路的延长线，这条9公里长的公路也被命名为"史迪威公路"，后来通称为环城北路或环城军用公路。

中印公路的抢修，从1944年下半年开始，到1945年1月全线打通，用了仅仅半年多的时间，完全是为了配合军事的反攻而赶筑出来的。中印公路修通后，盟国的援华物资又开始源源不断地运入我国。据统计，中印公路全线通车至抗战胜利约半年的时间里，有368支车队、1万多辆汽车通过中印公路，为中国运送了约8万吨的各种战略物资，有力地支

---

① 谢自佳：《中印国际公路交通线》，见中国人民政治协商会议云南省委员会文史资料委员会编《云南文史资料选辑》第五十二辑，云南人民出版社1998年版，第34~35页。
② 谢自佳：《中印国际公路交通线》，见中国人民政治协商会议云南省委员会文史资料委员会编《云南文史资料选辑》第五十二辑，云南人民出版社1998年版，第35~36页。

持了中国战场的全面反攻。①

四、"一英里一条命"

中印公路是一项宏大工程。为了修筑这条路，工兵们挖了1032万立方米的泥土，这些泥土足以垒成1米宽、3米高的从纽约到旧金山的横贯美国大陆的"长城"；工兵们还从河底挖出了105.7万立方米的砾石来铺路面，如果把这些砾石装上火车，这列火车得有687公里长；这条路跨越了10条大河和155条小河，为此建造大小桥梁700多座；平均每一公里就要铺设排水管8根，管线总长度达169公里；伐木工人还运来2.3万立方米的木材来修路，2360立方米的木材和2400个桩子用在了穿越沼泽地的堤道上；工兵们还在伊洛瓦底江上修起了当时世界上最长的达360米的浮桥。②

中印公路的修筑，不仅受到来自日军的重重阻挠，每前进一步都要付出血的代价，而且还要穿越原始森林和荒无人烟的崇山峻岭，并受沿途恶劣气候的影响。令人惊奇的是，在如此艰苦的条件下，在如此短的时间内，人们完成了如此宏大的工程，不能不说是一项伟大的奇迹，"一个艰苦的不可想象的战斗场面，血汗加上无比的忍耐力创造出来的奇迹"。

完成这项伟大工程的代价，除了花费了大约1.5亿美元的费用外，还有生命的代价。在整个中印公路的修筑过程中，美方15000名工兵中有1000多人殉职。中印公路全长1000多英里（1600多公里），因而，这些生命的代价常常被表述为"一英里一条命"③。除美国工兵外，死亡的中、印、缅劳工更多，所以，中印公路是继滇缅公路之后又一条用血肉铺就的"生命线"。

---

① 徐康明：《滇缅战场上中印公路的修筑》，载《抗日战争研究》1995年第1期。
② 云南省档案馆编：《抗战时期的云南社会》，云南人民出版社2005年版，第250页。
③ 云南省档案馆编：《抗战时期的云南社会》，云南人民出版社2005年版，第250~251页。

五、曲终人散

中印公路北线的腾冲至密支那段，山高坡陡，森林茂密，人烟稀少，雨量集中，坍塌严重，又由于是抢修通车，还遗留一些该做而未做的工程，因此道路功能及设施并不完善。1945年6月小满以后，缅北和腾冲、龙陵进入强降雨时节，雨水特多，中印公路北线塌方严重，车辆不能通行，运输因此中断，只能全部通过南线运输。

1945年8月15日，日本宣布无条件投降。9月3日，盟军举行受降典礼，第二次世界大战宣告结束。同年10月，最后一批美国援华物资经中印公路运入中国。从此，中印公路，这条因军运急需而抢修通车的公路便完成了它特定的历史使命，逐渐被人们淡忘。

第四节　遍地开花：云南近代公路网在抗战中形成

一、滇越公路的修筑

与滇缅公路、中印公路一样，为了配合战时运输的需要，曾计划修筑的国际公路运输通道还有滇越公路、打洛公路等。修筑滇越公路和打洛公路分别是为了取道越南、泰国，从而在军事上为运输提供便利。可惜的是，因为战争局势的变化，打洛公路的修筑并未得到实施。滇越公路大体完工于1940年4月，以昆明为起点，途经呈贡、宜良、路南（今石林）、弥勒、竹园、开远、鸡街、蒙自、屏边而达河口，全长512公里。其在呈贡境与昆（明）建（水）公路相接，在宜良境与嵩（明）宜公路相接，在路南境与滇黔南路相接，在弥勒境与师（宗）弥公路相接，在开远境与开砚（山）公路相接，在蒙自境与蒙个（旧）、鸡（街）建

（水）公路相接，是滇南主要交通干道。当云南方面正准备进一步改善滇越公路的通行能力时，越南沦陷，出于防御的考虑，便将河口至蒙自一段自毁，通车里程缩短为312公里。[1]尽管如此，滇越公路在抢运海防外援物资以及第一方面军驻守滇南并出国受降中，均发挥了重要作用。

二、通省公路的兴修

抗战期间，昆明作为滇缅公路的终点，以及驼峰航线的重要目的地，一度成为当时中国最大的物资集散地。为了更好地配合抗战物资转运、疏散的需要，发挥昆明作为抗战物资中转中心的作用，抗战期间还先后完成了滇黔公路、滇川公路等通省公路的修筑。

滇黔公路起始于云南昆明，终止于贵州盘县（今盘州），是云南第一条连接省外的公路。滇黔公路的修筑原计划由滇黔两省各自修筑本省路段，最后实现衔接。1935年底，昆明至滇黔交界的富源胜境关公路修通，滇黔公路云南段工程基本完工。但就在此时，国民政府要求云南继续向贵州方向修筑，将这条公路延修至贵州盘县。1938年，从昆明至盘县的公路全线通车。滇黔公路通车后，成为经滇缅公路输入的援华物资的重要运输通道。

滇川公路由昆明出发，经沾益、宣威进入贵州威宁，再经贵州毕节直达四川泸州。滇川公路云南段于1935年秋开工，1939年冬实现了与四川段的衔接。滇川公路的通车，大大便利了集中于昆明的国外援华物资向内地的转输。

滇康公路自祥云下庄街起，经姚安、大姚、永仁至金沙江边止，与西康省会理公路相接。"因抗战需要，中央于三十年派员主持修筑。关于路基路面工程所需工人，完全由本省派出，已完工通车。复因缅甸沦陷，滇西军事紧张，仍由本省派工破坏，三十三年又由省

---

[1] 云南省志编纂委员会办公室：《续云南通志长编》中册，1986年，第974页。

征工修复。"①

三、省内干道的继续展修

如前所述，1928年，龙云地方政府将公路建设列为四大要政之一，成立全省公路总局，组织全省的公路设计与施工。当时提出建设滇西省道（以昆明为起点，经安宁、禄丰、广通、楚雄、镇南、祥云、弥渡、凤仪、下关、漾濞、永平、保山、腾冲至滇缅边界）、滇东北省道（以昆明为起点，经嵩明、寻甸、会泽、昭通、大关、盐津，与四川叙府衔接）、滇东省道（以昆明为起点，经杨林、陆良、师宗、罗平至三江口，与广西西林衔接）、滇东南省道（以昆明为起点，经呈贡、宜良、路南、泸西、丘北、广南至剥隘，与广西百色衔接）、滇南省道（以昆明为起点，经呈贡、晋宁、玉溪、河西、通海、曲江、建水、个旧、蒙自、蛮耗、河口，与越南老街衔接）、滇北省道（以昆明为起点，经宜良、武定、禄劝，与四川会理衔接）等若干省内干道的计划。全面抗战前夕，以上省道仅有滇西省道修至下关、滇南省道修至玉溪等很少一部分建成通车。

全面抗战期间，云南省政府对以上省内公路干线计划当中没有完成的继续展修，分别完成昆明至建水（途经呈贡、晋宁、昆阳、玉溪、河西、通海、曲溪）、昆明至昭通（途经嵩明、羊街、柳树河、功山、会泽、鲁甸）、开远至砚山（途经中和营、平远街、大架衣）、安宁至龙街（途经罗次、武定、元谋、龙街至金沙江边止）、昭通至贵州威宁（途经八仙营、中和关、方海、牛街子，与昆明至昭通段公路相接）、下关至丽江（以下关为起点，经大理、上关、邓川、洱源、剑川而达丽江）、保山至云县（以保山辛街为起点，经顺宁至云县）等诸段公路的修筑。这些路段的修筑完成，基本实现了当时省内公路干道的修筑计划，便利了

---

① 云南省志编纂委员会办公室：《续云南通志长编》中册，1986年，第974页。

云南省内各地之间物资与人员的流动。

四、云南近代公路网的形成

全面抗战期间，云南公路建设呈现出前所未有的迅猛发展态势。除了滇缅公路等国际通道、通省公路及省内干道的建设外，还完善了干线间的省内公路网，修筑县道若干，先后建成嵩明至宜良、师宗至弥勒、曲靖至陆良、鸡街至建水、建水至蒙自、罗平至贵州兴义、文山至砚山、开远至文山、鸡街至个旧、昆明至富民、玉溪至峨山、安宁至易门等数段公路，使云南省内各干线之间的交通基本连贯。此外，兴修但未贯通的路段有宾川至永仁、峨山至元江、蒙自至河口、大理至丽江、会泽至鲁甸等；已列入计划，"或已经勘测、待工款充裕而逐一兴筑者，计有建元（建水经石屏至元江）、昭彝（昭通经大关以达彝良）、盐绥（盐津经黄平溪以达绥江）、会巧（会泽至巧家）、鹤兰（鹤庆经剑川以达兰坪）、元景（元江经摩沙坝、按板井、镇沅县以达景东）、云澜（云县经缅宁、双江以达澜沧）、思澜（思茅经六顺以达澜沧）、峨石（峨山经龙武以达建元段）、楚牟（楚雄经会基关以达牟定）、永丽（永仁经华坪、永胜以达丽江）、富武（富民至武定）等十二线"[1]。

全面抗战期间，昆明城中于1934年筑成的环城马路，部分路段铺设了柏油路面；环湖路碧鸡关至观音山段、观音山至海口段、海口至昆阳段也先后建成通车；为了方便游览昆明城周边名胜，先后修筑了穿金、金黑、交昙、龙泉、吴井、海屯、灵源、石林、安温、岔巫、碧太、黑海、大观等14条马路。

新中国成立前，云南全省已建成公路里程近7000公里，实际可通车公路4000多公里，全省有1/3的县城已通公路。这些建成和可通车的公路绝大部分是在全面抗战的八年间修筑的。可以毫不夸张地说，也就

---

[1]云南省志编纂委员会办公室：《续云南通志长编》中册，1986年，第985页。

是在这短短的八年内，云南公路从慢步伐的建设时期进入了一个跨越式的大发展时代。到抗战结束时，云南近代公路网已初步形成，昆明是这张网的中心，滇缅公路、中印公路等国际通道和以滇黔、滇川公路为主的通省公路以及省内干道是这张网的骨架，通过连接各干道的县与县之间、乡镇之间的公路，最终织成了近代云南公路这张大网。

第五节　因时就势：全面抗战时期云南公路建设成就及其主要成因

一、一枝独秀：全面抗战时期云南公路修筑的总成绩及其对抗战和地方社会发展的作用

据统计，全面抗战期间，云南新修通公路27条（段），总长1793.9公里；续修通车17条（段），总长1258.9公里；新修通汽车驿道27公里；又境外修通3段，长342.9公里。四项合计，48条（段）公路，总长3422.7公里。[①] "比之战前，公路总里程增加了2.19倍，通车里程增加了3.14倍；通公路县（设治局）由战前的19个增加到54个"[②]，初步形成了以昆明为中心的公路网。据统计，西南五省（川、康、滇、黔、桂）1943年的通车里程数为17438公里，是全面抗战前的5倍多，其中以四川（含重庆）增速最快，而以云南通车里程最多。1939年，西南路局有汽车2000余辆，除拨军用及运输油料公务车外，实际可供运输者有880

①杨钜廷：《云南公路对抗日战争的贡献》，见中国人民政治协商会议云南省委员会文史资料委员会编《云南文史资料选辑》第五十二辑，云南人民出版社1998年版，第235页。

②张笑春：《抗日战争时期云南的交通开发》，载《云南文史丛刊》1992年第1期。

余辆，是全面抗战前西南汽车数量的7倍。^①据此，云南汽车数量有了较大增加。而"1940年初西南局势危急，上下奋发，拼命抢运，同时大量新车集中滇缅路，最多时达3000余辆"^②，云南汽车运输发展至顶峰时的情形由此可见一斑。这与本书第二章、第四章所述全面抗战时期云南水运开发和铁路建设形成强烈的对比。全面抗战时期云南的交通建设中公路建设可谓一枝独秀，成绩最为突出。

曾作为《大公报》记者探访过滇缅路的萧乾，1992年在为黄豆米的长篇纪实《山红谷黑》所写的《序》中，评价滇缅公路道：

> 中国有千百条公路，有数不清的桥梁。然而没有一条像滇缅公路，也没有一座像惠通桥那样足以载入史册。滇缅公路真可称得起是"超级公路"。四十年代初，当沿海半壁山河沦陷之后，敌人以为这下可掐断了我们的喉咙。那时，滇缅公路就是我国对外唯一的通道。我们赖以御敌的武器、药品和器械都只能通过它来运进，同外界的关系也有赖于它来维系。世界上再也找不到第二条公路同一个民族的命运如此息息相关的了。四十年代，滇缅公路不仅仅是一条公路，它是咱们的命根子。^③

诚如萧乾所说，以滇缅公路为代表，全面抗战时期云南公路的修筑关乎国家命运与民族未来。滇缅公路、中印公路，这先后建设的两条抗战"生命线"，与川滇、滇黔等公路连通，内连川、藏、黔、桂四省，外接越、缅、印及其他东南亚诸国，成为进口援华物资、支援抗日前线、支持国民政府"持久消耗战"战略方针实施的重要基础。而全省

---

①周天豹、凌承学主编：《抗日战争时期西南经济发展概述》，西南师范大学出版社1988年版，第218页。

②冯君锐：《西南运输处始末》，见中国人民政治协商会议西南地区文史资料协作会议编《抗战时期西南的交通》，云南人民出版社1992年版，第17页。

③萧乾：《从滇缅路走向欧洲战场》，云南人民出版社2011年版，第229页。

公路网的初步形成，则承担起直接支持战争进行的重担和维持西南大后方经济运转的重负。①此外，正如当时有人在《滇缅战局与滇缅路》一文中所指出的那样，"即使如此，运输数量也还不足以支持中国境内对日巨大的陆空战事"，因为"滇缅路的开辟，主要是政治与心理上的价值，军事上的重要性还在其次"。②或更为重要的是，当中国的抗日战争进入最艰难的时刻，云南公路建设及其公路网的构筑，尤其是对外通道的构筑，在振奋人心、鼓舞士气、增强中国人民的抗战决心与信心上，起到了不可估量的作用。

还需指出的是，云南公路建设与汽车运输不仅为支持抗战起到了重要作用，而且促进了云南地方经济社会的发展。公路的修筑，不仅加强了云南省内各地之间的联系，而且也进一步拓展了云南与周边省区、邻近国家的联系，人与物的流动速度、规模均发生不小的变化。"这通道起于云南的昆明，直达缅甸仰腊铁路的终点腊戍，同时也沟通了缅甸全境的公路网，不但在战时有着重要的意义，同时对于东南亚经济发展也有极大的作用。"③与此同时，在人、物往来的带动下，公路沿线，尤其是公路干道沿线的城乡经济有了较快的发展。如畹町，在滇缅公路未通车前，"仅有草房4间，4户农民不是常住户，他们只是播种和收获季节才在畹町暂住，其余时间是常住在高地以避瘴疟。通车后畹町有工务段、汽车修配所、海关、税局（所）、警察局等机关外，食馆、旅店、商店、摊贩也应运发展"，又如"滇缅公路707公里处本来是无人烟的荒

---

①孙代兴、吴宝璋主编：《云南抗日战争史》（增订本），云南大学出版社2005年版，第197页。

②向芬：《中国与西方的现代意象：抗战时期滇缅公路的舆论建构》，见《北大新闻与传播评论》第10辑，北京大学出版社2015年版，第49页。

③骆传华著，岳彦译：《中国的新生命线——滇缅公路》，载《国际间》1940年第2卷第8期，转引自向芬《中国与西方的现代意象：抗战时期滇缅公路的舆论建构》，见《北大新闻与传播评论》第10辑，北京大学出版社2015年版，第50页。

坡，公路通车后有了商店、食馆、旅店，遂以707为地名"。①

二、因地制宜：区域环境与全面抗战时期的云南公路建设

不同的交通方式，环境适应性往往不同，对经济社会发展水平的要求和匹配也不同；同样的交通方式，线路的设计与线性的考量，也应综合考虑建设难度和运输成本，以与区域地理环境相适应为佳。全面抗战期间，云南的公路建设之所以成为交通建设中成绩最突出者，此即重要原因之一。

现代化的交通工具，铁路、公路、航空等，本各有优势与不足，若能将其有机结合，发挥彼此优势，运输效果自然更好。但在抗战这一特定的时期，往往难以兼顾和同时推进。如此，则只能有所选择，有所侧重。全面抗战时期，云南交通建设以公路修筑为重点，这是战争状态下，与云南区域地理环境最相适应的明智选择。全面抗战前，"川滇之间、滇邕之间，则有先修铁路还是先修公路之争议。滇西干道也有先修铁路的计划，并作了选线方案的比较研究，确定按以南线方案作为勘测施工，已有部分线段铺轨道通车"②。但与公路相比，铁路的建设就一般情况而言，不仅成本高，"公路的建设费据专家研究，要比铁路减省五分之四，行车管理又较铁路为便利"③，技术含量也较高，"需要专业的技术人员的精确设计、施工方能建成"，对专业建设工具的需求更为迫切，且建设周期较长。云南地理环境复杂，到处是高山与深谷，与其他地方尤其是平原地带相比，在云南修筑铁路，不仅在技术上要求更高，还需要更多人力、物力的投入，因此成本大大增加；而且，受技术要求高、

①谢自佳：《滇缅、中印国际公路交通线》，见中国人民政治协商会议西南地区文史资料协作会议编《抗战时期西南的交通》，云南人民出版社1992年版，第105页。
②那艾薇：《云南的公路科技在抗战中求发展》，见中国人民政治协商会议云南省委员会文史资料委员会编《云南文史资料选辑》第五十二辑，云南人民出版社1998年版，第228页。
③蒋君章：《西南经济地理》，商务印书馆1946年版，第331页。

投入大等因素的影响，其建设周期也会更长。因此，若在平时，云南交通建设，可在公路、铁路间综合考量，孰轻孰重，未必一定，但"抗战军兴，交通建设当以快捷简便为原则"，于是，"决策应时作了修改，停修铁路，改修公路"。正如后人所指出的那样，"这一决策是审时度势的正确决策"，因为"公路比铁路上马快，省时、省材料、省经费，可迅速为战争服务"。①

全面抗战时期云南交通建设之"因地制宜"，不仅体现在选择以公路建设为其重点，还在于公路路线的选择，对区域自然与人文环境作了较为充分的考虑，而这以滇缅公路路线的选择最为典型。如前述，对滇缅公路的路线走向一度有腾永线和顺镇线之争，而最后选择的路线是：由下关经漾濞、云龙、永平、保山（施甸）、龙陵、潞西到畹町，出畹町后进入缅甸，连接缅甸腊戍铁路，直达仰光出海口。"三种方案，各有理由，都持之有据，亦各有利弊。但从具体的地理、历史条件看，要使选择线路从可能变成现实，最后这个方案是最佳方案。"它不仅路程短，可节约成本，还因不须穿越高黎贡山和龙江、怒江两江之险，而且怒江上已建有惠通桥，加固后即可通车，可以减小修筑的难度，缩减筑路的成本；又"（1）经过的中间控制点，是当时滇西经济比较发达的地方；（2）明清以来是驿道主要线路，成形较好；（3）这个方案中滇缅衔接点的选择，与驻缅英国当局的意见不谋而合"。②线路选择的合理性，无疑加速了滇缅公路的建设，其积极意义是不言而喻的。

---

①那艾薇：《云南的公路科技在抗战中求发展》，见中国人民政治协商会议云南省委员会文史资料委员会编《云南文史资料选辑》第五十二辑，云南人民出版社1998年版，第228~229页。

②那艾薇：《云南的公路科技在抗战中求发展》，见中国人民政治协商会议云南省委员会文史资料委员会编《云南文史资料选辑》第五十二辑，云南人民出版社1998年版，第229页。

三、因时顺势：技术选择、筑路方式与全面抗战时期的云南公路建设

（一）人海战术

美国《自由》杂志记者欧文·华莱士在20世纪40年代谈到滇缅公路时写道："几家国际知名的工程公司被邀商此事。他们说要完成这项工程需要六至七年的时间。然而，中国没有六七年的时间可等啊。于是，中国人开始赤手空拳自己干了起来……"①滇缅公路的"应急性"特征由此可见一斑。其实，不仅滇缅公路，全面抗战时期的云南交通建设几乎都有鲜明的以应战争之急需的"应急性"特征，"抗战以还，本省转为西南重镇，当国际补给之枢纽，为盟我军事之根据，业务日加繁重"，无论政府与地方，无不"切知交通建设至关紧重"，急需极力推进以应时需。②但交通建设需要如此急切，又该如何做到速成呢？如前述，其一当是在铁路、水运与公路建设中，选择以公路建设为重；其二便是在公路修筑的过程中，采取的筑路技术和修筑方式，应当以利于修筑速度的提升而达到速成的目的为取舍的标准。

关于滇缅公路的修筑，萧乾曾写道："没想到一九三九年当各种建筑机械都已发明制造出来时，我在长达一千公里的滇缅公路上竟连一台推土机也没见到。"③但这并不是人们不想利用现代化的筑路工具，而是当时物质条件匮乏，几乎没有现代化的筑路工具可供利用。全面抗战时期云南公路修筑过程中，尽管也购买过一些现代筑路机器，"如开山机、挖土机、平地机、碎石机、推土机、压路机等"，但筑路经费不足，运输艰难，数量非常有限，难以发挥较大作用，因此，公路工程只得依赖

①〔美〕欧文·华莱士著，王金铃译：《为中国而战》，广西人民出版社2005年版，第23页。
②云南省志编纂委员会办公室：《续云南通志长编》中册，1986年，第979页。
③萧乾：《从滇缅路走向欧洲战场》，云南人民出版社2011年版，第64页。

山民用传统的工具和传统的方法来完成。而在工具落后的情况下，只有投入更多的人力，才有可能保证修路的进度。因此，无论是滇缅公路，还是中印过路，抑或其他公路的修筑，无不采取了"人海战术"，将民工的征集作为一项重要工作。如表3.4所示，滇缅公路的修筑，将工程分段，由途径各县、局负责完成，其他公路的修筑也是如此。据统计，全面抗战时期，云南全省112个县、16个设治局，直接出工修路的达91个县（局），没有出工的37个县（局）中，有7个县出钱抵工；当时全省1200万人中，参加修路的估计不下数百万；全省修公路人数最多的1938年，高峰之月，滇缅公路全线有20万，其他公路约有10万，合计约有30万人同时在修路。①如果没有这涉及全省绝大多数地方、数以万计的民工，以"人海战术"消解生产工具落后的影响，要想在短短几年的时间里使云南公路建设能有突飞猛进之成绩，简直是不可想象的。

表3.4　全面抗战期间滇缅公路分段施工表

段别	起讫地名及里程	长度（公里）	民工来源（县、局）
昆安段	昆明—安宁 K 0—K 33.5	33.5	昆明—安宁
安禄段	安宁—禄丰 K 33.5—K 103.2	69.7	安宁—禄丰
禄凤段	禄丰—下关 K 103.2—K 411.6	308.4	禄丰—广通—楚雄—牟定—镇南—姚安—祥云—弥渡—凤仪
关漾段	下关—胜备桥 K 411.6—K 485.8	74.2	凤仪—大理—蒙化—顺宁—漾濞
漾云段	胜备桥—坡脚 K 485.8—K 588.5	102.7	永平—昌宁—云龙
云保段	坡脚—龙洞 K 588.5—K 734.9	146.4	保山

---

①孙代兴、吴宝璋主编：《云南抗日战争史》（增订本），云南大学出版社2005年版，第197页。

段别	起讫地名及里程	长度（公里）	民工来源（县、局）
保龙段	龙洞—木瓜垭口 K 734.9—K 801.5	66.6	龙陵—腾冲
龙潞段	木瓜垭口—芒市 K 801.5—K 873	71.5	镇康—龙陵—梁河—盈江—莲山
潞畹段	芒市—畹町 K 873—K 959.4	86.4	潞西—陇川—瑞丽—保山
总计		959.4	28县、局

资料来源： 韦丹凤：《滇缅公路研究（1937–1942）——基于战时公路工程史的视角》，北京科技大学博士学位论文，2018年，第77页。

（二）先修通再完善

为"能于最短时间完成通车任务，以应国家之需要，而利军事之运输"[1]，全面抗战时期云南公路的修筑，基本上都采取了"先求通而后求完备的施工方法"[2]，滇缅公路、中印公路的修筑尤其如此。如"滇缅公路下关至云龙坡脚一段的抢修，因时间紧迫，当时的方针是'先修通，后求好'。土路工程的质量要求是：路基宽9米，路面宽6—7米。最大坡度为20%，最小纵坡为30%，最小弯道为10米，平曲线最小半径12米（回头例外）。土路通车后，再行拓宽改进，路面为泥结碎石"[3]。中印公路"为求工程迅速起见，经采取逐段抢通办法，按段配款，按款施工"，及至"毛路打通以后，各段即继续加宽路基，铺筑路面，修建永

---

[1] 张家德、蔡泽军、张愚：《滇缅路的修建及作用》，见中国人民政治协商会议云南省龙陵县委员会、云南省社科院保山分院滇西抗战文化研究基地编《滇缅公路——血肉铸成的抗战生命线》，云南民族出版社2013年版，第140页。

[2] 云南省地方志编纂委员会总纂：《云南省志》卷三十三《交通志》，云南人民出版社2001年版，第137页。

[3] 马直卿口述，常泽鸿整理：《参加抢筑滇缅公路下关至云龙坡脚段的回顾》，见中国人民政治协商会议云南省龙陵县委员会、云南省社科院保山分院滇西抗战文化研究基地编《滇缅公路——血肉铸成的抗战生命线》，云南民族出版社2013年版，第167页。

久式桥涵等项工作，俾符标准而利运输"。① 如此"赶修""抢通"，固然很难保证较高的工程质量（详后），但不如此，又怎能做到修筑较多数量的公路以应战争之需呢？因此，全面抗战时期云南公路通车里程的快速增加，在很大程度上，是采取了"先求通而后求完备的施工方法"的结果。

（三）碎石路面与弹石路面

全面抗战前，现代新式公路在全国各地已有数量不等的修筑，筑路技术有包括混凝土轨或石块轨路、青砖路、竹筋混凝土路、泥结碎石路面浇油路、碎石沥青路，等等，不一而足，"各地修筑的公路不管是在技术上还是在设计规格上都有较大的差异"②。全面抗战时期云南公路的修筑，以碎石路面居多，"本省所有公路路面，几全属麦克登碎石路面"，究其原因主要在于相对容易做到就地取材，"然因运输困难，多半就地取材"，既解决了运输不便之困难，又节约了成本，也有利于加快修筑之速度。③

而弹石路面的推广，则在全面抗战时期云南公路的修筑上可称得上一项技术革新。弹石路面本是我国铺设街道和重要驿道的传统技术，对这种技术加以改进和较严的规范化即可用于公路路面。1939年，云南从上海招雇铺砌弹石路面的技术工人30余人，到滇缅公路上试验推广其铺砌技术。先在昆明至云南驿急弯路试铺，取得良好效果，即在滇西推广。推广弹石路面在技术上有较严格的规定，一般要求每块石料：（1）长宽高分别在10—15厘米、5—10厘米和9—12厘米；（2）质地坚硬，承重性能强，耐挤压搓磨；（3）有一面天然平面。将石料铺在泥结碎石路面之上，以5—7厘米的沙料作为垫层。云南公路多穿梭于崇山峻岭之间，曲折迂回，弯道很多，弹石路面耐晒，不易积水，耐挤压，恰

---

① 云南省志编纂委员会办公室：《续云南通志长编》中册，1986年，第997页。

② 韦丹凤：《滇缅公路研究（1937—1942）——基于战时公路工程史的视角》，北京科技大学2018年博士学位论文。

③ 云南省志编纂委员会办公室：《续云南通志长编》中册，1986年，第980页。

适用于石料取给方便的山区公路急弯陡坡路段，这就在很大程度上解决了一般碎石路面易于在弯道造成积水、变形的缺点。[1]

尽管在当时云南也铺设了一定的柏油路面，但数量毕竟有限，"1940年9月至1941年5月，在昆明西站至碧鸡关，铺设14.6公里柏油路面获得成功。1941年3月至1942年4月在畹町龙陵之间并向龙陵以北延伸，共铺设135.4公里柏油路……在抗战时期，云南断断续续铺设柏油路面157公里"[2]。当时也不具备大量铺设柏油路面的条件，如柏油供应受限一项就已影响不小，"其碧鸡关至西站一段，系滇缅路局于二十九年底铺筑衔接。嗣因缅甸陷落，柏油供应断绝，致工程未能如期推进，时作时辍。后又向光华化学公司订购植物柏油，勉铺大兴桥至双龙桥一段，其余段落，仍翻修为凝结碎石路面"[3]，也就不可能使这一"品质"更好的路面得到大规模的推广，从而使全面抗战时期的云南公路路面大致呈现出弯道多为弹石路面，其余多为碎石路面的特征，而这也正是在当时的条件下，理性地进行技术选择和技术革新的结果。

总之，全面抗战时期云南公路的兴筑，受多种因素的影响，无法做到选择最好的筑路技术与方式，而只能立足当时的条件，结合云南地理环境与人文社会实况，以选择最适合的也最有成效的技术与方式。而这正是成就此时云南公路建设的重要原因之一。

四、人心齐、泰山移：修路民工与全面抗战时期的云南公路建设

当时，修路工具极其落后，"工人们使用的工具只有很原始的农具，大部分是平时在农田里干活用的锄头，以及他们自己的两只手"。他们

---

①那艾薇：《云南的公路科技在抗战中求发展》，见中国人民政治协商会议云南省委员会文史资料委员会编《云南文史资料选辑》第五十二辑，云南人民出版社1998年版，第231页。

②那艾薇：《云南的公路科技在抗战中求发展》，见中国人民政治协商会议云南省委员会文史资料委员会编《云南文史资料选辑》第五十二辑，云南人民出版社1998年版，第231页。

③云南省志编纂委员会办公室：《续云南通志长编》中册，1986年，第985页。

却能够做到心往一处想，力往一处使，"尽管过度紧张脾气容易暴躁，但是工人之间从没有任何吵架、争论或者激烈的言辞"，一条一条的公路就这样靠着民工们的双手延展开来。"我们的工人要在泥泞中走数公里甚至数十公里才能到达干活的地点，他们干完一天的工作后，只有少许休息，还要自己做饭，如果条件允许的话，晚上就在路边睡觉。在无数这样的日子里，使得公路不断延长。"[1]从而为中国人民的抗日战争提供了强有力的保障。

"那些难于计数的一堆堆的石子比其他任何事物更能使我清楚地知道，这就是那些数以万计的默默无闻的劳工们为了建筑公路所付出的巨大努力的一部分。正是由于他们无穷无尽的忍耐和贡献，在经历各种各样的艰难和风险中所遇到的劳累、疾病、事故和死亡中所表现出的崇高的持久耐力，才使得中国能够按着她的生命路线延续下来。"[2]

民工修路的积极性，固然是从其高度的爱国心而来，"我全县乡民，虽生长边远之地，很知爱国，大家都知这条路（滇缅公路）的重要，所以家家户户，勇于奉命，即任何艰苦，任何损失，在所不计，仍乐意工作"[3]。当然也与当时的措施得当、动员有力，以及管理者的以身作则不无关系。

如前述，早在全面抗战前，云南省即制订了四干道八分区的公路修筑计划，并已修筑了部分路段。但大规模的公路修筑自需大量的筑路工人，而云南地方经济落后，财力不足，"自本省开始兴筑公路以来，最大困难即为经费问题"。无力支撑工人工资，不得已，龙云政府从一开始便推行了农民"义务工作制"和地方负责制："拟定每人每年须服义务工作五天。能工作者由本身直接履行，不能工作者则可出资雇工代

---

①谭伯英著，戈叔亚译：《修筑滇缅公路纪实》，云南人民出版社2016年版，第101、105~106页。

②谭伯英著，戈叔亚译：《修筑滇缅公路纪实》，云南人民出版社2016年版，第40页。

③段荣昌：《修筑滇缅公路见闻》，见中国人民政治协商会议西南地区文史资料协作会议编《抗战时期西南的交通》，云南人民出版社1992年版，第118页。

役。""实行全省总动员，人人均参加修路之工作。""分别划分地方与政府之负担，即凡属探勘测量特别工程，及一公尺五以上之桥梁涵洞，由政府负责；全部路基工程，及一公尺五以下之桥梁涵洞，由地方负责。""按照路线之历程及经过之地方，规定期限，责成各县县长负责派工，将土路修筑完成，报请政府验收。"[①]征调民工"不但不给工资，并须自负行装工具，自备糇粮"，给农民带来很大负担，"似近苛扰"，但毕竟是在当时的条件下最有效的方法，在全面抗战前即已取得一定成效，"经迭次宣传开导，人民交相劝勉，为谋地方建设，忍痛暂时，征工遂逐渐顺利，效率得以提高"。[②]

全面抗战后，云南公路的修筑仍基本沿用此法，且在动员和使用民工的过程中比较人性化，征工工作进展较为顺利，民工工作积极性也较高。如在修筑滇缅公路时，据曾担任滇缅公路工程局局长的谭伯英记述，他们使用民工的方法就比较民主和人性化："我们和当地的地方官员协商后，把劳工分编为一定数量的小队，再分别派遣到各个工段去。组成小队的劳工们必须按照工程技术人员的要求进行工作，为了避免他们有被强迫劳动的感觉，负责该段的工程技术人员总要和由各村长推举出来的一个代表协商工作……这个原则大家都很推崇，并在整个修路过程中始终得到了贯彻。""我们要求工程人员，必须要以平等友善的态度来对待这里的人民和劳工。"如此，很好地调动起民工的积极性，工程技术人员"尽快学会一些对劳工表示体贴的礼貌语言……工程人员逐渐了解了劳工们，更加尊重他们。同时劳工们从中也得到了鼓舞，情绪开始高涨"。[③]总之，结合云南实际，实行"义务工作制"，管理部门和地方当局努力调动民工的积极性，是全面抗战时期云南公路建设顺利推进的重要保障，"本省之公路之所以能畅达四境，实民力有以致之，是诚可贵

---

① 云南省志编纂委员会办公室：《续云南通志长编》中册，1986年，第978页。
② 云南省志编纂委员会办公室：《续云南通志长编》中册，1986年，第978~979页。
③ 谭伯英著，戈叔亚译：《修筑滇缅公路纪实》，云南人民出版社2016年版，第42、54页。

之成就也"①。

    同样，全面抗战期间云南公路的兴修实行由各县分段负责的制度。且因战争状态下，此项制度的执行更为严苛，如在修筑滇缅公路时，不但由各县分段负责，还须限期完成，当时龙陵县县长王锡光"接到省政府在封套上贴着鸡毛的紧急命令，还有装着手铐的木盒一个。命令说：'分派该县之土石方工程，务在期限内完成。到期不完成者，该县长自戴手铐，来昆听候处分'"②。这种地方自治性质公路修筑方案的实施③，客观上有利于修路民工的征调，"此时，全县各乡（镇）、保甲长、土司官都以修路为重并亲自上路督促。短短几天龙陵全县上路民工多时达10000余人，少时也有7000余名"④，"民国二十六年（1937）11月下旬，下关至云龙坡脚全段各县民工先后上马，破土赶修。当时省府要求各县每天上马出工的民工人数是：凤仪县，不得少于4000人；大理县，不得少于5000人；漾濞县，不得少于6000人……因时间紧，任务重，各县上马的民工都超出了省府要求的人数"⑤，如此，对于加快公路修筑的进度，无疑发挥了不小的作用。

    此外，管理者在凝聚人心、激发和调动民工的修路积极性方面所做的努力，也是使全面抗战时期云南公路修筑之"人海战术"效应得到较好发挥的重要原因。因为有了人，有了大量的修路民工，还要这些民工心往一处想、力往一处使，才能真正发挥规模效应，而这需要管理者采

---

①云南省志编纂委员会办公室：《续云南通志长编》中册，1986年，第979页。

②李济洲：《潞江土司署修筑滇缅公路龙陵段点滴》，见中国人民政治协商会议云南省委员会文史资料委员会编《云南文史资料选辑》第五十二辑，云南人民出版社1998年版，第108页。

③云南省志编纂委员会办公室：《续云南通志长编》中册，1986年，第976~978页。

④董元昆：《滇缅路上的龙陵人》，见中国人民政治协商会议云南省委员会文史资料委员会编《云南文史资料选辑》第五十二辑，云南人民出版社1998年版，第120页。

⑤马直卿口述、常泽鸿整理：《参加抢筑滇缅公路下关至云龙坡脚段的回顾》，见中国人民政治协商会议云南省龙陵县委员会、云南省社科院保山分院滇西抗战文化研究基地编《滇缅公路——血肉铸成的抗战生命线》，云南民族出版社2013年版，第166页。

取相关措施以凝心聚力。上述谭伯英所做的努力，就较好地做到了这一点。为"鼓励工作人员及纪念民力起见"，龙陵县县长王锡光撰《滇缅公路歌》，"令民工一面工作，一面歌唱，以解辛苦"。[①]滇黔绥靖公署少将参军让马佩珌作《筑路励民歌》后"写成大字报张贴沿线施工点，并油印数千份到处散发给民工，以激励全体民工的热忱"等，也不失为激励修路民工的有效举措。《筑路励民歌》"全诗两百另八言，精炼生动，通俗易懂，饱含爱国主义激情，读起来感人肺腑，激励人心，是一首好诗。至今参加过筑路的民工有的还能背诵全诗"[②]。

还有，部分管理者严于律己，以身作则，如曾任云南省公路总局的技监段纬一度主持滇缅路工程，其"面对艰巨的任务，暗暗忍受不懂科学技术，不调查具体困难，专听小人谗言的封建官僚的迫害……他顾全抗战大局，不计个人安危，以自己惊人的实干苦干精神和高超的科学技能，精心擘划，积极部署……亲临现场指挥，日夜苦战，废寝忘食"[③]地工作。前述保山县建设局局长张绳规"身先士卒，带领工程技术人员翻山越岭进行勘测，为确保工程质量和顺利施工，到处寻访能工巧匠，发动民工同心协力架桥、铺路、修涵洞，与民工同食宿，共甘苦"[④]。龙陵县县长王锡光更是"由于任务紧迫，他日夜操劳，四处督促，辛劳焦急之下导致左眼突然失明……此后，整天跟着他一起奔波拼命苦干的两个

[①] 王锡光：《滇缅公路歌并引》，见中国人民政治协商会议云南省龙陵县委员会、云南省社科院保山分院滇西抗战文化研究基地编《滇缅公路——血肉铸成的抗战生命线》，云南民族出版社2013年版，第232页。

[②] 马佩珌：《筑路励民歌》，见中国人民政治协商会议云南省龙陵县委员会、云南省社科院保山分院滇西抗战文化研究基地编《滇缅公路——血肉铸成的抗战生命线》，云南民族出版社2013年版，第229页。

[③] 那泽远、杨权：《段纬传略》，见中国人民政治协商会议云南省龙陵县委员会、云南省社科院保山分院滇西抗战文化研究基地编《滇缅公路——血肉铸成的抗战生命线》，云南民族出版社2013年版，第157页。

[④] 张若莲：《先父张绳规在滇缅公路建设中》，见中国人民政治协商会议云南省龙陵县委员会、云南省社科院保山分院滇西抗战文化研究基地编《滇缅公路——血肉铸成的抗战生命线》，云南民族出版社2013年版，第236页。

秘书，也不幸殉职于工地"[1]，等等，其必然发挥一定的示范效应，而这在凝聚人心、调动修路民工的积极性上所起的作用也是不容小觑的。

五、经费何来：资金与全面抗战时期的云南公路建设

如前述，云南地方经济向来落后，财力不足，"自本省开始兴筑公路以来，最大困难即为经费问题"[2]，而"本省财力不足，所赖以完成此工程计划者，惟在利用伟大民力之征调而已"[3]，义务工性质的民工征调在很大程度上解决了修路资金不足的问题。

然而，除此之外，如材料、运输等，无不需要相应的资金。其所需资金，云南地方财力显然难以承担，云南省公路管理局的"管理业务逐一划归交通部"，交通部每月补助经费国币200万元作为日常公路建设经费[4]。具体到每一路段或工程，中央又会拨付专款，"而（路局）收入方面，每一路段或重要桥涵之兴筑改善，均必仰赖中央专款"[5]，"经费则由局拟具计划预算，向中央请领"[6]。中央下拨之经费，由云南省公路局落实分配，如《滇缅公路验收赶工规定办法》有关"经费"部分即明言："（一）地方负责各项工程补助费仍由省路局继续发给；（二）省路局应负责完成之工程经费仍由省路局就已领经费先行如数发放，不足者由管理局负担交省路局核发；（三）管理局接办及改善工程经费由管理局负

①叶华荫：《永平与滇缅公路》，见中国人民政治协商会议云南省龙陵县委员会、云南省社科院保山分院滇西抗战文化研究基地编《滇缅公路——血肉铸成的抗战生命线》，云南民族出版社2013年版，第226页。

②云南省志编纂委员会办公室：《续云南通志长编》中册，1986年，第978页。

③云南省志编纂委员会办公室：《续云南通志长编》中册，1986年，第968页。

④云南省志编纂委员会办公室：《续云南通志长编》中册，1986年，第979页。

⑤云南省志编纂委员会办公室：《续云南通志长编》中册，1986年，第980页。

⑥云南省志编纂委员会办公室：《续云南通志长编》中册，1986年，第979页。

担。"①很显然，中央拨款，或可谓"杯水车薪"，但至少还可以"勉强维持现状"，成为云南公路建设得以逐步推进的资金保障。

第六节　力所不逮：全面抗战时期云南公路建设之不足及其主要成因

一、"变更纷纭"：全面抗战时期云南公路在建设与破坏中推进

随着抗日战争的推进，云南成为大后方，云南交通建设受到前所未有的重视，而公路建设成就尤为显著，"近十余年云南公路之进展，在中国交通史上始占一重要之地位，决无疑矣"②。但事实上，这只是一个方面，另一方面，所谓"然战事告急，公路兴废，变更纷纭"，受战争的影响，或放弃计划修筑的路段，或中停（中止）在修路段，或破坏已修路段之事时有发生。换句话说，抗战需要促进了云南公路建设的发展，但同时也影响和制约了公路的建设进度。

放弃计划修筑的路段，如"原定之县乡村道路逐步推进计划，不得不酌量变更"，有所放弃，"择要兴修"，而"原来计划之县道，亦搁置矣"。滇黔干道路南至罗平段"于民国二十四年修达通车。三十二年三月，陆良机场动工，陆良至师宗间，自一五三公里至一五八公里间，被机场占用，就十二工程处原有运料便道补修通车。而地方则依法定另行修筑一线，绕道陆良县城。曾经勘测，拟具预算，嗣以经费问题，久悬未决，乃折中加强现有路线"。滇黔干道阿迷河桥"已计划改建永久式

①《滇缅公路验收赶工规定办法》，见中国人民政治协商会议云南省龙陵县委员会、云南省社科院保山分院滇西抗战文化研究基地编《滇缅公路——血肉铸成的抗战生命线》，云南民族出版社2013年版，第48~49页。

②云南省志编纂委员会办公室：《续云南通志长编》中册，1986年，第968页。

桥梁，嗣越局突变，遂而中寝"。①

中停（中止）在修路段，如滇越干道"于民国二十八年初测量完竣，着手施工，同年底完成通车。惟南盘江处尚未修建桥梁，先用小船联系过渡，嗣改为正式渡船，交通未臻便利，乃决修大桥。二十九年终，桥墩部分完成，而越南遭敌占领，材料不济，工程中停"。玉（溪）峨（山）段公路"为原计划滇缅南干道（经元江、思普、车里、佛海以通滇、缅、暹交界打洛），因军事失利，遂尔停工"。经大理、上关、喜洲、邓川、剑川直达丽江之大丽段公路"远在二十四年，即组织测量队勘测，三十年着手修建，已通车至邓川；三十二年因战事而中停"。②

破坏已修路段，如"滇缅路方面，自缅甸撤守、腾龙沦陷，为防敌深入计，惠通桥以西之路段，不能不忍痛彻底破坏。其东至下关一段，亦奉令作准备之破坏。就中一节，则实施单程之破坏，即将公路路面破坏一半，使车辆仅能单行，不能并驾。又由滇缅路祥云起，经大姚、姚安、永仁以达川境之西祥公路一段，则由中央派军直接破坏"。保（山）云（县）段公路"于二十八年测量完竣，赓即施工……于三十一年十二月完成通车。三十二年七月，滇西军事严紧，奉令发动民工加以破坏，迄今尤未修复"。蒙（自）河（口）段公路"于三十年曾经修筑一大部分，续奉令破坏"。③

总之，我们不能仅看到抗战需要对云南公路建设促进的一面，还应看到战争制约和影响云南公路发展的一面。而也正是这种制约和影响，使全面抗战时期的云南公路建设过程充满了曲折和往复，使其在建设与破坏中呈现出一种总体推进的态势。全面抗战时期的云南公路建设之总成绩，只是这一过程最后呈现出的结果而已。

①云南省志编纂委员会办公室：《续云南通志长编》中册，1986年，第979~981页。
②云南省志编纂委员会办公室：《续云南通志长编》中册，1986年，第981~984页。
③云南省志编纂委员会办公室：《续云南通志长编》中册，1986年，第969、983~984页。

二、"惟时间仓促"："赶修""抢通"与全面抗战时期云南公路建设的质量

　　抗战时期的云南公路建设，如前述，多采取"先求通而后求完备的施工方法"，因此，有关文献中充斥着"赶""抢"等字眼："同年六月，中央为胜利后复员计，以铁道之修复不易，器材困难，于是令将蒙河一段公路仅三个月内赶通。""此线（即玉溪建水段公路）为滇南干道之一，民国三十年日寇占据越南，为应军事需要，继续赶修。其间以军事演变，时修时辍。三十三年奉令赶修，因核定工款过少，单价增高，不能照标准完成，乃于是年十二月勉达通车。""此线（即保山云县段公路）于二十八年测量完竣，赓即施工，修筑路基土方，至民国三十年，滇缅土路兴修，因其有关铁道工程之补给，乃由滇缅铁路局补助一部分工费，全线赶修，于三十一年十二月完成通车。""（中印公路）国内一段，计自腾冲至国界三十七号桩，新筑工程八十八公里。修复腾冲至龙陵支线七十九公里，全长一百六十七公里；路基宽度，狭者四公尺，宽者六七公尺；于十二月底前，先后抢通。"①从而，全面抗战时期的云南公路多为"抢""赶"施工进度的产物：

　　　　为应付战略粮运军运之需，先后奉中央命令或军事主管及盟军之商请，以全力赶修军用路线，漏夜兴工。经费则由局拟具计划预算，向中央请领，由交通部公路总局第四工程督察区（后改属战时运输管理局）监督，及盟方工程师参赞其事。计续修工程，有昆建、鸡建、开蒙、开文、罗兴、阿迷河桥、安龙、昆会、环湖、师泸、弥昆、玉峨、大丽、昆富、宾水、曲路、威昭等段。其新修者计有西祥、保云、会昭等段，盘江、长底、江底、海口

---

①云南省志编纂委员会办公室：《续云南通志长编》中册，1986年，第981~983、997页。

等大桥，及兴广、元龙两驿道等工程。改善工程，计有寻会、昆陆、陆罗、昆玉、路开、武元、路师、环城等段，及其它临时性桥涵工程。^①

赶工、抢工，固然可以在很大程度上满足抗战之急需，自有其必要性，但因此影响了公路工程的质量也是不争的事实，所谓"惟时间过促，建筑工程未能尽合标准"^②。就连堪称"奇迹"的滇缅公路，由于赶工，存在较为突出的质量问题，影响行车安全，"该路因缺乏造路机器，及赶工关系，虽经两百余工程师，及十六万工人之努力，路面仍未臻善境。弯道既多，坡度亦大，且尚有未铺路面之处，有时路基过狭，车行其上，两旁所余地位各不满两尺，而路基不固，车轮稍偏向外边，土方即有崩溃之虞"^③；"危道峭壁，未经平砌者向多，且沟道排水不足，又以经济关系，路面以细石子代替水门汀，故易积滞淤水，两旁疏松，车辆行驶，舍路中央外，极为危险"^④。由此不难想见，赶工影响公路工程质量是很普遍的，"而为争取时间，限于工费，暂修通车各线间桥梁涵洞，多未加重建，此修彼腐，通塞不恒"。如阿迷河桥"当时因急赶通车，工作不免草率……事先未加防腐，各部腐坏，几经修换"；开远文山段公路"盖以桥涵多为临时式，且有数处以便道绕行，现已完成百分之六十，纵坡侧坡及湾道间，有未合规定之处……时有塌陷，交通梗阻"；玉溪建水段公路"三十三年（1944）奉令赶修，因核定工款过少，单价增高，不能照标准完成，乃于是年十二月勉达通车……其间以雨季排水

---

① 云南省志编纂委员会办公室：《续云南通志长编》中册，1986年，第979~980页。
② 云南省志编纂委员会办公室：《续云南通志长编》中册，1986年，第989页。
③ 张孟令译：《国际路线滇缅公路旅行记》，载《国际与中国》1939年第3卷第3期，转引自向芬《中国与西方的现代意象：抗战时期滇缅公路的舆论建构》，见《北大新闻与传播评论》第10辑，北京大学出版社2015年版，第59页。
④ Gerald Samson：《滇缅公路小记》，载《天下事》1940年第2卷第1期，转引自向芬《中国与西方的现代意象：抗战时期滇缅公路的舆论建构》，见《北大新闻与传播评论》第10辑，北京大学出版社2015年版，第59页。

工程不足，路基多有冲坏，尤以通海曲溪间一段工程浩大，目前已不能通行"。①总之，先修通后完善的施工策略，既成就了全面抗战时期的云南公路建设，又严重影响了公路工程质量，是造成此时公路建设存在明显不足与问题的重要原因。

三、"经费不充"：资金缺乏对全面抗战时期云南公路建设的影响

所谓"自本省开始兴筑公路以来，最大困难即为经费问题"，前述修筑公路之实行"义务工作制"和"属地主义"即源于此。全面抗战时期云南公路修筑所需经费主要来自中央拨款，这对于向来"财力不足"的云南省而言，则成为其公路建设得以逐步推进的资金保障。但战争年代，无论地方、中央，财政都很紧张，筑路经费不够充裕，加之物价变动剧烈，请款手续繁复等，对工程质量和建设进度都产生了很大影响：

> 抗战以来，公路关系交通，居行政首要。然该局经费，因物价变动剧烈，异常支绌。而收入方面，每一路段或重要桥涵之兴筑改善，均比仰赖中央专款，预算呈核，公文往返，动需时日。几经周折，迨工款发下，实际工费所需，已与原预算超越二三倍，甚至十倍。故惟有一面兴工，一面续请追加，其间或核减或不准，为时愈久，不敷愈巨。最后不得不迁就款项，降低标准，勉达通车目的。故桥涵路基路面虽合原则，完成之时间亦每难如限预定。②

经费不足，致使工程质量不合标准，必然影响车辆通行和运输效能的发挥。如昆（明）玉（溪）段公路之晋宁桥"因节省公费，遂绕道利用

①云南省志编纂委员会办公室：《续云南通志长编》中册，1986年，第980~982页。
②云南省志编纂委员会办公室：《续云南通志长编》中册，1986年，第980页。

此旧有木桥，行车时两端须转急湾，亟为不便"；玉（溪）建（水）段公路"因核定工款过少，单价增高，不能照标准完成，乃于是年十二月勉达通车……现惟昆明至通海一段，尚可畅行通车"；鸡（街）建（水）蒙（自）段公路，"其建水至鸡街一节（长五六点二四公里），自民国三十三年一月开工以来，因所领工款有限，只能逐步推进。三十三年六月将建水至面甸一节（长二十公里），在工款紧缩限制之下，择要修筑，晴季勉可通行……三十四年初，获领东南区四项重要专款，本段虽为四项之一，惟分配工款有限，复受物价影响，无法赶通"；昆（明）富（民）段公路路基及桥涵此前曾"修竣通车，惟其中有十座，系临时木便桥，四座石台木面桥，以工款无着，年久失修，早已腐朽倒塌，未通车者两年有余，路面亦随而荒芜毁损"；玉（溪）峨（山）段公路于"三十三年，领获工款一百三十余万元，当已将大路赶修通车；惟以款资既少，石砌部分尚未修足，桥涵亦仅择要修建，不敷排水"，不利通行。[1]

不唯如此，经费不足或拨款不及时，还使一些本计划修筑或已在修的路段被迫放弃修筑，如砚广、元永、姚盐、保莲、宾鸡、关蒙、平永等7段公路"曾经先后测量完竣，动工兴修，其间或战事影响，或因工费不济，而渐次停顿"[2]；由于经费困难，"于是原定之县乡村道路逐步推进计划，不得不酌量变更，择要兴修"[3]。

总之，受经费不充裕的影响，或降低质量标准，或放弃相关路段的修筑，或耽延修筑进度，不一而足，严重制约了全面抗战时期云南的公路建设和公路运输的发展。

---

① 云南省志编纂委员会办公室：《续云南通志长编》中册，1986年，第982~983页。
② 云南省志编纂委员会办公室：《续云南通志长编》中册，1986年，第984页。
③ 云南省志编纂委员会办公室：《续云南通志长编》中册，1986年，第979页。

四、"能力不逮"：养护与全面抗战时期的云南公路运输

修成通车的公路，平时的养护非常重要。但全面抗战时期云南公路的养护，远远滞后于快速增长的公路通车里程：

> 本省年来因本军事第一之义，全力赶修军用公路，又受物价上涨影响，预算澎涨，养路工费庞大，能力不逮未能按照原定计划实施，仅于设有工务处各段，分别作临时性之养护。诸如路面破坏、木便桥之修补更换，均尽力所及以赴。嗣以通车路段及新成大桥日有增加，运输公司耗损特甚，桥涵腐朽，挡墙设备不充，雨季抢修，应接不暇，于三十三年（1944）底，一再造呈养路计划预算，先从养护东南干道着手。至三十四年（1945）十月，始奉核准正式成立昆罗、曲陆、路开、开文、开蒙等五个养路工程段，照组织规章一致成立。其工料在限定可能范围内设置，约每四十公里设一养路分段，每分段内十公里设一养路道班，每道班养路工人二十名，正副班长各一名，并由工务处派技术员一名负责指导。所有段内员工设置，均力求简便灵活，以节事务费用。其养护内容分为：（一）路基养护，（二）路面养护，（三）桥涵养护，（四）其它设置之养护等四项。除桥涵养护云兴盘江大桥，已专设立养护道班外，余尚无专款，未能成立。以后俟该局工款充裕，其它各段路面，始能设立道班，以贯彻养护之旨云。[①]

迟至1944年，才成立专门的公路养护机构。此前，云南境内各公路虽不能说没有养护，但没有专门的养护机构，很难开展系统的养护工作。而即便是姗姗来迟的养护机构，又受制于经费之短缺，也没有全面开展工作，基本上还停留在设想与"规定"的层面，致使公路路况普遍

---

①云南省志编纂委员会办公室：《续云南通志长编》中册，1986年，第985~986页。

较差，"旧有路线及新修通各段，除少数交通繁盛区域勉为临时养护以维现状外，余以护养需费庞大，无法负担，惟有任其暂行荒弃，损坏日滋"①。呈澄、安易、祥宾、一元、武禄、广八、昆沙、嵩会等县道"于战时运输关系上仅居次要，故自先后修筑通车，迄未能有具体之养护，故所铺路面多已损坏，临时桥涵日久腐朽"②。由于养护不到位、不及时，路况不良，严重影响通行和运输，如有些路线仅"晴季勉可通行"，玉溪建水段公路因雨季"路基多有冲坏"而没有及时得到修护，重要桥梁"均为木质便桥"，均多腐朽而没有得到更换，使其不能全线通车，"现惟有昆明至通海一段，尚可畅行通车"。

第七节　本章小结

全面抗战后，云南成为西南大后方，在对外交往和争取外援上处于前沿位置。全面抗战时期的云南交通建设以服务于抗战为第一目的，为打破日本的封锁，免使中国的抗日战争陷入孤立无援的处境，交通建设的重点为沟通国外运输。而随着日本占领越南，滇越交通线路切断，滇缅线成为我国南方接受外援的唯一通道。而在战时状况下，结合云南的地理环境特征，公路建设是最节省成本，也是见效最快的，因此，交通建设的重点就放在了公路建设上。由于战时的交通建设是围绕建设国际交通运输线而展开的，所以，全面抗战期间所修云南公路，因其在抗战中的特殊地位而最为引人注目者，为一度成为我国"唯一的国际通道"的滇缅公路，以及结束"中国遭受两年零八个月海上及陆上封锁"③、重启

---

① 云南省志编纂委员会办公室：《续云南通志长编》中册，1986年，第979页。
② 云南省志编纂委员会办公室：《续云南通志长编》中册，1986年，第983页。
③ 黄恒蛟主编：《云南公路运输史》第一册，人民交通出版社1995年版，第166页。

援华物资运输的中印公路。

如果说滇缅公路、中印公路等国际交通运输线的建设，主要是抗战需要的产物，那么，全面抗战时期，云南遍地开花的公路建设并由此初步建立公路运输网，除了战时需要使然外，所谓"云南跬步皆山，河流绝少舟楫之利，其唯一之交通工具，为骡马肩舆。自元、明、清以还，省内外驿路大启，无远弗届。然山路崎岖，行程迟滞，与内地及外国隔绝，有若天渊。以是云南对于交通之需要，较之内地尤为迫切"①，客观上则是边疆开发与地方发展的内在需要。由此，可以说，全面抗战时期的云南公路建设乃后方建设与边疆开发所共需；或更准确地说，在后方建设的需要与促动下，云南公路建设与公路运输得到空前发展，成为边疆开发的重要组成部分，促进了云南地方经济社会的发展。

全面抗战以前，云南公路已有一定的建设，但进展相对缓慢。而全面抗战期间云南公路建设能有突出之成绩，除了抗战所需而在认识上受到空前的重视外，则主要在具体实施层面采取了更为有效的策略与方法：因为工具落后，所以采取"人海战术"；因为急于在短时间内建成或打通相关运输路线，所以采取先修通后完善的施工方法；在当时的条件下，为适应云南的地理环境特征，路面以碎石路面为主，在弯道之处多铺以弹石路面；实行义务工作制和分段修筑的方法，既在一定程度上解决了经费不足的问题，也在很大程度上确保了充分数量的筑路民工，且因组织者以身作则，工作得法，筑路民工数量往往超过计划和预期。

在看到全面抗战时期云南公路建设的巨大成绩的同时，我们也应该认识到其存在的不足和问题。首先，我们在看到抗日战争和后方建设在为云南公路建设提供了重要契机的同时，也应看到，这一时期的云南公路建设深受战争进程和战争形势的影响，既有建设，也有破坏，是在曲折和往复中实现增长的；在看到先求通后完善的施工方法有利于在短时间内实现更多的通车里程的同时，也要看到，这一施工方法，很难保证

①云南省志编纂委员会办公室：《续云南通志长编》中册，1986年，第967页。

公路工程质量，严重影响运输；在看到中央拨款在很大程度上解决了云南公路修筑的经费问题的同时，也须明白，毕竟是战争年代，经费不可能十分充裕，加之向上"请款"手续繁复，以及物价上涨，全面抗战时期每一条云南公路，几乎都遭遇过建设"经费不充"的窘境，从而影响了公路建设的进程和工程质量；也正是由于几乎所有的公路都是"赶工""抢通"的产物，需要更多的后期完善与养护，对此，则又是经费不足，无力保障正常的养护和维修，致使路况不良，"通塞不恒"。

第四章

交通"大动脉"？
——全面抗战时期云南铁路的修筑与铁路运输

第一节　两个"第一"：全面抗战前的云南铁路与铁路运输

一、中国第一条跨国铁路：滇越铁路的修筑与铁路运输

铁路是现代化运输的重要方式之一，为此，英、法两国均将修筑铁路作为开拓云南市场的重要手段，通过不平等条约，企图将各自殖民地即缅甸、越南的铁路延展进入云南内地，从而扩张其在中国西南的势力。正是在这样的背景下，云南的第一条铁路，也是中国第一条跨国铁路的滇越铁路，于20世纪初修筑通车。

法国希望修筑通过越南进入云南的铁路，以便于获得与英国竞争的优势。中法战争结束后，法国取得了在中国修筑铁路的权利，"光绪十三年，中法会订《商务专条》第五款内载'越南之铁路，或已成者，或日后拟添者，彼此议定，可由两国酌商，妥定办法，接至中国境内'"[①]，确定滇越铁路的修筑由法国主持。1901年，滇越铁路开始动工修筑，历时10年，于1910年全线贯通，全程854公里，越南境内约

---

①李春龙审订，李春龙、江燕点校：《新纂云南通志四》第五十七卷《交通考二》，云南人民出版社2007年版，第15页。

389公里，云南境内465公里。行经滇越铁路全线需4天，计第一日自海防至河内，地势平坦，路况较好，只需3小时；第二日自河内至老街，早上7点开，下午5点到；第三日自河口至开远，早上6点开，下午7点到，所经车站有河口、蚂蟥堡、南溪、马街、老范寨、大周塘、腊哈地、白寨、湾塘、波渡菁、倮姑寨、戈菇、落水洞、芷村、黑龙潭、碧色寨、大庄、大塔、开远等19个；第四日从开远到昆明，早上6点开，下午5点到，所经车站有小龙潭、巡检司、大龙潭、拉里黑、西扯邑、热水塘、婆溪、小河口、西洱、糯租、禄丰村、徐家渡、滴水、狗街、羊街、宜良、可保村、前所、水塘、七甸、呈贡、獭米珠、西庄、九门里、索珠营、昆明等26个。[①]以上云南境内所设各站，分为四个等级：一等站1处，设在昆明；二等站1处，设在开远；三等站6处；四等站24处。与海关有关系之站两处，一为河口，二为蒙自碧色寨，因其为货物往来集散之地，有海关在此设立。各站建筑物：四等站为月台一，岔道一，避车道一，以及售票房、候车室及办公室等。三等站为月台一，岔道二，避车道二，货舱一，其余建筑物与四等站同；其中芷村站是三等站中之最重要者，因与红河有相通之关系，往来货物甚多，有机车厂、旋回桥、修理车厂及行车人员宿舍等。二等车站开远，因其居路线之中心点，并且与红河相通，加以当八大河大成河之冲，故筑岔道四，避车道四，旋回桥一，机车房一，能容机车六辆，其余办公室等亦增多。一等站所在云南省城，为全省商业中心，最为重要，车站有岔道六，避车道六，机车房一，货舱一，修理车厂一，其余办公室等也比各站更为宏伟。[②]

英国则希望通过修筑滇缅铁路"防止云南贸易的利益被法领印度支那夺取，使缅甸成为云南贸易利益的去向；把铁路延伸到丰饶的四川，在这里与川汉铁路衔接，使印度和上海连接一起，将来从开罗经印度直

---

① 云南省志编纂委员会办公室：《续云南通志长编》中册，1986年，第1000页。
② 黄赞熙著，苏曾贻译：《滇越铁路纪要》，1919年，第8~9页。

通到极东,夺取西伯利亚的利权"①。为此,英国在缅甸的铁路网布设已
为将来延伸至云南做好了准备,与此同时,也曾多次派专家与技术人员
进入云南考察,详细论证铁路路线。但是,不论哪条线路,都因地形复
杂,工程量巨大,耗资不菲,而且多有难以克服的技术难题,英国修筑
滇缅铁路的计划不得不搁置。

制约云南对外贸易发展的重要因素之一便是交通的落后,与马帮
和红河水运比较,滇越铁路的优势不言而喻,因此,伴随滇越铁路的修
通,一方面,过去由马帮和红河运输商品很快为滇越铁路所替代,铁路
成为滇越一线云南对外贸易最重要的运输方式,"自铁路开通以来,凡
骡马驮运洋纱煤油杂货等件销售于本处(昆明——笔者注)者迄今绝少"②。
另一方面,由于滇越铁路的修成在一定程度上缓解了交通对云南贸易发
展的阻滞和影响,促进了云南对外贸易的发展,图4.1则直观地反映出
滇越铁路的修通是近代云南对外贸易发展的重要转折点。

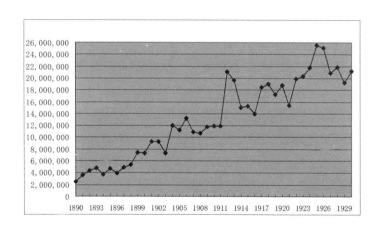

图4.1　1890—1930年蒙自净贸易总值变化趋势图　（单位：海关两）

---

①〔日〕东亚同文会编纂:《中国省别全志》第三卷《云南省》,台湾南天书局1988年影
印版,第418页。

②《宣统二年蒙自口华洋贸易情形论略》,见中国第二历史档案馆、中国海关总署办公厅
编《中国旧海关史料》第53册,京华出版社2001年版,第485页。

资料来源：据中国第二历史档案馆、中国海关总署办公厅编《中国旧海关史料》（京华出版社2001年版）相关数据整理。

但是，滇越铁路又存在明显的局限，使其作为现代化的运输方式的优势没有得到充分发挥。其一，由于滇越铁路的修筑技术相对落后，运输受自然因素的影响较大，比如在雨季，降水一旦较大，很容易造成对铁路的破坏，往往造成较长时间的运输中断（参见表4.1），极不利于此间贸易的进行；其二，滇越铁路归法国政府经营，法国意在以滇越铁路作为其侵略云南的工具，故任意增加车价运费，强征过境税，"留难本省公物阻其过境"等时有发生，严重影响着滇越铁路的运输效益。

表4.1 1909—1919年滇越铁路中断运行情况一览表

年份	中断情形
1909	自五月十五日开始，大雨时行，地陷山颓，由河口至蒙自一带铁路累遭倾败，至九月中旬尚无火车往来，迨至十月上旬修补完备，复经开车。
1911	自五月开始即大雨滂沱，历三月之久，铁路第九十一基罗密达附近桥梁被坠落岩石拆分为两段，蒙自至云南府铁路中断六月有余。
1915	七、八两月大雨不断，河口至云南府铁路倾塌崩陷不可胜数，输运货物阻塞两月有余。
1917	七、八月间大雨滂沱，由河口至弥拉地一段铁路崩塌多处，交通阻断，直到九月底才恢复通车。
1918	当年五月间，在铁路第三百三十七基罗密达处，有一桥梁被水冲倒，铁路停车即自此始。南溪与红河水势陡涨，泛滥洋溢，沿河两岸之木料建筑物均被冲没，而山上巨石亦相继崩坠。直至年底，铁路虽已修复，火车仍未敢遽通。

资料来源：据中国第二历史档案馆、中国海关总署办公厅编《中国旧海关史料》第50、56、70、78、82册整理，京华出版社2001年版。

二、中国第一条商办铁路：个碧石铁路的修筑与铁路运输

滇越铁路之外，全面抗战前，云南还曾有多条其他修筑铁路的计划，尤其值得一提的是，省内士绅为对抗法国滇越铁路、英国滇缅铁路计划而倡议修筑滇蜀、滇桂等铁路，但大多因技术难度高、工程量大、资金缺乏而使计划落空，半途而废，修成者唯有地方民营性质的个碧石铁路。

"法自滇越铁路通车后，不时窥伺个个厂，意图接修支路。"地方绅、商为保矿权和路权，以及个旧至碧色寨间的运输仍须牛马驮运，不利于运输大锡出口，"重以米物薪炭需数至多，牛马驮运殊感不便"，而倡议修筑个旧至碧色寨铁路。但"因个旧锡、砂两项商人，建水石屏两属者占十之八九。故两属股东，实为本路股东之主体，为促进建石实业文化之发展计，该两属股东，均愿延长抽收股款日期，多出股本，将铁路展筑至两属县城"①，起初计划修筑的个碧铁路由此成为个碧石铁路。1912年，铁路动工修筑，进展缓慢。1921年10月，个旧至碧色寨段通车。1928年，鸡街至建水段修筑完成，直至1935年冬建水至石屏段才告竣工。个碧石铁路是中国第一条商办铁路。

完成个、碧、石全线通车竟前后耗时20余年，个碧石铁路修筑之艰难由此可见一斑。个碧石铁路的修通，使得个旧大锡可以全程通过铁路运输出口，运输效能明显提升，这是个碧石铁路修通后个旧大锡出口数量快速增长的其中一个重要原因。此外，与锡业生产相关的各种货物通过铁路向个旧聚集，"此路之大宗货运为锡片（由个旧到碧色寨）；木炭，煤炭，料，薪柴（由临安及碧色寨至个旧）；粮食，机件，工具，电煤，炸药（由碧色寨至个旧）；大临棉花、茶叶（由石屏到蒙自及个旧）；瓦货（由临安到个旧蒙自石屏），纱布，油，铁，杂货等（由碧色寨至个

---

① 云南省志编纂委员会办公室：《续云南通志长编》中册，1986年，第1015、1018页。

旧，临安及石屏等地）"①，使个旧成为滇南出蒙自之外最为重要的货运中心。

个旧大锡是云南最重要的出口商品，个碧石铁路的修通对云南对外贸易发展的意义不言而喻，所谓"个旧本为云南之唯一生命泉源，人民之生计，政府之财政，均与个旧锡矿息息相关；而个碧石铁路，又为个旧之生命线，其地位之重要，当可想见"②。但是，个碧石铁路是寸轨，不能与滇越铁路直接对接，无法实现联运，使其对外贸易发挥更大的作用受到了一定程度的限制，"闻最初建议修路时，当地绅商，怀排外之心，且恐法人借滇越铁路而入内地，遂决用狭轨以防范之。此种思想，颇不合理，且以其与滇越铁路不能联运，在经济上蒙受莫大之损失"③。

第二节　少有成绩：全面抗战时期的云南铁路建设

全面抗战时期的云南铁路建设，从结果看，大致可以分为两种情形：一是部分建成通车，滇缅铁路、叙昆铁路即属此种情形；一是工程没有得到真正实施，如石佛铁路，仅停留在勘测阶段。

一、滇缅铁路的抢筑

（一）增进后方运输力量
滇缅公路建成通车后，成为国外援华物资运输的主要通道。但是，

---

① 郭垣：《云南省之铁路交通》，载《旅行杂志》1939年第13卷第2期。
② 张肖梅编：《云南经济》，中国国民经济研究所，1942年，第11页。
③ 郭垣：《云南省之铁路交通》，载《旅行杂志》1939年第13卷第2期。

汽车运量毕竟有限，印度洋入港一艘万吨货轮，卸货由仰光上火车到腊戍，就得上千辆汽车疲于奔命；而且滇缅公路路面不宽，常常拥挤停滞；再加上每到雨季，路面坍塌，造成运输中断的事情经常发生。[1]滇缅公路"年运输量18万吨左右，中国若坚持长期抗战，每年须从国外输入军需物资20万吨、民用物资10万吨"[2]，很显然，仅靠滇缅公路，大量的援华物资是难以得到充分运输的。为此，急需在滇缅公路另觅国际交通运输线。而公路运输费用极高，"现每吨货物一公里之运费为国币一元，一千一百四十六公里一日六百吨，须六十八万七千六百元，一年须二亿五千余万元，已超出铁路建筑费之全部"。以此而论，为了增进后方运输力量，缓解援华物资运输的紧张，修筑滇缅铁路实属必要。况且，滇缅铁路安全保障性更好，"不惧敌陆上部队之包抄，不虞敌机之轰炸，不受敌海军之封锁。较之北之中俄、陇海，随处有被敌侧击切断之可能；南之越桂、滇越，根本暴露于敌海陆空海军势力范围内者，自不能不认为我抗战上惟一安全、最有保障之对外交通线"，则进一步增强了滇缅铁路修筑的必要性。[3]

又，建设经费易于筹措，且材料获得便利，"如美国、加拿大等处积存之旧钢轨、机车未尝不可商购或借以为应急之计。西段密迩缅甸，一切材料皆可利用缅境内之铁路、公路、水路，源源而运，绝无困难可言"，则滇缅铁路之修筑"不仅有必要，而且无困难"。[4]

因此，国民政府决定修筑滇缅铁路。1938年，中、美、英三国会商，签订了一项由美国贷款7000万美元，中、英两国各自在滇、缅境内修筑滇缅铁路的协定[5]。

①李群庆：《被遗忘的滇缅铁路和中印油管》，见中国人民政治协商会议云南省委员会文史资料研究委员会编《云南文史资料选辑》第五十二辑，云南人民出版社1998年版，第260页。

②王晓华、李占才：《艰难延伸的民国铁路》，河南人民出版社1993年版，第257页。

③云南省志编纂委员会办公室：《续云南通志长编》中册，1986年，第1020、1022页。

④云南省志编纂委员会办公室：《续云南通志长编》中册，1986年，第1022页。

⑤张云辉：《档案中的滇缅铁路》，载《云南档案》2017年第11期。

（二）路线选择

滇缅铁路境内全长880公里，"为应抗战需要，赶速完成，乃将全线划分东、西两段"：东段自昆明经安宁、禄丰、楚雄、镇南（今南华）、姚安至祥云清华洞，长410公里；自清华洞以西至中缅边界之术达则为西段，长470公里。[①]而有关西段路线的选择，曾一度出现北线与南线之争。北线主张由昆明出发，经安宁、禄丰、楚雄、镇南、祥云、下关、保山，从腾冲出国，与缅甸铁路干线终点密支那站或八莫连接；南线主张到祥云后，再经弥渡、云县、孟定、南定河口出国，经缅甸滚弄，与缅甸铁路支线腊戍站连接。

由于密支那是上缅甸政治、经济中心，因此，从经济、贸易的角度考虑，滇缅铁路走北线更有价值。但是，经实地勘测，北线不仅路线长，而且有横断山脉阻隔，高低相差悬殊，还要在澜沧江和怒江上建筑大桥，工程太大，施工难度大；南线不仅里程较短，而且无须跨越怒江峡谷、澜沧江峡谷等险要地段，施工相对容易，所需费用也较少。当时，国家财政紧张，又迫切地需要在短时间内将铁路修成，因此，最终采用了南线。[②]

（三）未完成的工程

1938年8月，国民政府在昆明成立滇缅铁路工程处，负责滇缅铁路的勘测与施工，并于祥云设西段工程分处，计划东、西两段同时勘测兴修。是年9月，将东段工程处改名为滇缅铁路工程局，西段分处改称西段工程处。1939年秋，滇缅铁路工程局迁址于禄丰，"并为集中筹划兴工起见，于二十九年二月，将西段工程处撤销，所有各总段均改归局中直辖"[③]。

1938年12月，滇缅铁路东、西两段同时开工，确定"轨距为一公

---

①云南省志编纂委员会办公室：《续云南通志长编》中册，1986年，第1020页。

②陆韧：《云南对外交通史》，云南人民出版社、云南大学出版社2011年版，第342页。

③云南省志编纂委员会办公室：《续云南通志长编》中册，1986年，第1019页。

尺之狭轨铁路，以便与安南、缅甸之轨道衔接"①。修筑滇缅铁路，事关抗战大局，因此，云南当局曾一度动员 30 万民工上路抢筑路基。施工后，进展迅速，到 1939 年时，东段完成工程量的 30%，西段完成工程量的 10%。②1940 年，日本侵占越南，滇越铁路运输面临中断，国民政府对于修筑滇缅铁路的需求更加迫切，最高统帅部经常过问，希望加快建设进度。但是，滇越铁路运输中断后，滇缅铁路材料供应困难，不得不暂时停工待命，"故中央虽表示完成该路决心，然施工不易，乃系事实。是年六月间，敌寇在越登陆，滇越铁路截断。七月以后，即为停工待命时期"③。1941 年 3 月，在破除一切困难后，滇缅铁路全线复工，但终因材料供应困难，进展非常缓慢。到 1942 年春，中国远征军第一批 10 万官兵开赴缅甸作战，滇缅铁路东段从昆明穿越七条隧道铺轨到一平浪、西段 470 公里的铁路土石方也基本完成，一些车站和桥墩已建好并准备铺轨。正当滇西南民众翘首盼望火车开来时，日军在 1942 年 3 月 8 日占领了仰光，又于 4 月 8 日攻占缅甸北部掸邦的首府腊戍，英军一溃千里，远征军伤亡惨重，大批筑路物资落入敌手。随后，5 月 4 日、5 月 10 日滇西腾冲、龙陵等地相继沦陷。为防止日军利用刚修好的铁路快速进攻昆明，滇缅铁路被迫全线停工，并对铁路西段实施炸毁。④至此，滇缅铁路仅有昆明经石咀至安宁一段通车，通车里程 35.2 公里，这段铁路是用 1940 年 9 月从滇越铁路河口至碧色寨段拆下来的路轨铺设的。1944 年，因沾益修建机场，又拆除石咀至安宁一段路轨，去铺设曲靖至沾益 12 公里的铁路，如此一来，滇缅铁路只剩昆明至石咀一段通车了。

修筑滇缅铁路，意义重大。但是，与公路相比，修筑铁路除桥梁、隧道结构特殊外，对路面的弧度、坡度及坚实度的要求都要更加严格，因此，修筑铁路的难度也就更大。所以，尽管云南地方当局动员大量民

① 云南省志编纂委员会办公室：《续云南通志长编》中册，1986 年，第 1020 页。
② 陆韧：《云南对外交通史》，云南人民出版社、云南大学出版社 2011 年版，第 343 页。
③ 云南省志编纂委员会办公室：《续云南通志长编》中册，1986 年，第 1022 页。
④ 张云辉：《档案中的滇缅铁路》，载《云南档案》2017 年第 11 期。

工全力修筑，但耗时了近两年，就连路基都还没有全面完成，而滇缅公路仅仅用了不到9个月就建成通车了。到1942年最终停工时，滇缅铁路还是一项远未完成的工程。

二、叙昆铁路的修筑

（一）构筑向内联系的大动脉

在计划修筑滇缅铁路的同时，修筑川滇铁路也被提上日程。当时计划修筑的川滇铁路，又称叙昆铁路，由昆明往东北，经曲靖、宣威、威宁、昭通、盐津，到达四川的叙府（今宜宾），全长约850公里。

所谓"自'七·七'抗战事起，沿海各交通干线先后为敌占据，西南一带已成为抗战之根据地。惜交通不便，军运迟滞，为求争取最后胜利，首先应求军事与交通之配合"①。如果叙昆铁路和滇缅铁路均按计划修通，滇缅铁路为对外联系的大动脉，叙昆铁路为向内联系的大动脉，对内与对外的两条大动脉在昆明连接，成为外通印度洋出海口仰光、跨越大西南后方川、滇、黔三省的交通大动脉，意义重大。因此，国民政府、云南和四川地方当局对修筑叙昆铁路都很重视，由交通部、云南省政府、四川省政府联合组成川滇铁路公司理事会，成立叙昆铁路工程局，具体负责叙昆铁路的勘测与施工。

（二）勘测与修筑

叙昆铁路跨越云、贵、川三省，其勘测工作于1938年11月开始，至1942年全线勘测完成，"由昆明经曲靖、宣威、威宁、昭通、盐津而至叙府（今宜宾），约850公里，计划施工里程为864公里。计划轨距为1米；路基宽度定为4.4米；路线最陡坡度，一般地段20‰，山岭区25‰；路基高度为高出最高洪水位60厘米；给水站最大距离为

---

① 云南省志编纂委员会办公室：《续云南通志长编》中册，1986年，第1023页。

30公里"①。

修筑时，云、贵、川三省分别负责本省境内的路段，设15个总段担负施工任务，交包商及民工承办。叙昆铁路云南段，在广大民工和技术人员的共同努力下，进展较为顺利。施工不久，昆明至沾益段就全部完成了；沾益至宣威段，桥涵及路基土石方都已经完成，就剩下铺轨了；宣威至贵州威宁段，也已经完成3座隧道及部分的土石方和桥涵。工程进度比四川、贵州快很多，完成的工程数量也远比四川、贵州多。

（三）又一项未完成的工程

叙昆铁路云南段的修筑，正当顺利推进之时，国际形势剧变，日军侵占越南，铁路器材来源中断，工程大受影响。1940年9月，因法属越南允许日军假道，我方即将滇越铁路滇段河口大桥破坏，滇越交通由此阻塞，我方乃将滇越路河口至碧色寨路轨移铺到叙昆铁路昆明至曲靖段。10月10日铺轨到大板桥，11月9日铺轨到杨林，1941年3月20日（另一说为4月1日）铺轨到曲靖，全长162公里，并使用原滇越铁路机车车辆，立即开办营业。②1944年6月，沾益机场建成，为便于运输，将轨道铺至沾益，从昆明至沾益全长173公里。铺轨所用材料，全部是滇越铁路河口至碧色寨拆下来的旧钢轨。

叙昆铁路四川段，仅叙府（今宜宾）至安边一段开工，但完成的工程量不多，很快便停工了；贵州段甚至没有开工。由此，叙昆铁路，仅有昆明至沾益一段通车，是云南近代铁路建设史上又一项没有完成的工程。

叙昆铁路虽然通车里程有限，但也在1943—1945年累计完成旅客周转量2.53亿人公里、货物周转量6560万吨公里，运送士兵46万人次，开行军车807列，为大西南后方人员、物资运输、周转做出了一

①姜一鹂：《叙昆铁路修筑情况》，见中国人民政治协商会议西南地区文史资料协作会议编《抗战时期西南的交通》，云南人民出版社1992年版，第403页；云南省志编纂委员会办公室：《续云南通志长编》中册，1986年，第1023页。
②凌鸿勋：《中国铁路志》，台湾文海出版社1974版，第335页。

定贡献。[①]

三、石佛铁路的勘测

石佛铁路即石屏至佛海（今西双版纳）铁路线。孙中山的《实业计划》中关于铁路建设的设想有广州思茅线，它与石屏元江衔接，而"所谓石佛铁路适成其滇境西段，直抵普思沿边。其地绾毂泰、缅、越三国国际交通枢纽，尤关重要也"[②]，故石佛铁路之修筑，在边疆治理、地方建设、国家安全上均有重要意义。具体而言，一是可是使昆明、蒙自、河口、思茅四个通商口岸通过铁路联系起来，有促进商业贸易之功效；二是石佛铁路通向云南极边之地，对控驭少数民族土司政权、保持政令畅通、维护边疆行政统一有重要作用；三是近代以来，该地区因地接缅、泰、越，人迹罕至，边界领土屡被蚕食，铁路修通可增强军事投送能力，推动移民戍边以杜绝外人觊觎；四是从思茅陆路出景栋可达缅甸北部重镇曼德勒、腊戍、东枝，从思茅走水路沿澜沧江可达泰国北部重镇清莱、老挝故都琅勃拉邦，从思茅向东走江城可达越南莱州、河内，如铁路修通，思茅将成为四国交界处最重要的门户口岸和贸易枢纽，带动滇南经济发展；五是除越南外，泰缅老和思茅、佛海同属小乘佛教区、巴利语系，民族和宗教的天然隔离性对抵制西方宗教入侵的作用将因联系得更加紧密而增强。[③]因此，"云南省府致力筹边，以本路有提前兴办之必要"，于1940年春决定修筑石佛铁路，"借调叙昆铁路正工程师周宝鑫君踏查石屏至墨江一段二百三十五公里"，开始线路勘测。[④]

[①]云南省地方志编纂委员会总纂：《云南省志》卷三十四《铁道志》，云南人民出版社1994年版，第155页。

[②]云南省志编纂委员会办公室：《续云南通志长编》中册，1986年，第1025页。

[③]车辚：《地缘政治视野下的近代云南铁路网规划》，载《曲靖师范学院学报》2010年第1期。

[④]云南省志编纂委员会办公室：《续云南通志长编》中册，1986年，第1025页。

1941年冬，石佛铁路工程筹备委员会成立，组成了一支踏勘队，对线路继续勘测，"续勘墨江至宁洱一段一百八十五公里，回程带查扬武至玉溪一段一百一十公里"。后委员会略事改组，并定于1942年9月组织6个测量队，10月出发工作，实际于1943年1月5日前往沿线，进行全部查勘选线工作，"二月八日抵达打洛江前哨，四月十八日至昆明销差，往返程途二千一百五十余公里，为时一百零三日"，完成了全线初勘工作。[①]但在初勘工作完成后，石佛铁路的修筑却因时局变化而被彻底搁置了。

第三节 一时"通道"：全面抗战时期的滇越铁路

一、西南最重要的运输通道

抗日战争爆发仅仅一年多时间，北平、天津、上海、南京、广州、武汉等城市就相继沦陷，各沿海主要港口被日军占领，云南成为抗战大后方，滇越铁路为当时我国西南地区最重要的运输通道。

大批内迁企业、工厂、机关、学校的人员、物资经滇越铁路进入西南大后方，大量来自海外和我国东部地区的抗战物资和民用物资绕道滇越铁路由云南运入西南各省和其他内地省份，滇越铁路还承担着抢运积存在海防、河内的各种战略物资和民用物资的任务。一时之间，滇越铁路运输异常繁忙，客、货运输量急剧上升。为此，1939年，滇越铁路运输统筹委员会成立，积极采取措施提高滇越铁路的运输能力。6月22日，滇越铁路运输统筹委员会提高运力理事会议议定："每日运输四百吨，由滇越公司负责达到……每日所到吨数，应由运输统筹委员会协同

---

① 车辖：《地缘政治视野下的近代云南铁路网规划》，载《曲靖师范学院学报》2010年第1期。

西南运输处负责，准与二十四小时内装卸完竣。"经多方努力，7月份运量即已明显增加，"查七月份滇越铁路运输总量为10008吨488公斤，平均每天为322吨854公斤，已超规定量"。①1938、1939年，滇越铁路的运量达到自通车以来的最高峰。1938年，货运量近40万吨，1939年又猛增至50余万吨，为1919年的3倍多；1938年售出客票4200多万张，1939年售出4500多万张，比1927年增长22倍。②1939年，参与运输的"有机车九十七辆，客车二百零七辆，货车一千零四十九辆。年运旅客三百四十余万，较十八九年增至三倍有余……较之平时亦属激增，是为该路创建以来运输最为紧张忙迫之时间矣"③。

滇缅公路修通后，尽管也承担相当一部分的运输任务，但运输的主要是国外援华物资，其中大部分又是美国援华物资，再加上汽车的运量毕竟有限，滇缅公路的路况又比较差，对运输多有限制，所以，至1940年日军占领越南，切断滇越铁路运输之前，滇越铁路几乎都是当时中国最为重要的国际通道。但因其作为运输通道的时间不长，姑且可称之为一时的运输通道。

虽然作为通道的时间不长，但其抗战运输地位还是非常突出的。有人作过统计：在1937年日军大举进攻中国到1940年日军登陆越南致使运输中断的三年时间里，滇越铁路共运输物资130万吨、人员数百万（据史料记载，仅1939年货运量达52.4万吨，客运量达4542万人次）。而云南境内另外两条著名的国际大通道，滇缅公路从1938年底通车至1942年5月滇西抗战爆发，共输送物资约50万吨和10万中国远征军首次入缅作战；驼峰航线自1942年5月开辟到抗战结束时，共运送物资70万吨和3万多兵员补充中国驻印军。由此不难看出，滇越铁路的货运

---

① 云南省档案馆、红河学院编：《滇越铁路史料汇编》，云南人民出版社2014年版，第297、299页。

② 孔庆福：《滇越铁路在抗战中》，见中国人民政治协商会议云南省委员会文史资料委员会编《云南文史资料选辑》第五十二辑，云南人民出版社1998年版，第297页。

③ 云南省志编纂委员会办公室：《续云南通志长编》中册，1986年，第1000~1001页。

量超过了滇缅公路和驼峰航线之和,而且运输的人员之多更是上述两条大通道所远远无法相比的。[①]

二、日军对滇越铁路的狂轰滥炸

日军视滇越铁路为眼中钉、肉中刺,从1938年9月起就恃其空中优势,肆无忌惮地对滇越铁路进行一次又一次的狂轰滥炸,企图切断这条国际运输通道。

比如,1939年12月,日军轰炸芷村车站,投下大量炸弹,车站站房、机务段车房、水塔、宿舍全部被炸毁,死伤200多人;[②]1940年,日军轰炸白寨大桥,炸弹正中一列行驶中的旅客列车,死伤旅客200多人;[③]由于日军的轰炸,白寨大桥曾被毁,小龙潭大桥钢梁桁架一端倾落在南盘江中;等等,一度影响铁路运输。令人惊奇的是,日军曾对著名的"人"字桥轰炸达几十次之多,但因"人"字桥架设在两座高山夹峙的深涧之中,不知日军投了多少次的炸弹,但均未投中,桥身一直屹立完好。

面对日军的狂轰滥炸,滇越铁路方面和铁路工人临危不惧,不怕牺牲,一面呈请军方加强防空力量,一面坚守岗位,全力以赴,采取一切办法抢修被毁铁路,基本上做到了随炸随修,保证了列车的基本通行。如小龙潭大桥被炸,钢梁坠入江中,抢修队先架起"之"字形便线及便桥使其临时通车,接着以枕木垛钢塔架逐步将炸毁的钢梁顶起,置于原高度以上,以三孔"工"字便梁替代炸毁部分,实现了正线通车,又在通车条件下进行主梁横梁的修复。

---

① 李晓明:《抗战中的滇越铁路》,载《云南档案》2017年第12期。
② 孔庆福:《滇越铁路在抗战中》,见中国人民政治协商会议云南省委员会文史资料委员会编《云南文史资料选辑》第五十二辑,云南人民出版社1998年版,第301页。
③ 翁大昭:《滇越铁路亲历记》,见中国人民政治协商会议云南省委员会文史资料委员会编《云南文史资料选辑》第五十二辑,云南人民出版社1998年版,第309页。

铁轨上、车站中，一个个的弹印和一个个的弹坑，是写在钢铁上的证词，诉说着日军狂轰滥炸的罪恶行径。在日军的狂轰滥炸下，在两年多时间里，铁路运输仍未被完全切断，一度成为我国西南最为重要的国际运输通道，这是铁路工人用生命书写的传奇。正是这种不折不挠、永不言弃的精神支撑着中华民族的抗日战争，最终迎来抗战的胜利。如果说法国修筑滇越铁路是向云南插进了一根"吸血管"的话，那么，抗战期间的滇越铁路，毫无疑问，则由"吸血管"变成了"输血管"。

三、破坏、拆除部分路段和收回铁路主权

日军占领越南后，滇越铁路运输被切断。国民政府为了防止日军沿滇越铁路入侵云南，一方面调重兵在蒙自、河口、屏边、金平、文山、马关、麻栗坡、西畴、福宁一带布防；另一方面断然采取措施，成立滇越铁路线区司令部，军事接管滇越铁路滇段，炸毁河口大桥、河口隧道和白寨大桥，仅留下"人"字桥，同时，拆除河口至碧色寨间177公里长的铁轨，将拆下来的铁轨用以铺设上述滇缅铁路和叙昆铁路部分路段。

1943年2月，法国维希政府公然蔑视中国主权，将广州湾"转让"给日本。按照1903年中、法两国签订的《滇越铁路章程》，中国在80年之后才能与法国商议收回滇越铁路及铁路一切产业。但在这时，面对法国政府的公然挑衅，国民政府于8月1日宣布与法国断绝外交关系，正式接管滇越铁路云南段。抗战胜利后，中、法两国签订《关于中越关系之协定》，宣布废除1903年的《滇越铁路章程》，将滇越铁路交还中国，"滇越铁路在中国境内昆明至河口一段所有权及其材料及设备，照其现状移交于中国政府，由其提前赎回……其代价由法国政府负担偿付，作为战时我国假道海防及内运政府及人民物资损失之补偿"[1]。这是在承认

---

① 宓汝成编：《中华民国铁路史资料（1912—1949）》，社会科学文献出版社2002年版，第940~941页。

既成事实的基础上完成的外交程序。

日军占领越南后，滇越铁路运输就无法出入越南了，此时的铁路便失去了作为国际运输通道的功能。在拆除了河口至碧色寨的铁轨后，就只剩下昆明至碧色寨287公里长的铁路维持通车了。由于路轨器材没有来源，只能使用原有的陈旧设备维持行车，再加上管理混乱，致使运输效率低下，事故不断。仅1944年一年内就发生包括脱轨、翻车等严重事故在内的各种事故122件。其中，发生在宜良附近七拱坡的翻车事故，致列车翻车起火，烧死旅客140人，烧伤57人，为滇越铁路自通车以来最大的一次行车伤亡事故。[①]由于事故不断，货运、客运均受影响，昆明至碧色寨一线运输常常时断时通，运量大不如前。

抗战胜利后，国民政府交通部曾筹备修复滇越铁路河口至碧色寨段，但在略有进展后又停工，直至建国后的1957年才重新铺轨，恢复了全线通车。

第四节　时也，势也：全面抗战时期云南铁路兴筑与运输的特点及成因

一、非一时之需

铁路建设是孙中山实业计划的重要内容，"以铁道网之完成，为一切事业之根本"[②]。他认为，中国西南"除由老街至云南府约两百九十英里法国所经营之窄轨铁路外，中国广地众民之此一部，殆全不与铁路相

---

　　①孔庆福：《滇越铁路在抗战中》，见中国人民政治协商会议云南省委员会文史资料委员会编《云南文史资料选辑》第五十二辑，云南人民出版社1998年版，第304页。

　　②宓汝成编：《中华民国铁路史资料（1912—1949）》，社会科学文献出版社2002年版，第825页。

接触也"，因此，"于此一地大有开发铁路之机会"，并指出西南铁路建设"应由广州起，向各重要城市、矿产地引铁路线，成为扇形之铁路网，使各与南方大港相联结。在中国此部建设铁路者，非特为发展广州所必要，抑亦于西南各省全部之繁荣为最有用者也"，提议以广州为终点，建设广州重庆线（经由湖南）、广州重庆线（经由湖南、贵州）、广州成都线（经由桂林、泸州）、广州成都线（经由梧州、叙府）、广州云南大理腾越线（至缅甸边界为止）、广州思茅线、广州钦州线（至安南界东兴为止）等七条铁路线。其中，涉及云南的广州云南大理腾越线和广州思茅线，不仅于经济开发上意义重大，还在于沟通缅越乃至印度，"将来在国际上必见重要"。^①孙中山对云南铁路建设的重视，由此可见一斑。

1929年1月25日的国务会议上，时任铁道部部长在《庚关两款筑路计划提案》中将全国铁路之修筑分为四组线路，第二组线路中即有"粤滇线""湘滇线"的建设计划。该提案形成决议后于第二天在国民党中央政治会议上核议通过。这说明云南铁路的修筑在国民党"中央"层面受到重视，只是限于当时的客观环境，没有具体落实。

1935年，国民党第五次全国代表大会对于交通建设的指示，有关云南铁路建设的内容尤为详切：

> 滇省僻在南陲，介于英法，森林丛茂，矿产富饶；当国防冲要，且经济泉源，洵救亡图存，复兴民族之根据地也。徒以山脉绵亘，传流错杂，交通阻隔，发展维艰。以言国防，则内与两粤、川、黔接壤而呼应不灵；外受滇越铁道夹制而出入不便。以言经济，则矿藏无力开发，物产无路运输，坐视货弃于地，宝蕴于山，而一筹莫展。丁此中日战祸一触即发之秋，沿江沿海，随时有被封锁之虞，交通关系国防至巨。为适应需要，除提早完成滇黔公

---

① 孙中山：《建国方略》，中国长安出版社2011年版，第145~149页。

路外，确有及时兴筑川滇线、滇钦线以通江海之必要。一旦中日战事延长，大宗军用品，非来自欧美不可，国际海运途径既欠安全，国际陆运之西伯利亚铁道，复以间隔不能利用；万一法不允我假道越南，则兴筑滇缅线以利运输，益为目前当务之急。为国防需要计，应请兴筑滇省通江、通海、通缅铁道者一也。

谨按先总理手订西南铁路系统之川滇、滇钦、滇缅三线，即滇省通江、通海、通缅三铁道，均占国防经济重要地位。通江线成，则水运畅达，沿江各省陆运衔接川汉等线，与华中华北指臂相连；通海线成，则既可由剥隘借珠江水运，直达广州，复可与粤汉、广九、株韶各线首尾相应；通缅线成，则不虞强敌扼我咽喉，英美军需，可源源而来。且不仅西南数省，脉络贯通，经济可以尽量繁荣，国防可以周密部署，即救亡图存之根本大计实系于此。为复兴民族计，应兴筑滇省通江、通海、通缅铁道者二也。

查通江铁道，起于云南昆明，讫于四川坝圩，约七百零五公里，通海铁道，起于云南昆明，经广西百色而讫广东钦县海峰，约长一千七百公里；通缅铁道，起于昆明，讫于蛮允，全在滇境，与英人所筑至八莫之铁道衔接，约长八百七十公里，合计约长三千二百七十五公里。沿线山水杂沓，迥异平原，估计兴筑运费，每公里约需国币五万元，然仿照京芜路之购料兴筑方式，则材料费可省若干。又除四川、广东、广西境内，可否利用公路路基情形未详外，滇境以内皆可利用公路路基。计通江线公路已成者三百三十六公里，通海线公路已成者四百零一公里，通缅线公路已成者四百二十八公里，合计一千一百六十五公里。关于削平山径，堵塞水流，敷设桥梁涵洞等工程，均已就绪，循此兴筑铁道，又可节省费用时间不少。况历年商贾行旅，耗于滇越铁道之运费及边境税者甚巨，欲求富源之开发，经济之繁荣，非筑滇缅公路以解束缚、杜塞漏卮不可。为辟经济泉源计，应请兴筑滇省通江、通海、通缅铁道者三也。①

以上，从国防需要、民族复兴和经济开发三个方面论证了云南铁路建设的必要性和紧迫性，可谓鞭辟入里、切中要害。足见在全面抗战前，国民政府已从云南的地缘特征出发，对云南铁路建设之重要性有极为充分的认识，所谓"发展交通，必须便利大量货物之运输，达到时间迅速，运费低廉，保护周到之目的，而后方足成为完善之交通网，以适应国计民生之需要"②，并已初步形成将边疆开发与后方建设即地方之经济建设与抗战之国防建设有机结合的认识与实施路径。

又，全面抗战爆发后，随着国民政府西迁，西南成为抗战大后方，云南因地缘之故，国防地位尤为重要，云南之建设与开发，不仅关乎云南一地之发展，更关乎国家与民族存亡。而如本书第一章所述，西南大后方之经济建设，国人无不强调交通建设的重要，又以"西南各省目前所恃之交通维持只赖公路，而公路运输较铁路运输，金钱时间，两不经济，于安全及载重能力方面，亦不如铁路运输远甚，军事方面如坦克飞机大炮等重兵器及弹药之运输，经济方面如机器之运入，皆需有铁路，始可接济前方需要，开发后方经济"③，交通建设中又强调以铁路建设为重，从而更好地以"应长期抗战需要"④，并谋求地方社会发展。也正是在这样的背景下，滇缅、川滇等铁路的修筑才被真正提上了议事日程，"建筑滇缅铁路，不特为应付目前对日抗战需要，并为云南谋求一永久出海通路"⑤。

---

①宓汝成编：《中华民国铁路史资料（1912—1949）》，社会科学文献出版社2002年版，第826页。

②宓汝成编：《中华民国铁路史资料（1912—1949）》，社会科学文献出版社2002年版，第825页。

③卫挺生：《开发西南经济意见》，载《四川经济月刊》1938年第9卷第3期。

④云南省志编纂委员会办公室：《续云南通志长编》中册，1986年，第1019页。

⑤宓汝成编：《中华民国铁路史资料（1912—1949）》，社会科学文献出版社2002年版，第928页。

综上，无论在孙中山的《建国方略》中，还是全面抗战前后国民政府的相关筹划中，都充分认识到了云南铁路建设的必要性与重要性，尤其是随着云南在国际交通上地位的进一步凸显，促使云南铁路建设从论证层面进入具体的实施层面。

但是，全面抗战时期的云南铁路建设，若从过程看，"艰难推进"或是对其最为确切的陈述；而从结果看，筑成通车者仅有极少的路段，运输效果不显，或可用"乏善可陈"一词来概括，而真正发挥了运输通道作用的，还是抗战前建成通车的滇越铁路。然而，凡事不仅要讲必要性，还要讲可行性，二者皆具，才可能有好的结果。由上可知，云南铁路建设的必要性是不言而喻的，尤其是全面抗战时期，其不仅必要，而且急迫，但可行性又当别论，如果可行性条件不满足或受到一定的限制，结果便可想而知了。那么，是那些因素限制了全面抗战时期的云南铁路建设呢？

二、"时"难突破

王晓华、李占才在《艰难延伸的民国铁路》一书中对全面抗战时期全国铁路的新修情况有较全面的叙述，由此可知，全面抗战时期，全国范围内新修铁路数量非常有限，按计划全线修通的线路几乎没有，何况"战时新修铁路，主要集中在西南地区，因为首都迁到了重庆，西南成了国民政府的大后方与开发重心，而且抗战初期华北地区未作拆路部署，江南的铁路拆除的较多，轨料运向西南后方，为建新路创造了条件"①。这充分说明，全面抗战时期云南铁路建设乏善可陈，非云南一地之情形，实此一时期一般之状况，且云南作为西南大后方重要省区，铁路建设之现实条件似乎还略具优势，而终究鲜有成绩可言，"时代"特殊性之难以突破自不待言也。

---

① 王晓华、李占才：《艰难延伸的民国铁路》，河南人民出版社1993年版，第260页。

其实，若再往前追溯，全面抗战前的中国铁路建设也是比较缓慢的，甚至整个民国时期的铁路建设，都可以用"艰难延伸"四字来形容。造成其"艰难"的原因固然不出一端，但建设资金的缺乏和筹措的困难毫无疑问是其中非常重要的一个原因，而战争状态下，毫无疑问，资金的缺乏更甚于平时，成为战时推进各项事业的一大制约。"关于资金之筹划，实为今日着手建设之第一要件。"[1]"年来各方面提倡西南建设尤其工业建设，而真正实际的建设仍迟迟未能发展者，其主因在于资金缺乏。这不但为许多想从事工业建设者所同声忧叹，而且为一些已从事工业建设者所终日忧虑，不但私营工业如此，就是国营或公营工业也是如此。"[2]因此，资金问题的解决当是推进全面抗战时期云南铁路建设的"第一要件"。

建设资金的筹措，正如时人所指出的那样，"已全部建设规模过巨之故，其所需资金，必非现在国内资金力所能举"，而"惟有设法向国际方面吸收资本"。[3]但利用外资，往往不仅有附加条件，又多落实不到位。铁路建设往往需要大量资金，即不得不图外资之利用，孙中山就想利用外国资本以解决铁路建设资金问题，[4]国民政府也多次试图输入外资建筑铁路，但一旦利用外资，许多问题自然也是免不了的。如修筑浙赣铁路的"股款，由中央及浙赣两省政府分认……铁道部预计除该路行政费用、筑路工资，由公司筹措外，其国内、国外购置器材费用，共需国币一千六百万元；拟向国内银行借现款国币八百万元，向德国奥托·华尔夫钢铁公司商垫料款折合国币八百万元"。但前后颇费周折，"因与公司代表迈斯纳及海尔登赫根两人会商，前后不下十余次"，而在其后续商借垫款项时，"奥托·华尔夫公司要求以江西所产之钨砂输德，按市

---

①陆鼎揆：《建设西南的必然性及其方案》，载《西南导报》1938年第1卷第2期。
②陈豹隐：《西南工业建设与特征奖励制之创设》，载《西南实业通讯》1940年第2卷第1期。
③陆鼎揆：《建设西南的必然性及其方案》，载《西南导报》1938年第1卷第2期。
④易惠莉：《有关孙中山早期铁路建设规划的一条重要资料》，见《近代中国》第19辑，上海社会科学院出版社2009年版，第109~118页。

作价，抵付垫款本息之一部分"。①

全面抗战时期，受战争影响，资金更加缺乏，叙昆铁路、滇缅铁路的修建都曾试图利用外资，"为了获得用于川缅铁路建设的英法借款，交通部曾作多次努力。""为了建设川缅铁路，交通部曾屡次要求巴黎和伦敦提供用于购置铁路材料的出口信用贷款。"②但进展缓慢，"自成渝合同订立后，法银团对于建设银公司既得优先权之贵阳昆明线，始终不示热心；及镇南段借款合同成立，又催促法银团代表进行叙昆计划，亦无满意答复。""经审查各方情形，知叙昆铁路借款，法国已表示兴趣，而英国方面对于滇缅铁路投资，希望甚少"，借款迟迟得不到落实。③建设资金有问题，必然耽延开工，或即使开工，也必影响建设进度。如滇缅铁路，"嗣因英方政策未定，借款问题，无形搁置"，工程进展缓慢，迟至1941年"美政府根据租借法案与我签订租借协定，首行着重于滇缅路之加强运输，且拟以一千五百万美元之租借款项，用以建筑缅甸至中国之铁路"。筑路资金有了一定保障，"但由于日本在缅甸军事上未胜利，此一计划遂未获实现"。④

如前述，虽然时人在论及滇缅铁路时以为材料获取便利，但其所论"如美国、加拿大等处积存之旧钢轨、机车未尝不可商购或借以为应急之计"等材料无不需取自国外，路途遥远，购置不易，其人为"西段密迩缅甸，一切材料皆可利用缅境内之铁路、公路、水路，源源而运，绝无困难可言"，则只是一时情形，随着战争情势的变化，这些所谓的"便利"条件或将不复存在。所谓"查目前所急不可缓者为国外材料，

---

① 宓汝成编：《中华民国铁路史资料（1912—1949）》，社会科学文献出版社2002年版，第881~882页。

② 宓汝成编：《中华民国铁路史资料（1912—1949）》，社会科学文献出版社2002年版，第926页。

③ 宓汝成编：《中华民国铁路史资料（1912—1949）》，社会科学文献出版社2002年版，第916、924页。

④ 宓汝成编：《中华民国铁路史资料（1912—1949）》，社会科学文献出版社2002年版，第916、934页。

尤以钢轨为其大宗"，[①]不仅购置不易，运输更加困难，"惟叙昆、滇缅两路，所需建筑器材十三万吨，均由滇缅铁路运输，而分配与该路之运输量，每日平均尚不及三十吨，已非数年不能运罄"。而滇越铁路运输受战争影响越来越困难，工程难以推进，"故中央虽表示完成该路（滇缅铁路）决心，然施工不易，乃系事实"。而随着滇越铁路运输的中断，滇缅路工程即告中断，"七月以后，即为停工待命时期"。[②]也正因如此，时人在计划石佛铁路建设时，提出材料自给的设想：

> 吾滇路用钢轨，向系仰给外洋。自抗战军兴，交通阻塞，钢轨来源断绝，铺轨材料自感困难。查有昆华煤铁公司设炼钢厂于安宁，采易门铁矿冶炼成钢，可轧轻磅轨条。将来开工，自昆明南下铺轨，可商购应用。至石屏西向铺轨，似可另设土炉于龙武、峨山、鲁奎山等处冶炼生铁，于石屏附近设别色麻炼钢炉，并建千余匹马力之蒸汽机及轧轨机厂，制造每公尺重十五公斤以上之轨条，以资成用。[③]

但很显然，以上自给之法，钢轨质量不仅难以保证，而且冶炼、制轨之厂也基本只是设想；即使一如设想得以开办，也必花费不少时日，所谓远水不解近渴，全面抗战时期云南铁路建设所需材料与设备，自是无法真正通过自给解决。不得已，如前述，拆除的滇越铁路等旧路之轨料便成了修筑新路的主要材料，但拆除旧路所得材料毕竟有限，难以真正支持新路之建设。滇缅、叙昆铁路最终铺轨通车仅一百多公里，所用轨料来自拆除的滇越铁路，由此不难想象，新路之建设，显然是无法做到大规模的延伸与拓展的。总之，建设材料的获得与运输的困难也是造

---

①宓汝成编：《中华民国铁路史资料（1912—1949）》，社会科学文献出版社2002年版，第933页。

②云南省志编纂委员会办公室：《续云南通志长编》中册，1986年，第1022页。

③云南省志编纂委员会办公室：《续云南通志长编》中册，1986年，第1028页。

成全面抗战时期云南铁路建设推进缓慢、鲜有成绩的一个重要原因。

国民党云南省党部、省执委会代电国民党中央党部秘书处转六中全会,请求续修滇缅铁路,说:"查滇缅铁路开工,为期未满一年,全线业已完成百分之二十五以上。工程进展,尚推顺利。如能加拨经费,赶运材料,东西两段,同时并进,则在一年半之短时间内,当可望其全线通车,以应抗战之需要。"①这也正说明经费和材料是影响全面抗战时期云南铁路建设的两大因素,经费充足,材料有保障,则铁路建设可望短期内有明显之成绩,否则,很难有成绩可言。从这个意义上讲,全面抗战时期云南铁路建设之进展缓慢、"少有成绩",首先是经费与材料问题综合作用的结果。

全面抗战时期的云南铁路建设,其立意在于构筑西南后方国际通道,因此,计划修筑的铁路线均属跨国铁路性质,线路的确定、修筑的方式等都需要与周边国家交涉。此种交涉又多费周折,致使工程迟迟不得开工,或即便开工,也是进展缓慢。如滇缅铁路,即需与英缅达成一致意见,"滇缅铁路之必须英国帮助者有三事:一为自缅甸铁路之终点腊戍起,至中国边境为止一百二十英里,须由缅政府同时建筑,方可双方衔接,方可接连滇缅铁路一切建筑材料;二为滇缅铁路所需之钢轨车辆及材料,必须英国供给;三为滇缅铁路边境终点,与缅方铁路终点衔接之处,有一段为中缅未定界,必须将界务从速解决。"但英缅态度游移,首鼠两端,一度使"缅境一段尚无希望","铁路进展略见曙光,忽于(1940)7月16日行政会议中外交部长报告,接郭大使来电云:英外部见告,英政府为顾全英方立意起见,不得不权衡轻重,勉徇日本要求经缅入华进口军运物资,停运三月⋯⋯其禁止内运物资中包含铁路材料在内,是不特滇缅铁路材料借款已无希望,即交通部旧存仰光、香港材料,亦无法利用,而缅段铁路之建筑,更无从谈起",从而极大地影响了滇缅铁路的修筑进度,"前因英放弃缅境一段,未允即修,致我国亦

---

① 云南省志编纂委员会办公室:《续云南通志长编》中册,1986年,第1020页。

未积极进行"。[①]

此外，技术人员缺乏也影响着全面抗战时期云南铁路建设。如滇缅铁路建设，就曾面临技术人员缺乏的困境，不得不"令滇缅铁路局举办训练班培植技术人才"[②]，而对工程多有耽延。

当然，如果在和平年代，假以时日，以上问题应该都可以解决，云南铁路的修筑也可以逐步推进。但在战争状态下，就增加了解决以上问题的难度，很难"急起直追，限期完成"[③]，而"以应抗战之需要"乃一时之急需，迫切需要在短时间内改善后方交通，这就显得矛盾重重了。而随着战争形势的变化，一时失去了沟通国际交通的现实条件，全线工程不仅不能继续，而且也没有必要继续了，只能是要么停工，要么不得不拆除部分已成路段，做到极少部分路段通车罢了。

三、"地"有所限

1929年，旅京川滇黔人士发起组织西南铁路促进会，将西南铁路建设之不振尽归"人事"，云："西南因切肤关系，敷设铁路之议，不自今日始……然以数十年之运动，希望徒切，成效未观。闻尝深维其故，上则政府无确定之方针，下则人民无有力之团体，一任地方少数官绅，凭为渔利之资，并无迈往之意；且以省自为谋，与系统内之各省无骈辔并进之方策，其不能独立包举，势使然也。"[④]此说固然不无道理，但"以数十年之运动"而"成效未观"，却只考虑到"人事"之由，不能不是偏狭了。所谓"尽人事听天命"，"人事"尽可以改变，或随时代之变

---

① 宓汝成编：《中华民国铁路史资料（1912—1949）》，社会科学文献出版社2002年版，第928、930~932页。

② 云南省志编纂委员会办公室：《续云南通志长编》中册，1986年，第1022~1023页。

③ 宓汝成编：《中华民国铁路史资料（1912—1949）》，社会科学文献出版社2002年版，第932页。

④ 宓汝成编：《中华民国铁路史资料（1912—1949）》，社会科学文献出版社2002年版，第854页。

化又会产生新的"人事"。而由本文前述内容观之,全面抗战时期云南铁路建设所面临的"人事",已与十年前大为不同。但无论时代如何变化,区域地理环境却很难发生根本变化,如果说不同的时代要面对不同的"人事"的话,他们面对的"地理"却是大致一样的,而共同的"地理"因素则在很大程度上铸就同一事物在不同时代的共同特征。因此,全面抗战时期云南铁路建设之进展缓慢、少有成绩,除了分析"时"因,该应对"地"由略作探讨。

西南地区修建铁路,地理环境复杂带来的影响,孙中山早有认识,他说:

> 西南地方,除广州及成都两平原地各有三四千英方里之面积外,地皆险峻。此诸地者,非山即谷,其间处处留有多少之隙地。在此区东部,山岳之高,鲜愈三千英尺;至其西部与西藏交接之处,平均高至一万英尺以上。故建此诸铁路之工程上困难,比之西北平原铁路系统,乃至数倍。多数之隧道与凿山路,须行开凿,故建筑之费,此建筑当为中国各路之冠。①

西南多数地方地形复杂,山高谷深,确如中山先生所说,自然增加铁路工程技术难度,需要投入的人力、财力也就更多,单位长度的修筑时间也就越多。而要说西南地区地形之复杂,又当以云、贵更甚,"地面大部分由高峻与崎岖不平的地形组成,其间横亘着许多深谷和高山,绝少真正的平地","云南地势构造的趋势作南北方向,至贵州则偏向东西,崎岖的地形是本区的特征"。尤其是云南西部地形最为复杂,高山深谷纵横,河流下切更深,高黎贡山、怒江大峡谷布列其间,"在交通上成了严重的妨碍",②

---

① 孙中山:《建国方略》,中国长安出版社2011年版,第146页。
② 〔美〕葛勒石著,谌亚达译:《中国区域地理》,正中书局1947年版,第220~221页。

有所谓"滇省道路崎岖倍于蜀道"①之说。由此，如果说西南修筑铁路之困难"当为中国各路之冠"的话，那么，在云南修筑铁路，则是西南最为困难者，也当是全国最为困难者。也正是因为如此，英国早在19世纪末就试图修建从缅甸贯穿云南的铁路，但在进行了多次的实地考察后，发现不论哪条路线，都因地形复杂，工程量巨大，耗资不菲，而且多有难以克服的技术难题，不得不放弃。对此，1906年的腾越口贸易报告就曾指出：

> 再就滇缅铁路相接而论，言之似属匪艰，行之实属维艰，若系认真考究，首先之难在于择路，曾经有人议及其路有二，一为新街路，即经过腾越者是也，一为潞江路，即经过昆仑渡者是也。谓宜于腾越一条者有之，谓宜于昆仑渡一条者亦有之，尚莫知其孰为至善。揆厥议主昆仑渡一条者，或取其易于建造，抑因别故称便，均不可定。而要之，两路均属不易措手，缘其地实非为建造铁路之所宜者，试观山路则如彼崎岖，经费应如何浩大，而其尤难者轨道之宽窄非与中国他处已有之铁路若合符节不可，而况无论何路均须经过浪沧江（即湄江），该江两岸均系石峡，峭同壁立，此又铺设轨道难而又难之处也。种种费事，即使委曲图成，孰能料将来于往来商务可以确收其利乎？②

滇越铁路虽然最终修成通车，但也曾因遇到无法解决的技术难题而改线，"滇越铁路的原定路线，毛路已修至距蒙自不到二十公里的龙古塘，电线已架至蒙自县城，后来因为技术上发生严重的困难问题……把

---

①《宣统二年蒙自口华洋贸易情形论略》，见中国第二历史档案馆、中国海关总署办公厅编《中国旧海关史料》第53册，京华出版社2001年版，第485页。

②《光绪三年腾越口华洋贸易情形论略》，见中国第二历史档案馆、中国海关总署办公厅编《中国旧海关史料》第44册，京华出版社2001年版，第411~412页。

花了二百多万佛（法）郎和两年多的时间所挖筑的路基全部放弃"[1]。而在改线后修筑也是困难重重，"滇境自筑路以来，因全属山境，开凿不易。法公司资本已大受亏折……坐耗又多，路工已大有难成之势"[2]。最终建成后耗资16545万法郎，比预算高出64%，[3]由于其所投入的资金、人力之巨大而使滇越铁路的经济收益不尽如人意[4]。

以上，不论是英国曾主张修筑而未成的滇缅铁路，还是筑成通车的滇越铁路，都鲜明地反映出复杂的地理环境对云南铁路修筑的影响是客观存在的，是不容忽视的。几十年后，为应对抗战，云南修筑铁路的迫切性虽非往日可比，但时过而境未迁，云南地理环境的复杂与往日几乎没有丝毫的差异，因此带来的困难与问题，却又因处于战争状态而更加麻烦。总之，全面抗战时期云南铁路建设之进展缓慢、少有成绩，应该是"时"因与"地"由共同作用的结果，只不过"地"由不是那么显性罢了。

第五节　本章小结

自滇越铁路建成后，云南曾多次议修铁路，但在抗日战争爆发前，除个碧石铁路之外，都没有真正修成。抗日战争爆发后，由于抗战的需要，又提出修筑滇缅铁路、川滇铁路、石（石屏）佛（佛海）铁路等数条铁路的修筑计划。但是，由于各方面条件的限制，滇缅、滇川铁路仅有

---

① 万湘澄：《云南对外贸易概观》，新云南丛书社1946年版，第41页。
② 宓汝成编：《中国近代铁路史资料（1863—1911）》第二册，中华书局1984年版，第667页。
③ 金士宣、徐文述编著：《中国铁路发展史（1876—1949）》，中国铁道出版社1986年版，第73页。
④ 车辂：《滇越铁路的成本与收益分析》，载《云南民族大学学报（哲学社会科学版）》2010年第2期。

极少的一部分通车，石佛铁路只是进行了勘测，没有进行修筑。

抗日战争的爆发，尽管又一次掀起了云南近代史上铁路建设的热潮，但直至抗战结束前，修成通车的铁路还只是计划修筑中很少的一部分，运输效果没有得到真正体现。在云南铁路运输方面，对抗日战争起到较大作用的，还是滇越铁路。这充分说明了在战争年代，修筑铁路是多么艰难的事情。

由于建成通车的铁路十分有限，滇越铁路又在日军占领越南后被切断，所以，抗战期间，作为我们现在一般认为的交通大动脉的铁路，从整体上来讲，对云南抗战的贡献不及公路。当然，对云南人民为了早日取得抗日战争的胜利，排除一切困难修筑铁路，保障铁路运输所做出的努力，无论如何，都是不应该被忘记的。

为应对抗战，云南修筑铁路的迫切性虽非往日可比，但铁路投资巨大，建设周期长，如滇缅铁路，何应钦就主张"缓筑，以其需时两年，始可完工，实属缓不济急"，孔祥熙则以"建筑费过巨，难以筹措，亦主缓筑"，而云南地理环境的复杂给铁路修筑造成的困难与问题较之其他地区更为突出，进一步加剧了在云南修筑铁路的难度。要言之，全面抗战时期云南铁路建设之进展缓慢、少有成绩，应该是"时"因与"地"由共同作用的结果，只不过"时"因相对更显性而易于为论者注意，"地"由不是很显性而少被提及。

1929年，国民党第三次全国代表大会政治报告决议案中有关交通建设的指示云："然而铁道之交通，尤当以汽车公路为之辅；且其建筑亦较铁路为易举，故吾人今后，必须以全力提倡公路之开辟。"[①]结合全面抗战时期云南公路建设和铁路建设的情形与结果，此番说辞即使不能说成是先见之言，也可视为基于一定现实考量的理性之语。

---

① 宓汝成编：《中华民国铁路史资料（1912—1949）》，社会科学文献出版社2002年版，第822页。

第五章

地理，抑或人事？
——全面抗战时期的云南蚕桑业

第一节　全面抗战时期云南蚕桑业发展的历史基础

云南从事桑蚕业的历史悠久，西晋常璩《华阳国志·南中志》记载："（永昌郡哀牢国）土地沃腴，……蚕桑、绵绢、采帛、文绣。"[1]南朝范晔《后汉书·西南夷列传》中写道："永昌郡（今保山县）宜蚕桑。""（哀牢人）知染采文绣。"[2]到了唐代，当时的安南经略使樊绰（公元862年被派往云南）为了对付南诏，对南诏进行了大量的考察，写出了一本全面反映云南历史及当时政治、军事、经济、文化和习俗的《蛮书》。[3]在该书中，樊绰指出，由于云南的湿、热条件比较适宜，蚕生长发育得早，"二月初蚕已生，三月中苗出"[4]。到了宋代，史料记载云南等地用"麝香、胡羊、长鸣鸡、披毡、云南刀及诸药物"换内地商人

---

[1]〔晋〕常璩撰，刘琳校注：《华阳国志校注》卷四《南中志·永昌郡》，巴蜀书社1984年版，第430页。

[2]〔南朝宋〕范晔撰，〔唐〕李贤注：《后汉书》卷八十六《南蛮西南夷列传》，中华书局2011年版，第2848页。

[3]谢华香：《清至民国时期云南经济作物的种植及影响》，云南大学2015年硕士学位论文。

[4]〔唐〕樊绰撰，向达校注：《蛮书校注》卷七《云南管内物产》，中华书局1962年版，第173页。

的"锦缯、豹皮、文书及诸奇巧之物"。①可以看出，宋代云南地区的养蚕规模有限，需要外来省份的丝织品来供应本地区的需要。元代，云南的桑蚕业似有一定的发展，甚至出现"地多桑柘，四时皆蚕"②的记载。明代，中央王朝与云南的联系空前加强。云南各宣慰司土知府向中央政府贡纳地方土产，而中央政府则按规制给宣慰司土知府布匹、丝织品等，尤其是丝织的衣物。从这种物—物流向来看，直至明代，云南的丝织品仍是很缺乏的，种柘养蚕发展有限。③可以看出，清代以前，云南地区的桑蚕业并不发达，"滇省于蚕桑一业，素鲜讲求"④。外省的种桑养蚕技术也没有传入，而本省的柘桑相对于其他省份的桑树品种，质量相差较大，故桑蚕业并不发达，正如林绍年所说："滇省从前非无养蚕之人，惟所植之桑，叶干而小，所养之蚕，丝硬且粗，出货既劣而不精，售价遂贱而无利。目论之士，遂相率而自谢为不能，且诿为地土不宜，而不思补救。"⑤

光绪末年，时任云南巡抚林绍年"为滇兴利"，而以"其获利厚而便于轻赍"和"土性宜而易于溥及者"为标准，选择适合云南发展之产业，认为"滇中天气和平，地亦不燥不湿，一种蓄而未泄之象，实较他省为尤雄，似于蚕桑断无不宜之理"，并经试验，"是以两年以来，先慎选妥员，雇觅良匠，渐为试办"，得出"而尤虑桑难长发，即欲办而无从，故于上年购觅桑子，择地布种，计出桑二十余万。今岁复加种一百余万，并通饬各属如法遍种。据各州县禀报：有已种十余万者；有数万者。乃省城所种，为时甫及年余，桑树之长成者，高六七尺，枝大逾指，叶大逾掌，地气之宜桑如此。所养之蚕，三十余日即成茧得丝。照

---

①〔宋〕周去非著，杨武泉校注：《岭外代答校注》卷五《财计门》，中华书局1999年版，第193~194页。

②〔元〕李京撰，王叔武校注：《云南志略辑校》，见云南省民族研究所编《大理行记校注·云南志略辑校》，云南民族出版社1986年版，第93页。

③谢华香：《清至民国时期云南经济作物的种植及影响》，云南大学2015年硕士学位论文。

④云南省志编纂委员会办公室：《续云南通志长编》下册，1986年，第313页。

⑤云南省志编纂委员会办公室：《续云南通志长编》下册，1986年，第313页。

浙江之法缫之，其丝光洁滑泽，柔细可喜，佥称与浙江所产相埒，天气之宜蚕又如此"的结论。[1]

于是，林绍年"购觅桑子，择地布种"以为试验，后渐次扩展，并开办学堂，培养蚕桑人才，近代云南蚕桑业由此发端[2]。之后，经各方的倡导与推动，云南蚕桑业的发展曾盛极一时：

> 嗣奉部令设农工商局，委方宏纶为总办，并置劝业公所，实行栽桑育蚕。宣统间，刘劝业道孝祚通令各县，遍设蚕桑局，是为推进蚕桑事业之嚆矢。继经郭道台灿改蚕桑馆为蚕桑学校，自兼总办，以重其事，规模乃粗具焉。提学使叶尔凯创立省会农业专门学堂，归并蚕桑学校而为蚕科，并添办染织科，蚕桑事业顿见曙光，所织滇缎亦驰名遐迩。是时，云南总督锡良，对蚕桑亦颇倡导。士绅李龙元更捐款十万元，创设收买蚕茧所，将所收之茧，交由农业学校缫丝织缎。蚕茧销路既广，农民养蚕之兴趣乃高，云南蚕桑事业之基础，于以巩固。昆明四十八铺蚕丝之普及，曾盛极一时。[3]

但是，好景不长，"革命军兴，蚕桑事业，因之停顿"，而且"军需孔急，财政支绌，蚕业机关，陆续裁撤，蚕业遂以不振"，其江河日下之态势由此一发不可收拾：

> 迨民国二年，省立甲种农业学校，仍有蚕桑科之设立。民八九年间，实业司长华封祝派员赴沪购买缫丝机器，举办丝厂，后因经费不足而止。蚕桑教育，则直至民十二南菁学校改为私立

---

①云南省志编纂委员会办公室：《续云南通志长编》下册，1986年，第313页。
②云南省志编纂委员会办公室：《续云南通志长编》下册，1986年，第313、610页。
③云南省志编纂委员会办公室：《续云南通志长编》下册，1986年，第610页。

东陆大学，始行取消。收茧织缎机关既因经费支绌而惇顿，蚕桑教育机关又复相继裁撤。于是本省蚕桑及滇缎之名，悉成陈迹，而不复为人所记忆矣。[1]

后虽几经提倡，但往日盛景无复再现。据实业厅1934年的调查，如表5.1所示，当时云南虽仍有33县种桑养蚕，分布区域虽广，但数量和规模不大，养蚕户数仅为9327户，每年产丝只有36224斤。1936年，据云南省民政厅的调查，除以上33县外，产丝之县又增加昆明、丽江、玉溪、盐丰、盐津、剑川、峨山等12县，但全年产量只有29010斤。[2]因产量有限，一如往常，全省之需不得不依赖川丝的输入。

表5.1 1934年云南蚕桑调查表

县名	养蚕户数	年产丝量（斤）	县名	养蚕户数	年产丝量（斤）
永善	500	156	沾益	50	150
广通	34	150	姚安	54	1000
马关	1	12	彝良	1000	3000
弥渡	200	1000	镇雄	1000	3000
绥江	500	6400	邓川	30	640
祥云	93	300	镇南	100	200
楚雄	600	4000	牟定	60	300
凤仪	45	100	禄丰	120	200
陆良	15	250	安宁	20	200

①云南省志编纂委员会办公室：《续云南通志长编》下册，1986年，第610页。
②蒋君章编著：《战时西南经济问题》，正中书局1943年版，第96页。

续表

县名	养蚕户数	年产丝量（斤）	县名	养蚕户数	年产丝量（斤）
蒙化	358	1850	华宁	50	25
澄江	5	20	罗次	25	80
会泽	10	30	云龙	500	640
漾濞	50	256	保山	1592	6748
永平	220	2640	鹤庆	50	200
大姚	1500	1000	腾冲	10	20
宾川	500	1500	兰坪	20	100
洱源	15	57	合计	9327	36224

资料来源：云南省志编纂委员会办公室：《续云南通志长编》下册，1986年，第314~315页。

第二节　区域环境与云南桑蚕业的发展条件

　　云南蚕桑业，历经千余年，未见真正发展，究竟是环境不宜，还是人事不为呢？

　　丝之来源为种桑与养蚕，故二者所需的条件，与蚕丝的产区与产量有直接的关系。养蚕需要适宜的温度与湿度，并需大量的人工。[①]桑树的生长环境对温度的要求比较高，"就多年的栽培经验观察，25～37℃是桑树最适宜的生长温度"，而"桑树要想生长好的话，需要大量的水分供应"，且在需要阳光、水分的同时又能抵抗寒冷、干旱和水湿，但对

---

　　①蒋君章：《西南经济地理》，商务印书馆1946年版，第80页。

土壤的肥力要求不太高，酸碱性要求也不高，"pH值在4.5～9之间的土壤，桑树都适宜生长，但以pH值为7的土壤为最佳"，且"以土层深厚、肥沃、湿润处生长最好"。蚕是一种昆虫，是一种变温动物，温和凉爽、昼夜温差较大、大气湿度相对较低的气候条件最适宜蚕的生长。换言之，热量高、水分充足、无霜期长、采桑养蚕周期短的地区，则蚕桑养殖的效率较高。[①]

云南适宜种桑养蚕的亚热带地区广大，气候条件较为有利。[②] 云南的亚热带分为北、中、南三部分。北亚热带分为东部和西部两个区域。东部包括昆明、玉溪东部、曲靖南部、文山北部以及昭通大关等海拔1400—1900米的地区，西部包括楚雄、大理南部、保山及怒江部分海拔高度在1700—2100米的地区。中亚热带分布在海拔高度东部1200—1450米、西部1400—1700米的区域内，包括东南部的广南、文山、马关、麻栗坡，中部的玉溪、新平以及西部的巍山、弥渡、凤庆、施甸等地。南亚热带包括云南省南部、西南部以及金沙江河谷等地，海拔高度在1400米以下，占总面积的19%。[③] 由此可见，云南的大部分地区属亚热带气候，适宜种桑养蚕的地域广大。

云南农业气候兼具低纬气候、季风气候和山原地形气候的特点，故形成四季温差小、日温差大、干湿季分明、垂直变异突出的山原季风气候，有"冬无严寒、夏无酷暑"之美誉。[④] 桑树要想长得好的话需要大量的水分供应，也需要充足的光照才能正常生长发育。[⑤] 蚕的生长发育也需要适宜的湿度，以60%—80%最为适宜，过干或者过湿，蚕都容易生

[①] 范贤超：《试论云南高原气候桑蚕养殖的优势和制约因素》，载《中国农业信息》2015年第15期。

[②] 《云南农业地理》编写组：《云南农业地理》，云南人民出版社1981年版，第175页。

[③] 王声跃主编：《云南地理》，云南民族出版社2002年版，第81~82页。

[④] 沈正伦、黎永谋、江亚、田梅惠：《云南蚕业发展的优势与机遇》，载《中国蚕业》2004年第2期。

[⑤] 范贤超：《试论云南高原气候桑蚕养殖的优势和制约因素》，载《中国农业信息》2015年第15期。

病。云南降水量尚属充沛，大部分地区降水量在1000毫米以上，最少的地区年降水量也有584毫米，最高的可达2700毫米；[1]云南平均海拔高，空气洁净，光质好，日照时间长，多数地区日照时数在2100—2300小时。[2]从基本的温度、湿度和光照来看，云南的广大地区适宜种桑养蚕。

也正是基于对以上气候条件的考量，全面抗战期间，以蒋君章、张肖梅为代表的专家、学者都强调云南是非常适宜发展蚕桑业的。

在政府任职的蒋君章，亦官亦学，对西南经济发展问题多有关注和研究，[3]也认为云南的气候和土质适宜发展桑蚕业，"按云南气候，得纬度与高度之调和，夏不过热，冬不严寒，春秋二季，空气相当湿润而并不干燥。五月至九月，虽为雨季，但亦不过分潮湿，故桑树之栽培与养蚕之实施，特别适宜"[4]；"据农业专家调查，滇省气候土质，无不宜蚕，昆明附近及迤西之楚雄、蒙化、保山等数十县，海拔纬度气候等均相似，雨季温度不高，不妨蚕作，早晚温度变化稍大，但稚蚕可育于室内，亦无妨碍。二十八年试验的结果，其为圆满。年可饲养春、夏、早晚秋四次，实为理想的养蚕区域。又滇省交通，近年来日渐间开，尤其迤西一带，滇缅公路，既已完成通车，滇缅铁路亦正在积极施工，即转往滇越铁路运输或就红河水运，事实上亦非甚难，运输上绝无困难。故滇丝发展，只要桑业有办法，丝质稍加改良，外销问题，甚易解决"[5]。

著名经济学专家张肖梅认为：

> 至于云南天然之环境，可谓最适宜于蚕桑。云南全省地处热带，高出海面六千尺（昆明附近），气候寒暖，调和平均，空气干

---

①沈正伦、黎永谋、江亚、田梅惠：《云南蚕业发展的优势与机遇》，载《中国蚕业》2004年第2期。

②王声跃主编：《云南地理》，云南民族出版2002年版，第83页。

③张永帅、朱梦中：《学术与政治：抗战时期蒋君章的边疆地理研究论略》，载《青海民族研究》2019年第4期。

④蒋君章：《西南经济地理》，商务印书馆1946年版，第86页。

⑤蒋君章编著：《战时西南经济问题》，正中书局1943年版，第97页。

燥，所谓四时如春，乃一蚕桑之理想区域也。春秋两季，气候虽觉稍偏十燥，但于蚕桑事并无大害，反可减少病毒，保证蚕作之安全，夏春雨量虽多，空气仍保持其相当之干燥，对于蚕事恰到好处，决非若广东及江浙之梅雨天气，空气潮湿，使蚕病得以蔓延。当往昔蚕桑极盛时代，每年饲蚕四次，春蚕丝质为优良，夏蚕及早秋蚕丝质稍逊，秋蚕茧质最劣。但蚕病毫无，蚕作均能丰收。[1]

结合"实践"与"学理"，她进一步乐观地认为，云南非常适宜发展桑蚕业，只需在养殖技术上加以改进，便能在世界市场上立足：

就以往事实之经过，更足为学理之证明。设若夏秋蚕种采用最优美之品种，利用最新方法而制造之，加以天然环境之优良，则将来夏秋蚕所得之茧质，自可与春茧无异。是江浙仅能饲养二次，而云南可以加倍饲养。此就天时而言，云南对于桑蚕环境之优良，实胜于蚕桑最盛之江浙也。更据调查所得，迤西一带，如思茅、普洱、南峤、佛海、易武、车里等，育肥沃荒地，不下一百数十万亩，其气候较昆明附近更为优良，栽桑无地不宜，养蚕无地不发；且因此区更近热带，每年养蚕次数更可增加。此云南地利之适合于蚕桑，尤非江浙所可及也。是故云南蚕桑之复兴，将来实可为蚕丝在世界市场上争一立足地位焉。[2]

总之，就环境条件看，云南大多数地区是非常适宜种桑养蚕、发展蚕桑业的。长期以来，云南蚕桑业之所以不振，应该说主要不在环境，而在人事，包括倡导乏人、技术落后、资金不足、产出不精等。

---

[1] 张肖梅编：《云南经济》，中国国民经济研究所，1942年，第A72页。
[2] 张肖梅编：《云南经济》，中国国民经济研究所，1942年，第A72页。

第三节　全面抗战时期云南桑蚕业的推进

全面抗战后，随着国府西迁，云南成为大后方。由于江、浙等蚕桑主产区沦陷，为了支援抗战，在后方建设的大热潮中，亟须大力发展蚕桑业。于是，在政府和社会大力推动下，云南蚕桑业有了一定起色。

1938年8月，国民政府中央经济部派常宗会来云南，协助云南建设厅拟定复兴云南的初步计划，并协助云南地方政府发展蚕桑业。常宗会与云南省建设厅拟定《复兴云南蚕桑初步计划》《复兴云南蚕丝方案及计划书》，准备分步实施。

《复兴云南蚕桑初步计划》分为创设复兴中心和推广复兴工作两大部分。创设复兴中心的主要内容包括：一是在省城附近觅地13公顷，以3公顷作为模范种场、原蚕种场、冷库建设等，其余10公顷于1938年冬栽培各种桑苗，计30余万株；3年之后，逐步扩充，预计每年产丝可达500吨，10年之内产丝达5000吨，市值亿元。二是在省城附近训练养蚕制丝人才，并于1939年秋季正式招收人员进行培训。推广复兴工作的内容主要包括高价收购各县所产的蚕茧，以培育和稳固蚕农养蚕的信心，将所收之茧设灶烘干，送至丝厂进行深加工等。

《复兴云南蚕丝方案及计划书》主要涉及成立云南省建设厅蚕丝复兴委员会、云南省蚕丝改进所、蚕桑生产制种农场和设立蚕桑推广区等。1938年冬，云南省蚕丝改进所正式成立，作为全省推广蚕桑事业的中枢机构，负责培苗、载桑、养蚕、制种、推广、改良及训练人才等工作。该所成立半年后，由四川引进桑种60多公斤，分别播种于昆明、河口两地，面积0.4公顷，可产桑苗200万株。1939年5月，国民政府中央生产会议通过"复兴滇省蚕桑，首在培育桑苗"的决议案，行政院认为此案对于增加后方生产极为重要，遂准予拨发津贴国币30万元，专作培苗之用，并先将20万元汇往云南，以期急用。云南蚕桑改进所设在开远草坝，并建立专业化苗圃。中央农业实验所又补助桑籽100公斤至滇，分别播种于草坝、楚雄、保山、蒙化、河口等县，育成桑苗3500万株，成活率达95%。1939年春，云南省政府通过决议，成立长坡蚕桑生产制种农场，先由中央及省府各拨经费3万元（中央部分由经济部中央农业实验所拨助，云南省政府部分由富滇银行拨付），从事育蚕制种，并在草坝、保山、楚雄设有分场，制成了普通杂交的改良蚕种，改良种比本地土种收成增加近一倍，较受蚕农欢迎。1940年在楚雄、保山、永胜、大姚等14个县得以推广，1942年扩大为37个县。四川省筠连县也来购买饲育。统计共发改良蚕种116万公斤，全面抗战八年中，估计改良种生产的生丝约有33000担。[1]此外，按照计划，在全省设立7大蚕桑推广区，即楚雄区（含楚雄、姚安、大姚、镇南、广通、牟定）、保山区（含保山、漾濞、永平、腾冲、云龙）、蒙化区（含蒙化、弥渡、祥云、凤仪、宾川、大理）、绥江区（含绥江、永善、盐津、彝良、镇雄）、丽鹤区（含丽江、鹤庆、洱源、邓川、剑川）、昆明区（含昆明、罗次、安宁、禄丰）、玉溪区（含玉溪、澄江、峨山、华宁），分别任命区主任和技术指导员。各推广区在所属县设立指导所，进行桑树登记、代蚕户办理消毒、代蚕户共同办理催青、代蚕户共同办理饲育、分发稚蚕及巡回指导、医治病蚕、介绍售茧等工作。[2]

1938年10月，江浙丝业巨头周君梅抵昆，经与富滇银行行长缪云台多次协商后，决定投资100万元，成立云南蚕丝公司。公司办公处设在云南省经济委员会办公楼内，在昆明附近设规模较大的收蚕处和制丝所。最后在昆明干尾沟购地2.6公顷，用以建设厂房。从上海购进丝车100台、扬返车80台、煮茧机1台及其他附属机械，面向全省收茧制

---

[1] 李珪主编：《云南近代经济史》，云南民族出版社1995年版，第423页。
[2] 杨慧中：《民国时期云南主要特色经济作物的发展与推广》，载《昆明学院学报》2012年第6期。

丝。1943 年底，公司年产生丝 50 吨、绢丝 42 吨、丝袜 20 万双，产品销往印度、南洋、香港地区及南洋群岛。[1]

1939 年，中国银行和富滇新银行合资在开远草坝辟桑园近一万亩，成立云南蚕丝新村公司，注册资本 1000 万元。该公司"主要目的为将农工商各业施行合理的复合组织，扩大其互利性，减少其相互间之矛盾性至最低限度，乃抗战中国内别开生面之大规模企业组织"，其主要业务为"栽桑养蚕制丝工作，副以园艺、蔬菜、畜牧等"，计划"先行组织蚕户，预定建村三十，每村一百户，每户摊桑园二十亩，可养蚁蚕十两，可出鲜茧二十担，此项村户，以招收有经验之蚕户为原则"，预计每年可产生丝 7000 担。[2] 该公司以 260 亩地建立苗圃，播种桑籽 13 担，出苗 3000 余万株，另外在昆明、楚雄、弥渡、保山等地亦有不同规模的桑苗圃，每年全省共可育出桑苗 4500 万株左右，除供新创办的蚕业新村公司栽植外，也大量向民间推广，并派技术人员巡回指导。至 1945 年，共向民间推广桑苗 170 多万株。[3]

"1938 年抗战军兴，为谋外销物资的增产，蚕桑又得一度复兴。"[4] 在政府和社会的积极推动下，云南蚕桑业随之有了一定的发展。1942 年，永胜县产丝 50 担，约占全面抗战之前的 1/3。[5] 保山的"永昌丝"则成为当地的传统产品，1940 年多数的丝都织成了丝绸，产量约 7 万米。[6] 但是，全省的推广并不尽如人意。如表 5.2 所示，云南地理环境不太适宜种植棉花，而全省蚕茧出产量却不及棉花；1942 年是云南蚕茧出产量最多的一年，也只有 84.61 万市斤，比原计划相差甚远。由此可见，全面抗战期间，云南蚕桑业虽有一定的发展，但"所产不多"，规模有限，

①杨慧中：《民国时期云南主要特色经济作物的发展与推广》，载《昆明学院学报》2012 年第 6 期。

②蒋君章编著：《战时西南经济问题》，正中书局 1943 年版，第 95 页。

③李珪主编：《云南近代经济史》，云南民族出版社 1995 年版，第 423 页。

④楚雄彝族自治州农牧局编：《楚雄彝族自治州农业志》，云南省新闻出版社 1990 年。

⑤李珪主编：《云南近代经济史》，云南民族出版社 1995 年版，第 431 页。

⑥方国瑜主编：《保山县志稿》，云南民族出版社 2003 年版，第 240 页。

没有改变"在本省商品中殊无地位可言"的状况。[①]

表5.2　1938—1948年云南主要经济作物产量统计表　（单位：万市斤）

年度	棉花	蚕茧	烟叶
1938	710.19	—	—
1939	762.43	—	—
1940	640.00	35.80	0.38
1941	620.00	37.47	12.36
1942	630.00	84.61	92.15
1943	750.00	29.89	189.31
1944	361.57	40.78	180.00
1945	—	29.34	—
1946	—	13.21	651.03
1947	351.44	16.12	1545.53
1948	388.83	16.29	—

　　资料来源：云南省地方志编纂委员会总纂：《云南省志》卷二十一《纺织工业志》，云南人民出版社 1996年版，第240~241页。

---

　　①云南省志编纂委员会办公室：《续云南通志长编》下册，1986年，第611页。

第四节　时局与地理条件对全面抗战时期云南桑蚕业
发展的限制

云南的地理环境适宜发展蚕桑业，"惟蚕健无病，蚕作均能丰收，是事实经过足为学理之证明也"[1]。但全面抗战期间，虽经多方推广，但收效不大。笔者以为，这首先是"战时"这一特殊时局下的必然结果，当然也与云南具体的地理条件相关。

蒋君章在《战时西南经济问题》一书中将西南蚕桑业"近年无不惨败"的原因归结为国外市场变迁、蚕种的退化或不良、养蚕技术的不良、缫丝技术的不良、省内外时局的动荡、苛捐杂税的繁重等[2]。"这些原因，把西南的丝业衰落到一蹶不振的地步，尤其是以黔滇的丝业为惨。"尽管如其所说，"新的丝业建设是因着抗战建国的时代需要而产生，新的生产计划是针对着上述的失败原因而确立的"，[3]但这些问题，无论其中任何一项，都不是能在短时间之内轻易解决的，因此，云南蚕桑业的发展，不仅需要系统而具有针对性的计划，还需要落实计划的足够时间。全面抗战八年，政府和社会大致从1938年起采取措施推进云南蚕桑业的发展，但其发展的基础薄弱，各项工作几乎均需从头做起，经过7年时间，做的工作主要是育种，大规模的推广还没得到真正开展。也就是说，至抗战结束，云南蚕桑业在很大程度上还停留在再起步的阶段。也正是考虑到战争的"应急性"会影响云南蚕桑业的长远发展，蒋君章特别强调"丝业的种种计划，在目前固然是为了抗战的需要，但是在将来，还得是为了裕国富民；所以蚕农的生计或利益，是应当充分顾到的。蚕业合作社应当注意提倡，我们希望云南丝业的理想地区尤其应

---

[1] 云南省志编纂委员会办公室：《续云南通志长编》下册，1986年，第610页。
[2] 蒋君章编著：《战时西南经济问题》，正中书局1943年版，第97~98页。
[3] 蒋君章编著：《战时西南经济问题》，正中书局1943年版，第98页。

当注意这一点"①，所以，在有了全面抗战期间的再起步后，云南蚕桑业的较人发展当在以后。换句话说，由于时间原因，全面抗战时期的云南蚕桑业，从数字上来看，出产有限，不成规模，是与其处于再起步的阶段大致相称的。

蚕桑业的改良与推广"必须得到老百姓的切实合作，才可以达到目的"。全面抗战以前，云南蚕桑业发展基础薄弱，农民普遍没有种桑养蚕的传统，要想广大农民接受和支持发展蚕桑业，殊非易事。在以蚕桑业发展基础相对较好的楚雄推广种桑养蚕就颇费周折，其他地方也就可想而知了：

> 远在二十余年前，楚雄各乡农户，即以蚕作事业为主要副业，参加是项事业之经营，几占全县农户之三分之一，曾盛极一时，然以技术不良，出品低劣，蚕户赚利甚微，养蚕兴趣减消，产量一落千丈。自抗战以来，政府提倡后方生产，复兴蚕业，力图外销生丝，以增加外汇。民国二十八年春，蚕桑推广部，设立于楚雄，着手指导养蚕工作，因人民已无养蚕兴趣，故困难甚多。为急谋事业之表现，乃以蚕病有药品治之为宣传，蚕农无知，不认蚕儿之事先防患，以病后有法治疗，乃兴高采烈，踊跃参加，大量饲育。后以人力财力之不敷，及桑叶之缺乏，以致折本甚大，收效极微，蚕农之第一印象，即大受打击，误解蚕桑合作人员，视如仇敌，永誓断育者有之，伐桑株而代薪楚者有之，于是蚕桑事业之前途，实深暗淡，困难潜伏。经推广部年来之苦心经营回心转意者，亦渐有其人，富行、推广部，及本会诸同仁，有见于此，乃商榷决以合作方式，挽此颓势，始指导组织蚕桑生产社十余所，由信用社代为推广栽桑五十余万株，每蚕桑社由推广部设一指导所，专以合作社为指导对象，富行助其资金，推广部指导

---

① 蒋君章编著：《战时西南经济问题》，正中书局1943年版，第98页。

其技术，本会督导其社业务之管理经营，全力配备，今岁春蚕，各社均达标准成绩，各村蚕户均悉合作力量，非比小可，申请指导者，络绎不绝，今后楚雄蚕桑事业之前途，实无限量也。[1]

即使有了农民的配合与支持，但蚕桑业是劳动密集型产业，需要大量的劳动力，而全面抗战期间农村劳动力严重不足，成为蚕桑业发展的一个制约因素。1937—1945年间，云南接纳了大批来自全国各地的难民，使一些地方的人口出现了较大的增长。如昆明"据二十五年（1936）至二十八年（1939）各年调查：二十五年之人口数为145440人，二十六年为142657人，并无若何变动。至二十七年，突增为205896人，二十八年仍为196962人，较前两年约增五分之二以上"[2]。但是，在战争中云南也损失了不少的人口，抗战八年间，云南人口其实总体上还是减少了。据云南省民政厅的统计，1938年全省共有10323881人[3]；而到1945年12月，全省共有9108094人，其中包括寄籍239482人[4]；抗战八年云南人口减少近100万。尽管全省60%以上的人口是农业人口[5]，但农业劳动力依然不足。何况，因为抗战对农村大量征调兵役、工役，进一步加剧了农业劳动力的不足。1939年，西南联大教授张印堂到滇西地区调查时即指出："滇省农工，向感不足，抗战以来，愈趋困难，例如禄丰一县，平时既为田多人少之地，向称富庶，原有人工不敷分配之苦。抗战后（至二十八年十月）共抽去壮丁一二〇〇余人，计每三十五户抽一丁，所抽出者，均系农作经验丰富之农民，致人工益感缺乏，而生产亦渐减少。如常此抽调，则影响愈大。此种现象不仅禄丰一县为然，滇

①唐登荣：《保证责任楚雄县刘家村蚕桑生产合作社》，载《云南合作》1941年第1卷第2期。
②云南省档案馆编：《近代云南人口史料（1909—1982）》第2辑，1987年，第70页。
③云南省志编纂委员会办公室：《续云南通志长编》中册，1986年，第135~143页。
④云南省档案馆编：《近代云南人口史料（1909—1982）》第2辑，1987年，第124~125页。
⑤张永帅：《近代云南的人口、土地、水利与农业发展》，载《文山学院学报》2014年第2期。

西各县，均莫不如是。"①到1942年止，云南全省在征调兵役后有22%的农户完全没有壮丁，因征调工役而完全失去壮丁的家庭有25%。②在此种情况下，又能有多少劳动力可投入到见效周期长、劳动力需求大的蚕桑业中呢？

此外，国民政府实行的蚕丝统制政策也不利于云南蚕桑业的发展。1934年2月19日，全国经济委员会成立桑蚕改良委员会，议决治标治本办法，而请行政院通令各省豁免蚕业一切苛捐杂税，对丝、蚕生产进行统制。丝业统制程序为：（1）派员四十余人，分赴育蚕各乡监督指导，一律用改良种；（2）限制各丝场商收茧办法；（3）规定收茧价格；（4）规定收茧商款项由统制机关代转向银行商借，如某茧行不遵守办法收茧，即通知银行停止付款。至于丝茧统制，分为两点：（1）注意出口，减轻成本，使对外易于成交；（2）改良出品，划一全国缫丝厂机器，使出货成色整齐。③实行统治政策"是为了偿债与统制外汇的需要"，本有其积极意义，但正如蒋君章所担心的那样，"蚕农的利益，仍然不能不顾到，如定价太低，则走私之风大炽，反而失去统制的意义"。④由于国民政府的统购价格过低，农民生产积极性普遍不高。况且，当时国民党政府统制机构虽然在后方各地设了一些办事机构作为其收购点，但一般仍是以中间商人为其收购对象，并未真正与农户直接发生联系，中间商人则将在低价统购方面所受的损失，以压低向农民收购价的方法作为补偿，严重损害了农民的经济利益，进一步打击了农民的生产积极性。因此造成丝产量减少，粗丝劣稠充斥市场无法销售之事时有发生，蚕农再受损

①张印堂：《滇西经济地理》，云南大学西南文化研究室1943年版，第34页。
②农村部农业促产委员会：《各省农村劳力征调概况》，1934年12月，第30~37页，转引自周天豹、凌承学主编《抗日战争时期西南经济发展概述》，西南师范大学出版社1988年版，第206~207页。
③章有义编：《中国近代农业史资料》第三辑，生活·读书·新知三联书店1957年版，第168页。
④蒋君章编著：《战时西南经济问题》，正中书局1943年版，第98页。

失，致使从事蚕桑业的农民趋于减少。①

其他，如资金与技术问题，也制约着全面抗战时期云南蚕桑业的发展。资金方面，尽管经政府和社会的多方努力，将一定的资金用于蚕桑业的推广，但战争期间，可筹集和使用的资金毕竟有限，只能主要用在试验与育种上；至于农户，往往因资金匮乏，又生产和生活成本受战争影响迅速增高，无力在蚕桑业上多事投入。为此，省建设厅也承认，云南蚕桑业因"农村经济变质，使事业推动不易，复以政府经费筹措困难，故收效未如理想"②。蒋君章认为，滇丝的发展，在技术上一是要处理"桑叶有办法"，二是要改良丝（茧）质。但迟至1940年前后，云南蚕桑业的生产还是很粗放，很少讲求技术，"所有桑树都不加剪裁，任其自然生长，往往有高及二丈以上者"，而且"桑树之成园者概为公有，私人所栽，都系零星，不占地亩，桑叶买卖，论株不论斤……茧质甚薄，蚕户对之甚少信仰……生丝均系土法缫制"。③而要在生产技术上有所改进，"蚕农新知识的灌输是必须的"，在技术上投入的资金和人力又是不能少的，前者是很难一时奏效的，后者又是现实条件所不具备的，因此，"出货既劣而不精，售价遂贱无利"的状况是全面抗战时期云南蚕桑业的基本写照。④

张肖梅认为，云南蚕桑长期不振"全为人事之不成，而非天时之不利"⑤。笔者以为，显然，以上"人事"因素是导致全面抗战时期云南蚕桑业发展有限的重要原因，但也不能说与"天时"即地理环境因素没有关系。

论者在谈及云南以桑养蚕的气候优势时，往往将气候只理解为"平

①周天豹、凌承学主编：《抗日战争时期西南经济发展概述》，西南师范大学出版社1988年版，第204~205页。
②"云南档案"77—9—808（八）卷。转引自李珪主编《云南近代经济史》，云南民族出版社1995年版，第431页。
③蒋君章编著：《战时西南经济问题》，正中书局1943年版，第89页。
④云南省志编纂委员会办公室：《续云南通志长编》下册，1986年，第313页。
⑤张肖梅编：《云南经济》，中国国民经济研究所，1942年，第A72页。

面"气候，殊不知云南省山区面积占总面积的 94%，高原立体气候特征鲜明，不同海拔的温度、湿度和光照差异大，桑树品种和家蚕品种在不同海拔表现完全不同。"杭嘉湖平原、两广、川渝盆地栽桑养蚕环境在大范围内温度、湿度和光照差异不大，如育成一个新的蚕、桑品种在杭嘉湖平原基本可以全面推广应用。云南省就不一样了，方圆几千米温度、湿度差别很大。这决定了在不同海拔要有合理的家蚕品种和桑树品种相配套，在不同的条件下要有相应的桑树品种和栽培密度及树形。"①因此，蚕、桑须"因地制宜"，进行差别化的推广，方可取得较大成效。这对于仅仅处于再起步阶段的全面抗战时期的云南蚕桑业而言，显然是要求过高了。

除此之外，不利于云南蚕桑业发展的地理条件还有湿度与温度的不调，即降水与干湿特征也是云南蚕桑业发展不利的自然因素：其一是年降雨量85%左右集中在 5—10月，故夏秋季在多雨地区湿度过大，对饲蚕不利；其二是降雨量少的干热河谷地区，夏秋季气温偏高，饲蚕也会受影响；其三是云南气候有"四季无寒暑，有雨便是冬"的现象，在温带和南亚热带蚕区，常会遭遇低温阴雨的危害，增加饲蚕难度。②凡此，当然也限制了云南蚕桑业的发展。昭通、嵩明的事例就很能说明这一点。民国《昭通县志》载其事曰：

> 养蚕之事，创自嫘祖，以供衣服及周，则后妃躬桑，民家亦于宅旁种桑，耕作之暇以养蚕。昭地自前清时，经长官提倡于东区五谷庙及黄竹林等地，栽植所有桑林，叶不肥硕，加以饲养无方，后由实业所于西门外菜园及府署后圃县厅内等偏树桑林，并设学堂练习养蚕，来办十余年，究以气候多寒，虽当暑月，一遇

---

①储一宁、冉瑞法：《浅谈云南蚕业的特殊性》，载《云南农业科技》2009年增刊。
②沈正伦、黎永谋、江亚、田梅惠：《云南蚕业发展的优势与机遇》，载《中国蚕业》2004年第2期。

北风回冷，蚕多僵病，鲜有成效，因此停止，故今公家私宅养蚕一事无可称述，盖亦气候之不宜也。[①]

民国《嵩明县志》则云：

嵩明县桑蚕一项，自清季锡制军良厉行禁烟，而欲以蚕桑代之，提倡督率不遗余力，曾由官处发给桑苗饬令各乡领栽，嵩明城辟有苗圃，由黄典史督导之宣统二年奉命办理，桑蚕学校委任高歆充校长，办事尚热心，试养家蚕成效欠佳，及民二县长李鸣盛开办山蚕传习所放山蚕，而以气候寒燥不甚适宜，至结茧时多病死，后遂停办，而桑树亦砍伐罄尽矣。[②]

总之，云南并非处处可以种桑养蚕，被论者视为优越的气候条件，因其"立体"特征增加了推广的难度。这当然是可以通过技术性手段加以克服的。如2002年后，云南抓住"东桑西移"蚕业大调整的机遇，大力改进和推广先进技术，至2012年，全省省、州（市）、县（市、区）乡（镇）四级蚕桑技术推广机构近250个，技术人员近千人；涉桑企业也有大量技术人员进村入户指导桑农栽桑养蚕，云南蚕业走上了规模化和产业化的发展道路，全省桑园面积达10万公顷，有蚕桑生产基地县55个，蚕桑生产总量已位居全国第五，成为国家重要的优质原料茧生产和高品质白厂丝加工基地。[③]但是，在抗战"战时"状况下，既不可能有后来这样的技术性手段，当然也就不会有蚕业的兴盛与繁荣。

---

① 《民国昭通县志稿》，凤凰出版社2009年影印版，第310~311页。
② 《民国嵩明县志》，凤凰出版社2009年影印版，第44页。
③ 罗坤、陈松主编：《云南省蚕桑产业政策研究》，中国农业科学技术出版社2014年版，第9页。

第五节　本章小结

云南蚕桑业虽然有着悠久的历史，但长期没有得到真正发展，从而使全面抗战时云南蚕桑业的推进基础薄弱。而论者多以为云南地理环境适宜于发展蚕桑业，窥诸云南地理环境的总体特征，应该说这种认识是正确的，因此，云南蚕桑业长期不兴，主要还是"人事"所致，非地理不宜。

抗战时期云南蚕桑业虽经大力推广，有了一定起色，但离计划相去甚远，很不尽如人意。有论者将此归咎为"政府当局并不是真心要发展地方经济，提高人民的生活水平"[1]，但以本章的研究来看，这显然是不够客观的。实际上，哪怕仅仅从满足抗战的需要出发，政府也都在不遗余力地进行后方的建设，而后方的建设必然促进边疆开发与云南地方经济的发展。由于后方建设的需要，推进和发展云南蚕桑业才受到了政府和社会的重视，从而为云南蚕桑业的发展提供了重要契机。而因为云南"宜于蚕桑区域之广"，人们普遍对云南蚕桑业的发展抱有希望，并认为须"从金融上技术上着手，凡新的设备、新的种子、新的知识技能，都尽是设法推广，以期由小规模而扩充到大规模，由一地方而普遍到各地方"，并"以充分的资金，便利的交通，新式的技术，来实现新的计画（划）"，[2]便可以实现云南蚕桑业的大发展。这也就是说，云南蚕桑业的发展，除了适宜的地理环境，还需满足资金、技术等条件，即便是在满足这些条件的情况下，也还得经历一个逐步推广的过程。何况，进一步具体分析云南的地理条件，以其高原立体气候特征突出之故，在云

---

[1] 余群：《晚清民国时期的云南蚕桑业》，载《铜仁职业技术学院学报》2008年第3期。
[2] 蒋君章编著：《战时西南经济问题》，正中书局1943年版，第98页。

南推广和发展蚕桑业面临着比江、浙等地区更为复杂的情况和更多的困难。从这个意义上讲，应将全面抗战时期云南蚕桑业的推进视作云南蚕桑业发展的一个特定阶段，而在如此短短数年的时间，又非和平年代，使云南蚕桑业有一定起色，大致也就是这个阶段所能做到的。

第六章

"大自然的恩赐　云南的特产"？
——全面抗战时期云南的木棉推广

第一节　从草棉到木棉：全面抗战前云南的植棉业

一、地理环境与草棉在云南推广的不理想

民国以前，云南很少有棉花（草棉）的种植，产棉地区不多，主要分布在温暖的河谷地带，"南至思普、临江、车里、五福、佛海、镇越、猛丁、麻栗坡、蒙自，西至腾永沿边燠热之区。内地如元谋、永北、宾川等濒金沙江流域"[①]。与此相应的则是产棉数量有限，"从前全省产出之花，不过数十万（斤）"[②]，所需棉花不得不主要从省外输入，"今滇棉之来源，多仰给于缅甸瓦城（名瓦花）与东京，自植之者进程尚缓"。所谓"既系舶来品，利权不免久溢"，"衣食之源，以能自给为要"，[③]因此，民国年间，政府极力推广种植棉花，先是在开远设立棉业试验场，继之则

---

①李春龙审订，李春龙、江燕点校：《新纂云南通志四》第六十二卷《物产考五》，云南人民出版社2007年版，第99页。

②章有义编：《中国近代农业史资料》第二辑，生活·读书·新知三联书店1957年版，第200页。

③李春龙审订，李春龙、江燕点校：《新纂云南通志四》第六十二卷《物产考五》，云南人民出版社2007年版，第99页。

有宾川、元谋、蒙自、华宁、屈溪、元江、弥渡等棉作试验场，引进和培育棉种，进行了试种。其中，1913、1914年间，"由实业司购买美棉籽五千镑，通州棉籽一万斤到省，分发宜棉各属播种"。1915年，"巡按使署复购美国花旗黑光棉籽三千镑，运滇分发"。1916、1917、1918三年，虽因"军事发生，库币奇绌"，但"植棉倡导不无停顿"。1919年，"先后由弥渡、元谋、宾川及缅甸，购获棉籽五百余斤，发饬宜棉各县播种"。1920年，"实业科就派员考查江苏南通实业之便，购买通产鸡脚长、阴沙、青茎、桠果等棉籽来滇，又由美商慎昌洋行代购美国棉籽分发"。[1]先后向各地共分发棉籽5次，涉及元谋、弥度、漾濞、永北、思茅、广南、元江、弥勒等60余县。政府推广棉业之不遗余力，由此可见一斑。

在政府极力推广之下，如表6.1所示，云南棉花种植面积和产量是有所增加的。但是，其增幅又是非常有限的，因为单位面积产量（即产额）没有提高，产量的增加只是种植面积扩大的结果。因此，政府虽然提倡有加，但终究还是没有多大起色，云南棉产不仅在全国几乎没有地位可言，而且"若与川黔桂诸省相较，则殊有逊色"。造成这种情况，究其根本原因，在于"滇省之气候于草棉种植，实不甚宜"。[2]

表6.1　1924—1945年云南棉花种植面积、产量及产额

年份	种植面积（千市亩）	产量（千市担）	产额（市斤/市亩）
1924—1929	359	113	31
1931	108	29	27
1932	100	26	26

①云南省志编纂委员会办公室：《续云南通志长编》下册，1986年，第292页。
②蒋君章：《西南经济地理》，商务印书馆1946年版，第74页。

续表

年份	种植面积（千市亩）	产量（千市担）	产额（市斤/市亩）
1933	99	23	23
1934	167	48	29
1935	157	54	34
1936	153	40	26
1937	133	33	25
1938	217	62	29
1939	274	61	22
1940	230	60	26
1941	232	62	27
1942	250	68	27
1943	263	60	23
1944	269	59	22
1945	305	67	22

资料来源：许道夫编：《中国近代农业生产及贸易统计资料》，上海人民出版社1983年版，第207页。

棉花为热带植物，一般产于北纬40°以南地区，而以三十七八度以南尤为适宜。棉花发芽时天气必须暖和，自萌芽以至成长需15—26℃的温度，摘心开花以后所需温度则更高。棉花需水不多，只要不是过于干燥便可成长。棉花的生长，如若春季湿冷，则妨碍整地下种；生长期间多雨，则妨碍中耕，徒茂枝叶，易遭病虫之害；成熟期多雨，则棉铃易于腐烂。故而，适当的高温，调和而不过多的雨量，以及晚秋多晴天则比较适宜棉花的生长。①很显然，就云南温度而言，各地几乎无不适宜棉花生长；但若论其四时降雨情形，则宜棉之地又非常有限，"虽云各属及视查报告尚未完毕，然云南宜棉之县，不过五十余处，产棉地不满四十县"②。只因大多地方"夏秋之交，雨水太多，棉桃不能开放以至于腐烂"③，"惟植棉株发生之期五、六月时，天气亢旱，遂至虫病蔓延，损伤甚大，而棉桃吐絮又复阴雨连绵，吐絮棉花，均遭损害"④。因此，总体来说，云南不适宜种植棉花。

除气候外，地形地貌对棉花的种植与推广也有影响。我国的主要产棉地区大多位于平原地区。如山东的产棉区，多位于黄河以北和沿河两岸的平原，泰山及黄河以南的山地丘陵地区则产棉较少。陕西省棉区主要位于关中、汉中以及陕北地势较高的地方，所以棉花产量不高。河北省和江苏省为产棉大省，二省几乎都是大平原。此外，山西省虽然地势较高，产棉地区则大多位于汾河流域的平坦地带。而"吾滇山国，虽不少断层坝子—平原，但较之长江黄河流域，沃野广袤，一望无际者，除思普沿边区域—九龙江十二版纳外，实不多见。环滇四境，既非产棉区域；而滇中山岭重沓，三迤异情，消息互滞，淘汰劣种，推广优种，自不若中原之利便。云南棉产减收，由于地理之限制者"⑤。且云南产棉的县份海拔在1000—2000米，地势较高，不光会影响棉花的开铃吐絮，还会增加棉铃的腐败概率。⑥

又，"棉作病害及虫害，较任何作物为多。防治驱除，手续均不简单。而况吾滇产棉之区，有酷暑而无严寒；病虫害之繁殖，得天独厚。滇中棉农，对于此道，素乏教养，任彼猖獗，归之天素。棉品退化，棉

①蒋君章：《西南经济地理》，商务印书馆1946年版，第69页。
②云南省志编纂委员会办公室：《续云南通志长编》下册，1986年，第301页。
③行政院农村复兴委员会编：《云南省农村调查》，商务印书馆1935年版，第47页。
④云南省志编纂委员会办公室：《续云南通志长编》下册，1986年，第295页。
⑤张服真：《云南棉产之改进》，载《云南建设月刊》1937年第1卷第4—5期合刊。
⑥张天放、孙方：《云南棉花增产之限度及其途径》，载《农业推广通讯》1943年第5卷第9期。

产减收，由于病虫害之猖獗者"①也。

徐南在全面抗战时期对我国后方十六个省份的棉花增产曾作过展望，他对云南地区的评价是："云南省全境多山，夏日气温不高，不适宜于棉作之生长，故仅沿金沙、澜沧、怒、元、南盘等江及其支流两岸，勉可种植，据估计此等宜棉地区仅占全省面积千分之三，仍以交通及瘴痢关系，多受限制；抗战期内，因政府之竭力提倡，人民之踊跃种植，二十八年全省棉田达二十七万亩，棉产六万担。"②其棉产量与当时所需的30万担棉花相比，相差甚远。一言以蔽之，近代云南草棉推广之不理想，乃云南地理环境使然。

二、历史与"偶遇"：云南木棉"再发现"?

（一）历史悠久的云南木棉

云南人以木棉为纺织原料的历史悠久，从文献看，至少可以追溯到汉晋时期。《后汉书·南蛮西南夷列传》载："哀牢人……知染采文绣，罽毲帛叠，兰干细布，织成文章如绫锦。有梧桐木华，绩以为布，幅广五尺，洁白不受垢污。"此"梧桐木"为一种多年生木本棉，可见云南棉纺织的历史至迟可追溯至东汉时期，所用原料则为木棉。晋代郭义恭在《吴录》中记述道："交州永昌木棉树，高过屋，有十余年不换者。实大如酒杯，中有绵如絮，色正白。破一实，得数斤，可以温絮及毛布。"③常璩《华阳国志》也载："永昌郡，古哀牢国……有梧桐木，其华柔如丝，民绩以为布，幅广五尺以还，洁白不受污，俗名曰桐华布。""云南郡，……亦出桐华布。"现云南保山、大理一带以木棉为原料，棉纺织业得到发展，到唐代时其纺织技术已可与中原媲美，《新

---

① 张服真：《云南棉产之改进》，载《云南建设月刊》1937年第1卷第4—5期合刊。
② 徐南：《我国后方棉花增产展望》，载《农业推广通讯》1944年第6卷第7期。
③《古今图书集成》卷三一二，转引自罗钰、钟秋《云南物质文化·纺织卷》，云南教育出版社2000年版，第67页。

唐书》载："时太和三年也，嵯巅乃悉众掩邛、戎、巂二州，陷之。入成都，止西郛十日，慰来居人，市不扰肆。将还，乃掠子女数万引而南……南诏自是工文织，与中国埒。"①棉布也成为当地人的主要衣料，樊绰《蛮书》就说："藩蛮种并不养蚕，唯收娑罗树子破其壳，其中白如柳絮。纫为丝，织为方幅，裁之为笼缎，男子妇女通服之。"②《本草纲目》引《南越志》也有相似的记载："南诏诸蛮不养蚕，惟收娑罗木子中白絮，纫为丝，织为幅。名娑罗笼段。"③宋人赵汝适《诸蕃志》记载："……吉贝数类小桑，萼类芙蓉，絮长半寸许，迈宛如鹅毳，有子数十，南人取其茸絮，以铁筋去其子，即以手握茸就纺，不烦绩绪，以之为布最坚，厚者谓之兜罗锦，次曰蕃布，次曰木棉，又次曰吉布，或染以杂色，异文炳然。幅有阔至五六尺者。"④云南虽为"外藩"，但木棉所产依然为中原士人所注意，这从一个侧面说明，直至宋代，云南部分地方的（木）棉纺织还是持续发展的。宋代以后书中关于木棉的记载便大为减少，个中缘由，可能是种植面积减少而渐鲜为人知。

云南木棉，有人以为其为外来者，如《新纂云南通志》就记载，木棉树"属锦葵科，一名白木棉树，或云大树棉花。见《思茅厅采访》云：'树高大，其花洁白，与产于中土者无二，夷人谓之暹花。'按：此花原产暹罗。纤维白长细润，即真正之木棉花也"⑤。而徐兴祥对云南的木棉（即桐华布）进行了详细的考证，得出了云南木棉不是攀枝花，也不是普通的草棉或美棉，而是云南特有的一种木本棉的结论。⑥

（二）云南木棉的"再发现"？

1918年，时任开远县实业局局长的傅毓南巡视西龙潭林场时，在吕

---

① 〔宋〕欧阳修、宋祁撰：《新唐书》，中华书局1975年版，第6282页。
② 〔唐〕樊绰撰，向达校注：《蛮书校注》，中华书局1962年版，第182页。
③ 〔明〕李时珍：《本草纲目》，山西科学技术出版社2014年版，第970页。
④ 〔明〕钱古训撰，江应樑校注：《百夷传校注》云南人民出版社1980年版，第94页。
⑤ 李春龙审订，李春龙、江燕点校：《新纂云南通志四》第六十一卷《物产考四》，云南人民出版社2007年版，第91页。
⑥ 徐兴祥：《云南木棉考》，载《云南民族学院学报》1988年第3期。

祖殿遗址下不经意间发现一根两尺高、大拇指粗的枝条，根据枝头上的杯形黄花、叶片和杯形花蕾，傅毓南断定它为棉花，于是返回实业局，指派工人陈朝顺早晚管理它。五月初，它开出几朵花，后来傅毓南收获了97粒棉籽。同年五月下旬，又将这97粒种子播种，到了八月底，长出了60余株高一尺的木棉。之后，傅毓南将它们移植到南黑龙潭的大路旁，结果活了整整40株。民国十一年（1922），云南实业厅在开远成立了第一棉业试验场，聘南通杨宣中任场长。在傅毓南带领杨宣中参观他的木棉后，杨宣中当即督促傅毓南除了将木棉籽种加入该试验场外，还迅速采取样品送到实业厅加以研究。傅毓南亲自用手摇轧花机，轧了五斤皮花，送到实业厅，实业厅将其送往上海大生纱厂试纺，结果可以纺出三十支以上的细纱，开创了云南原棉纺织记录的新纪元。①

根据冯泽芳的研究，云南原产木棉为联核木棉，"联核木棉在云南栽培之历史甚久，现今五六十岁之老翁均不能详其来源。华德氏一九〇七年之著作于G.braziliense之分布，即有中国在内，并有产量不丰之记载，亦可证明此棉在中国早已存在"。所以古代书籍中记载的木棉应该是联核木棉，而傅毓南发现的木棉则为离核木棉，其"来源已无从可考，但其他各县如蒙自、建水、石屏、元江、墨江、弥勒、宾川、路西、龙川等县的离核木棉，其年代均未有过二十年，大都为最近数年所传播"，这可能是"云南的回教徒在埃及留学，将埃及棉种带回，是一种多年生的埃及棉"。②离核木棉与联核木棉虽都属于多年生木本棉，但品种不同，不能将之简单地理解为历史的再发现。但时人多以为，历史上云南即有不少的木棉栽植，是"大自然的恩赐云南的特产"③，并将此作为在云南推广木棉的重要理由之一。

全面抗战时期，作为大后方，云南迁入大了批移民，人口大约有

① 石青农：《云南木棉的保姆傅毓南》，载《人物杂志》1948年第3卷第1期。
② 农林部棉产改进处编：《冯泽芳先生棉业论文选集》，中国棉业出版社1948年版，第95页。
③ 吕志毅：《木棉——大自然的恩赐云南的特产》，载《云南档案》2004年第1期。

1200万，年需原棉30万担，云南自产仅7万担，缺口很大。当时补充云南原棉短缺的办法有三：（1）陕西、四川、湖南等地的棉花经由贵阳输入。（2）由缅甸经腾冲输入印度棉纱。（3）由海防循滇越铁路输入棉纱。第三条路线因为运输工具为轮船和火车，运费低廉，第一及第二条路线为马驮或汽车运输，运价昂贵，所以棉货多由第三条路线输入。但是自从上海失守，滇越铁路不通后，运输成本最低的第三条线路也中断了。缅甸沦陷后，印度所产的棉纱来源断绝。所剩下的第一条路线，交通不便，成本太高，也不能保证源源不断的供应。[①]所以，不得不从云南本省寻求解决云南原棉短缺问题。而如前述，草棉在云南的推广很不尽如人意，于是，全面抗战时期，云南虽未放弃对草棉的推广，但将推广的重心放在了木棉上，"以推广土棉为先，外种新棉，须试验有效，方可推广"，并且"云南省特有的木棉研究与推广，打算今后以迤南为中心，大量种植"。[②]

第二节　积极推进又如何：全面抗战时期木棉在云南的种植与推广

正如有人主张的那样，"惟云南在草棉之生产上虽可退让一步，但对全国细绒原料之供给，则应负起责任，不容推卸……今后本省棉花增产方针，应绝对偏重木棉之增产"[③]，云南省政府决定自1938年起大量推广木棉。建设厅棉业处"指定繁种机关由开远农事试验场、思普区农

①张天放、孙方：《云南棉花增产之限度及其途径》，载《农业推广通讯》1943年第5卷第9期。

②张服真：《云南棉产之改进》，载《云南建设月刊》1937年第1卷第4—5期合刊。

③张天放、孙方：《云南棉花增产之限度及其途径》，载《农业推广通讯》1943年第5卷第9期。

场、建水棉业推广所负责，以供需求。推广范围暂定为思普区及沿滇越
铁路盘溪而下，以至个碧建水县，由各地农场、棉场、棉业推广所负责
办理"[①]。由此，各地木棉推广渐次展开。

一、推广机构

1938年，中央农业实验所副所长沈宗瀚在考察开远木棉后，以其生
长良好，主张建设西南长绒棉区。同年，中国银行农贷稽核张心一也到
开远考察，认为推广木棉大有可为，遂起草《木棉贷款办法》，并与云
南经济委员会主任兼富滇银行行长缪云台商议，得到缪云台的赞同。于
是，由富滇银行、中国银行、中国交通银行、中国农民银行共同组织
"云南木棉贷款银团"，以100万贷款扶助农民种植木棉，规定：凡种植
木棉贷款以熟地每亩国币10元，荒地贷款每亩国币12元为标准，第三
年开始还本归利，五年内按20%、30%和50%的比例摊还本利，如有必
要时可延长一年。[②]贷款银团的成立为云南木棉的推广提供了资金上的保
障，是全面抗战时期云南木棉推广的一项重要举措。1942年秋，木棉贷
款银团停止工作，其业务移交中国农民银行。

1938年12月，为指导木棉种植技术，扶持棉农经济，建设厅经济
委员会与中国农业银行、交通银行、富滇银行一再商洽，会同组织了云
南省木棉推广委员会，办理全省木棉推广事宜，以及植棉合作贷款等，[③]
推广力度和支持措施进一步加强。

1939年，云南省木棉推广委员会决定在迤南沿铁路各县进行推广，
为指导前方工作方便起见，按照《云南省木棉推广委委员会章程》第九
条之规定，于1940年在开远设立办事处，委任冯泽芳、张天放分别为

---

① 云南省棉业处：《云南省棉业处二十六年份工作报告》，1937年12月31日云南省档案馆
藏，档案号：1077-001-03912-005。
② 张天放：《云南之木棉贷款》，载《农业推广通讯》1944年第6卷第7期。
③ 罗群等：《云南省经济史》，山西经济出版社2016年版，第109页。

正、副主任，傅植为技士，张仿进为干事。其后又陆续成立建水、蒙自两个办事分处，委任杨钟璜为建水办事分处主任、王之翰为蒙自办事分处主任，分别负责两处植棉指导工作，薛佩方为干事兼顾蒙、建两县贷款事宜。石屏县则因种植木棉数量最少，没有成立办事分处，其推广工作，由建水分处兼顾。至于合作指导人员，则由各委会第一区专员办事处及开、蒙、建、石四县合作指导人员担任。①

1945年6月，为了统一管理和经营云南木棉事业，国民政府财政部、云南省政府及滇省商界三方代表共同组建了官商合办专营木棉的"特种股份有限公司"（后更名为"云南木棉股份有限公司"）。云南省政府主席龙云兼任董事长，总股本为法币2亿元，财政部占40%，云南省政府和滇商股各占30%。其主要业务有：设立示范、合作棉场；政府委托和商人自办运销棉花、纱布；设立纺织与漂染厂。②

以上机构的成立、调整与完善，足以说明政府对云南木棉推广的重视与积极。

二、推广措施

1.宣传动员

由于木棉种植在当时基本属于新生事物，推广种植须以宣传劝导为前置工作。因此，木棉推广委员会成立后，即进行木棉推广的宣传劝导工作，调集相关人员到各县成立木棉推广委员会，各推广委员会为使地方人民了解政府提倡木棉的详细办法，特与各县政府商定，召集宜种木棉区域的乡镇保长及地方各机关团体领袖，开提倡木棉宣传大会，分别详细说明种植木棉之利益及方法、垦荒办法、贷款办法等等。然后由工作人员分赴各宜棉乡村，普遍宣传，以期家喻户晓，群起种植。这是在

---

①杨天虎：《抗战时期云南木棉推广研究》，载《安徽农业科学》2013年第19期。
②吕志毅：《木棉——大自然的恩赐云南的特产》，载《云南档案》2004年第1期。

种植木棉以前的宣传工作。等到种植木棉初见成效之后，再组织农民参
观团，参观取得成效的木棉农场，由农场主详细说明栽培经过，以实取
法；并招待地方领袖人士，同往参观，以引起各界的重视。①

2.资金保障

云南木棉推广的资金主要来源于贷款，负责机构先是 1938 年成立
的云南木棉贷款银团，1942 年交由中国农民银行办理。贷款可以三种方
式申请：一是以农场名义申请，凡农民一人或数人（7 人以下）种植木棉
在 50 亩以上者称为农场，可推选一人为代表，单独请求贷款；二是以
合作社的名义申请，凡农民 7 人以上共同种植木棉者，不拘面积多少，
须组织木棉生产合作社，以合作名义请求贷款；三是以生产团名义申
请，各县新成立之互助社（尚未组织合作社者），如其中有 7 人以下共同
种植木棉者，须组织木棉生产团，以生产团名义请求贷款。②

3.土地优惠

如果在农民原有土地上种植木棉，势必与其他作物在土地利用上形
成竞争关系，难以调动农民种植木棉的积极性。为此，云南省木棉推广
委员会成立后，拟定了领荒种植木棉的办法，奖励各县农民领用荒地种
植木棉：凡"决心种植木棉者，认定无论公荒私荒，可向木棉会办事处
或办事分处登记请领。经木棉会查看合格者，即函请县政府公告，限期
一个月内，有地权纠纷者，或地主愿意自种者，速向政府申明解决。若
期内不做任何表示者，其地即归领种人利用。垦种 3 年后，始照纳十分
之一的地租于地主，但有永久利用之权。若地主不明者，当然无须地租
的缴纳。并且有木棉会会同县政府发给临时准垦证书，以为凭据。向农
民银行贷款时，可以充为抵押品。到相当时期，由木棉会汇呈省府，换
取正式领垦证书，为永存的证据"③。

---

①杨天虎：《抗战时期云南木棉推广研究》，载《安徽农业科学》2013年第19期。
②张天放、孙方：《云南棉花增产之限度及其途径》，载《农业推广通讯》1943年第5卷
第9期。
③张天放：《云南木棉推广事业的过去现在与将来》，载《云南建设》1945年第1期。

4.技术支持

自1939年起，中央农业试验所在开远设立工作站，从事木棉栽培研究工作，并为木棉推广做技术上的指导。[1]1944年，开远棉业试验场举办木棉推广技术人员训练班，时间为三个月，目的是使技术人员认识了解木棉一切有关知识，以为日后从事推广工作做准备。训练重点包括认识木棉形态、了解木棉的耕作与推广方法、病虫害及防治、木棉在开远的情形、研究木棉。[2]训练班为云南木棉的推广培训了一批急需的技术人才。技术人员定期或不定期到田间进行木棉的病虫害防治与指导工作，并参与具体的工作，如有部分农场发生蚜虫病害，中农所技术人员会代为喷洒农药。[3]

5.调查督导

为了扩大木棉种植面积，除对全省适宜种植木棉的地区进行调查，以明确下一步推广的方向外，为了确保推广的落实，种植木棉的农户，自挖穴下种至年底，植棉指导员时时前往调查及指导，例如除草、施肥及间苗工作，均时时督促；在每期贷款之前，银团干事必亲至各处调查一次，以考核借款是否用于种棉之正当用途。[4]

以上举措具有较强的针对性，形成了一个相对完整的体系，应该可以为全面抗战时期云南的木棉推广事业起到积极作用。

三、推广过程及效果

1938年，冯泽芳被中央农业实验所任命为云南省工作站主任，率奚元龄、陈仁在开远建立了木棉实验场，研究木棉的推广计划，采集木棉

---

①杨天虎：《抗战时期云南木棉推广研究》，载《安徽农业科学》2013年第19期。
②云南省建设厅棉业处：《云南省建设厅棉业处关于报棉作人员训练班总报告事给云南省建设厅厅长的呈》，1944年2月8日云南省档案馆藏，档案号：1077-001-03912-080。
③杨天虎：《抗战时期云南木棉推广研究》，载《安徽农业科学》2013年第19期。
④杨天虎：《抗战时期云南木棉推广研究》，载《安徽农业科学》2013年第19期。

样品30余个，在木棉场进行品种比较试验。[①]与此同时，棉业处在全省展开调查，看哪些区域适宜木棉种植，向棉农散发棉籽种植。如调查建水县"宜植木棉区域共1699亩，棉业处下发木棉籽种两公斤，经散发各棉农种植，生长情况尚良好"，认为"建水气候温和，且荒旱的地方多，非常适合宿根性的木棉"，因此"建水推广所备有大量籽种，除试验外积极宣传推广。同年发出木棉籽十斤于各地，发育良好。并对木棉进行栽培试验"。[②]

1939年，云南省木棉推广委员会原定开远、蒙自、建水、石屏、弥勒、建水、元江、墨江七县为推广区域。但在调查后认为，"第一年仅能先就开远、蒙自、建水三县推行，因该三县早年即有木棉之栽培，土壤气候均甚适宜。曾有相当表证，一般农民对于此种作物大都耳闻目观，认识者多，推广自较他县为易……该（开远）县木棉零碎种植……一年生以至二十余年生者"，各地种植总计六千余株，外加一百三十余亩。蒙自县五千余亩。建水县有数十株，外加南城五亩[③]。1940年，云南省棉业处计划在该年扩大木棉的推广，如表6.2所示，涉及华宁、蒙自、建水等11个县，拟推广面积11500亩；推广重点为蒙自、建水及开远一带，三县各拟推广3000亩，约占推广总数的80%。

表6.2　1940年云南省棉业处拟推广木棉亩积

县别	种棉亩积	县别	种棉亩积	县别	种棉亩积
华宁	100	曲溪	100	巧家	600
蒙自	3000	元江	200	永善	600

①杨军、戴江：《云南木棉的前世今生》，载《今日民族》2019年第6期。
②云南省棉业处：《云南省棉业处二十七年份工作报告》，1938年12月31日云南省档案馆藏，档案号：1077-001-03912-007。
③张天放：《木棉区域情况报告》，载《云南棉讯》1939年第6期。

续表

县别	种棉亩积	县别	种棉亩积	县别	种棉亩积
建水	3000	石屏	100	永胜	500
开远	3000	文山	300	合计	11500

资料来源： 云南省棉业处：《云南省棉业处三十年度计划纲要》，1938年12月31日云南省档案馆藏，档案号：1077-001-03912-007。

    为使推广见实效，各推广委员会开展了进一步的相关考察、调查工作，并到各地进行技术指导。1941年5月，云南省棉业处木棉推广委员会派推广员赴阿龙古勘察拟植木棉场地，到旧寨禄丰等乡指导农民间苗、中耕及除草，赴蒙自县发放第二、三期贷款。同年，棉业处派推广员对开远县、蒙自县多个村进行木棉的视察，督办施肥、除草、中耕及病虫害的防治，并在9月至12月进行了木棉的荒地种植试验。[①]1942年1至3月，开远木棉推广委员会为登记拟种木棉农场并勘察拟种木棉之地，视察木棉生长情形，并督导施肥、中耕、除草，准备开木棉展览会，发放木棉贷款，收购木棉籽[②]。5月，木棉推广委员会为指导木棉推广，开展了木棉运销、木棉贷款、记录气象等工作[③]。

    经过两年多的推广，尤其是在迤南各县的积极倡导，如表6.3所示，截至1942年10月，全省共计推广213户、8124亩，但未达到1940年的拟推广之数，推广效果并不理想；推广相对较多的是开远、蒙自、建水三县，尤其是开远，推广户数和亩数均占全省推广总数的一半以上。

---

①云南省棉业处：《云南省棉业处民国三十年度五月份至八月份工作报告》，1941年10月21日云南省档案馆藏，档案号：1077-001-03912-020。

②云南省棉业处：《云南省棉业处民国三十一年度一至三月份工作月报》，1942年4月21日云南省档案馆藏，档案号：1077-001-03912-025。

③云南省棉业处：《云南省棉业处民国三十一年度五月份工作月报给云南省建设厅的呈》，1942年7月25日云南省档案馆藏，档案号：1077-001-03912-027。

表6.3　1942年云南全省木棉推广情况一览表

县名	推广户数	推广亩积	县名	推广户数	推广亩积
开远	121	4706	马关	5	100
蒙自	50	1598	华宁	2	50
建水	23	1390	文山	5	50
石屏	2	120	屏边	1	10
弥渡	4	100	总计	213	8124

资料来源：云南省建设厅棉麻改进所：《云南省建设厅棉麻改进所民国三十一年度工作总报告》，1942年12月31日云南省档案馆藏，档案号：1077-001-03912-001。

　　1943年，宾川棉作试验场对木棉进行试种试验，但是草棉生长良好的牛井地区附近，冬季过于寒冷，木棉不能过冬，因此在宾川地区推广木棉失败。该年，滇南区推广木棉12496亩，其中开远6150亩、蒙自3341亩、建水2105亩、弥勒900亩，其他县区760亩，包括思普沿边400亩，镇康、耿马150亩，缅宁50亩，昌宁100亩，永胜60亩，合计推广木棉13256亩[①]。

　　1945年6月，为了统一管理和经营云南木棉事业，国民政府财政部、云南省政府及滇省商界三方代表共同组建了官商合办专营木棉的"特种股份有限公司"（后更名为"云南木棉股份有限公司"）。其属下的开远与文山棉场的木棉种杂交试验成功，使木棉纤维长度增加了2寸，可使纺纱质量进一步提高。[②]

---

　　①云南省建设厅：《云南省建设厅关于呈请核发民国三十二年度棉花增产费尾数一案给棉业处的指令》，1943年3月15日云南省档案馆藏，档案号：1077-001-03912-026。原文中合计数据有误，此为改正后数据。
　　②吕志毅：《木棉——大自然的恩赐云南的特产》，载《云南档案》2004年第1期。

在推广七八年后，至1945年，"云南全省皮棉产量361567市斤，全省共植草棉171862亩，木棉60341亩"，效果较为明显；产棉地区也有了较大扩展，"草木棉总计232103亩，棉区范围包括宾川、弥渡、开远、蒙自、元谋等七十二县区"。①但是，尽管"木棉在云南分布的区域很广，迤南的开远、蒙自、元江等县，皆有木棉，最南处达车里及沿南边界一带。迤西之龙陵、宾川，迤北之元谋、永善，迤东之广南、文山等县，都有木棉生长"②，然而多只是零星栽植，甚或为野生而已，"而木棉则无不边地野生，俯拾即是"③，全省木棉推广区域还是集中于开远、蒙自、建水等滇南县区。

由于木棉产出量较多的县区数量有限，虽经相关各方持续推进，但全省产出总量增长不太明显。即便是在抗战胜利后，"云南省政府鉴于棉花缺乏，对于草棉木棉有极力倡导之必要"，以空前的力度与措施进行推进。如高位配置棉业推广机构，"（1947年3月）由建设厅召集有关机关筹商推广，将云南省木棉推广委员会改组为云南省棉业推广委员会，由建设厅长任主任委员，内设总务、木棉、草棉三组，总揽一切推广事宜，订定计划进行"，派专业人员进行指导、宣传，提供资金支持和税收优惠等多措并举，"云南省棉业推广委员会派推广人员下乡进行宣传，散发优良棉籽九百公斤，介绍贷款，办理销荒种棉及棉场登记。为防止棉花偷窃，实行凭证售花，豁免木棉地税等"。④如表6.4、表6.5所示，数量上的变化也终究未能改变云南木棉的分布格局，在地区分布上扩展不大，以开远为重心，依然集中于滇南地区。

---

①云南省建设厅：《云南省建设厅关于报云南全省共植草棉木棉面积等情一案给农林部的呈》，1945年2月26日云南省档案馆藏，档案号：1077-001-03922-080。

②姚钟秀：《中国木棉推广区域之探讨》，载《农业推广通讯》1944年第6卷第7期。

③林文勋主编：《民国时期云南边疆开发方案汇编》，云南人民出版社2013年版，第98页。

④云南省棉业推广委员会：《云南省棉业推广委员会民国三十六年度工作报告》，1947年12月31日云南省档案馆藏，档案号：1077-001-03912-001。

表6.4　1947年云南各县区旧有木棉场统计表

地区	棉场数	棉株数	种植亩积
开远	186	1325180	14309
路南	4	830	12.5
弥勒	35	164840	2406
倘甸	31	44000	552
缅甸冲	44	38900	447
建水	35	43420	734
蒙自	12	28610	585
个旧	7	8700	152
共计	354	1654480	19197.5

资料来源: 云南省棉业推广委员会:《云南省棉业推广委员会民国三十六年度工作报告》,1947年12月31日云南省档案馆藏,档案号:1077-001-03912-001。

表6.5　1947年云南省各县区新增木棉统计表

地区	棉场数	棉株数	种植亩积
开远	147	261170	2652.3
华宁	23	283181	2890.3
倘甸	36	32000	304
共计	206	576351	5846.6

资料来源: 云南省棉业推广委员会:《云南省棉业推广委员会民国三十六年度工作报告》,1947年12月31日云南省档案馆藏,档案号:1077-001-03912-001。

如表6.6所示，云南省木棉推广委员会曾计划至1948年时，将全省的木棉种植面积增至46.5万亩，加上原有的1.5万亩，使云南省木棉种植面积总数达48万亩以上，预计可产木棉皮花20万担左右。[1]

表6.6　1943—1948年云南省木棉推广委员会拟推广木棉一览表[2]

地区 年度	滇南区	滇东南区	思普沿边区	滇西区	金沙江沿边区	合计
1943年	2万亩	0.1万亩	—	—	—	2.1万亩
1944年	3万亩	0.5万亩	0.1万亩	0.1万亩	0.1万亩	3.8万亩
1945年	4万亩	1万亩	0.5万亩	0.5万亩	0.3万亩	6.3万亩
1946年	5万亩	1万亩	1万亩	1万亩		8.4万亩
1947年	5万亩	0.5万亩	3万亩	1.5万亩	—	10.6万亩
1948年	5万亩	3万亩	3.5万亩	3万亩		15.3万亩
合计	24万亩	6.1万亩	8.1万亩	6.1万亩	—	46.5万亩

资料来源：吕志毅：《木棉——大自然的恩赐云南的特产》，载《云南档案》2004年第1期。

但实际上，各年推广面积与计划相去甚远。到1947年，木棉的推广达到顶峰，总亩数为7万亩[3]，仅为计划推广面积的1/6。由表6.6可以看出，推广委员会虽计划将推广重点放在滇南区，但也涉及滇东南区、普思沿边区、滇西区、金沙江沿边区等其他四个区域，但实际推广中，如前所述，所涉地区几乎全部集中于滇南区，这或许正是实际与计划相去甚远的原因。而这也从一个侧面反映出，木棉的推广实际上并没有真正

---

[1] 吕志毅：《木棉——大自然的恩赐云南的特产》，载《云南档案》2004年第1期。
[2] 表中各年、各区数据之和与合计数据多不吻合，原表如此，疑有误，特说明。
[3] 李珪主编：《云南近代经济史》，云南民族出版社1995年版，第430页。

从空间上拓展开来，推广效果并不理想。

总之，全面抗战时期云南木棉的推广，有相对健全的组织机构，有一整套切实的推广办法，进行了持续、积极的推广，但推广效果与预计（计划）目标相去甚远。尽管有人说"虽然远未完成推广计划……但从1937年的2000多株木棉发展成为7万亩，确也不易"[1]，但推广效果并不理想确是不争的事实。

第三节　"悖论"何解：全面抗战时期云南木棉推广成绩再检视

曾玉珊引用相关资料和数据，认为云南的木棉推广取得了良好的经济效益：

> 1938—1942年间，去掉推广费用及农家成本，国家总收益为233764余元，而木棉一次种植后，数十年不衰，农民获利逐年增进。开远王记农场，种植70亩，据1939—1942年统计，前两年去掉种植成本后因未收获略亏，1941年正常收获后盈余5873元，1942年达到丰产，盈余20098余元，4年总计盈余25121元，亩平均盈余2000多元。开远可记农场，种植54亩，1941年盈余5315元，1942年达到丰产，盈余12296余元，总计16478元。根据开远木棉推广委员会农情调查，1943年度木棉每亩生产成本与收入如下：一年生木棉生产成本最高，除开支外尚可获纯利1780元；二年生木棉与花生间作，每亩成本1740元，收入4600元，纯利2860元；三年生木棉无间作，每亩成本1000元，收入5400

---

[1] 李珪主编：《云南近代经济史》，云南民族出版社1995年版，第430页。

元，纯利 4000 元；四年生木棉每亩成本 1600 元，收入 7000 元，纯利 5400 元。[①]

并认为：

> 云南木棉推广委员会自 1939 年开始推广木棉，至 1947 年云南人民企业公司成立，接受云南木棉公司"共 35000 株，内新植者 17000 株……共产棉约 15300 余磅"。全省木棉种植面积达万余亩，为历史上最高。虽然远未完成推广计划（冯泽芳曾预计五年之内达万亩以上），但从 1937 年的 2000 多株木棉发展成为 7 万亩，确也不易，反映了抗战期间经济作物发展的艰辛。同时，它又为云南的植棉开辟了一条新途径。我国广东、广西和海南岛均不乏种植木棉的环境（气候温和、凡冬季无霜雪之处），木棉在云南推广成功将会对于在这些地区种植木棉起到一定示范作用。[②]

以上认识，不能说没有道理，毕竟一方面木棉种植面积有了数万亩的增加量，另一方面木棉种植实现了数万元的收益。但是，以上认识又存在明显的不足：其一，说云南木棉推广取得了良好的经济效益，而实际上仅就开远的情形而言，有以偏概全之嫌；其二，看到了木棉种植数量增加的事实，但没有从推广的目标和结果的契合度上看到该增加的限度，而一味地对数量的增加进行简单的、看似"了解之同情"的肯定；其三，云南木棉推广的示范作用只是一种推论而非事实。

正如曾玉珊所指出的那样，"木棉推广工作，开远最为积极"，"1942 年以后，开远的农民及机关团体、军队掀起了种植木棉的高潮，

---

①曾玉珊、王思明：《冯泽芳与抗战时期的后方棉产改进》，载《安徽史学》2013 年第 2 期。
②曾玉珊：《冯泽芳与中国现代棉业改进研究》，南京农业大学 2012 年博士学位论文。

推广到5万余亩"。[1]而据统计，云南全省木棉的推广面积1940年为2040亩，1944年为29400亩，1947年为70500亩[2]，开远一地的种植面积几占全省种植面积的70%。以推广最为积极、效益最为明显的开远为代表，认为云南木棉推广成绩显著、取得了良好的经济效益，就如同以一个班成绩最好的个别学生来说这个班的成绩是很好的，存在的问题显而易见。何况，云南木棉推广工作的重心在开远，云南省木棉推广委员会设在开远，云南木棉公司在开远设有大规模的示范场，中央农业实验所、云南建设厅在开远设有木棉试验场[3]，木棉推广，开远在管理、物资、技术等方面的优势是其他地方不可比拟的；而"裕滇"和"云南"两个纺织厂在开远开办"裕云木棉厂"，云南木棉公司也办起了木棉厂，[4]则在很大程度上为开远的木棉种植解决了销路问题。因此，开远的木棉推广不能代表云南的木棉推广，自不待言，此其一。其二，云南木棉发现于开远，早在全面抗战前在开远就已有一定数量的种植，而在经过七八年的推广后，也还是集中于开远，在全省没有真正拓展开来，其产出不仅难以做到"解决本省民众衣被问题"，更与"90%的木棉长在荒地上，许多童山，亦长到山腰，所以推广木棉，不特可以建设西南长绒棉区，而且兼有垦荒造林两大功效"，[5]"但对于全国细绒原料之供给，则应负起责任，不容推卸"[6]之目标相去太远。在此种情况下，要说云南木棉推广获得了成功的话，显然不够客观。因为就一般而言，说一件事成功了，即使目标与结果不是完全契合，也不能是相去太远。其三，要说云南木棉推广对广东、广西、海南等地产生示范效应，不符合后来的事实，更

---

①曾玉珊：《冯泽芳与中国现代棉业改进研究》，南京农业大学2012年博士学位论文。

②孙君灵：《一个种植90余年的地方品种——开远木棉》，载《植物遗传资源学报》2009年第2期。

③曾玉珊：《冯泽芳与中国现代棉业改进研究》，南京农业大学2012年博士学位论文。

④冯泽芳：《云南木棉事业之开创与进展》，载《中国棉讯》1948年第2卷第9期。

⑤于绍杰：《云南木棉推广的初步成效》，载《农业推广通讯》1941年第3卷第9期。

⑥张天放、孙方：《云南棉花增产之限度及其途径》，载《农业推广通讯》1943年第5卷第9期。

何况云南木棉在开远一度又经历了从"绝迹"到再发现的过程，何谈对其他地方产生示范效应？自 1955 年"开远木棉停止种植后，政府不再安排木棉的生产、收购计划，加上'大跃进'、人民公社时的计划经济，开远木棉一下子销声匿迹了"，后于"2006 年冬，开远市生物资源开发创新办公室工作人员李剑伟，在新农村建设考察调查时，惊喜地发现冷水沟、木花果等村个别农户的屋角旁、篱笆上长有'野生'的木棉……之后，李剑伟等人又多次深入到一些偏僻村寨和荒坡找幸存木棉，在一些老农的帮助下，又先后在牛街庄、家兴寨、长虹桥等村的荒山、荒坡上发现了幸存的开远木棉，共计 20 余株"。[1] 很显然，从推论而不是实施来论云南木棉推广的示范作用，并以此作为"云南木棉推广的成绩"[2] 之一，显然是站不住脚的。

那么，时人对云南木棉推广抱有极大的信心，以及当事人对云南木棉推广工作的肯定，又该如何理解呢？

时人之所以对云南木棉推广抱有极大的信心，不外乎以下几个方面的原因：

一是云南推广的木棉发现于云南开远，而且在政府力图全面推广前已在开远种植多年，效果良好，"且在云南开远一带，经过二十年的试种，生长强旺，收成甚佳。故云南应为我国供给埃及长绒棉之最有望区域"[3]。且其品质比较优势明显，"考察西南各省棉花，贵州余庆中棉绒长 24.6 毫米为最长；西康会理木棉纤维长度 25.8 毫米；甘肃文县美棉纤维长度 23 毫米；四川德字棉絮长 36 毫米为最长；云南开远木棉绒长 36 毫米"[4]，开远木棉"纤维长度平均为 30 毫米，最长达 36 毫米，衣分平均

---

[1] 孙君灵：《一个种植 90 余年的地方品种——开远木棉》，载《植物遗传资源学报》2009 年第 2 期。
[2] 曾玉珊：《冯泽芳与中国现代棉业改进研究》，南京农业大学 2012 年博士学位论文。
[3] 冯泽芳、张天放：《一年来之云南省木棉推广事业》，载《农报》1940 年第 5 卷第 13—15 合期。
[4] 国立中央大学农学院棉作研究室编：《西南各省棉花品质性与手纺关系之鉴定及棉区考察记》，载《农业推广通讯》1940 年第 2 卷第 1 期。

为30%，最大为38%"①，"为国内唯一细纱原料"②，被认为是适合于本土生长的优良棉花品种。此番认识，大致可以概括为：云南木棉既然在云南发现，当宜于在云南推广，而其品质优良，更应大力推广。但是，以上所说的云南木棉优点即便完全客观，但也还应考虑到，此所谓云南木棉所具有更高的经济价值实为开远木棉试验场所产木棉的体现。我们知道，不能简单地将试验场与推广地等同，推广的产出一般都会低于试验场（试验田）的产出，这是常识。因此，从推广的角度看，对云南木棉种种优点的认识，须打一定的折扣，或才会与推广的实际效果比较相符。遗憾的是，时人并没有真正看到这一点，从而使全面抗战时期云南木棉的推广带有了一定程度的理想化色彩。

二是根据1939年省棉业处的统计，云南全省共有棉田50612亩，③而全省约有1200万人口，若以每人每年消耗棉花2.5斤计，则全年需棉30万担，而自产棉不过7万担，尚缺23万担需仰省外输入。④而受战争的影响，如前所述，通过从外输入解决云南的棉花需求变得越来越困难，又加之草棉的推广不尽如人意，在此背景下，开远木棉的优势又进一步为专家所肯定，"木棉系在抗战中掘发出来的宝贝，为东亚独特的细纱原料，能补世界长绒棉之不足。历经中外棉纺专家的考察与研究，均有良好的称誉和期许"⑤，从而使人很容易将云南木棉推广的前景放大。

三是木棉的推广除了战时对棉花的急需外，对云南木棉推广抱有信心者，在一定程度上是将其当作一项长期的事业来看待的，如果经费、技术、管理到位，经过长期的品种改良、更新与积极推广，或有可能收到良好的推广效果。但实际上，既然云南木棉的真正推广在很大程度上

---

① 冯泽芳、徐季吾：《本所云南工作站三年来工作概况》，载《农报》1941年第6卷第22—24合期。

② 彭绍光：《云南之木棉事业》，载《农报》1945年第10卷第19—27合期。

③ 林风：《云南省的木棉推广》，载《农业推广通讯》1940年第2卷第5期。

④ 彭绍光：《云南之木棉事业》，载《农报》1945年第10卷第19—27合期。

⑤ 张天放：《木棉小丛书序》，见《木棉栽培法》，中南出版社1948年版，转引自曾玉珊《冯泽芳与中国现代棉业改进研究》，南京农业大学2012年博士学位论文。

是战争影响的结果，那么，云南木棉推广的结果，也必然受到战争的影响，当战争的走向及其由此而来的时局和社会环境发生了变化，则云南木棉推广的"时需"在很大程度上也就不存在了，而这是时人没有充分预见到的。

最后，当事人对云南木棉工作在当时或事后的肯定，我们要充分考虑到其作为"当事人"的身份以及其在发表相关言说的场合和语境。如冯泽芳的学生和助手俞启德在《冯泽芳先生棉业论文选集》的编后记中写道："照目前的情形计算，（木棉的出产）比国民政府支出的全年农林经费还多出1/3。"[1]这句话语焉不详，国民政府哪一年的农林经费，估算的木棉年生产价值又具体指的是哪一年的，都没有交代清楚。若简单地以当事人说当时事而定其为可信，而将此话作为云南木棉推广成绩的论说根据[2]，显然不够谨慎，而应将其理解为作为当事人，又以学生身份评判自己老师主持的木棉推广工作时，是有意将其拔高而信手拈来的一个注脚。

综上，我们认为，全面抗战时期云南木棉的推广，在预想和结果上形成了巨大的偏差，其推广在总体上是失败的。当时的人们之所以对云南木棉的推广信心十足，更多的是当时"急需"的社会环境使人们对棉业推广理想化，放大了棉业推广前景的结果；而当战争所带来的"急需"因素因战争形势的变化而不再成为紧要"问题"时，木棉推广的必要性在很大程度上便不复存在了，木棉的推广也便随之落幕了。

---

[1]农林部棉产改进处：《冯泽芳先生棉业论文选集》，中国棉业出版社1948年版，第144页。
[2]曾玉珊：《冯泽芳与中国现代棉业改进研究》，南京农业大学2012年博士学位论文。

第四节　难堪大任：全面抗战时期云南木棉推广失败的缘由

一、相对的优势?

　　木棉之所以被时人看好而在全面抗战时期被大力推广，很重要的一个原因是相对于草棉，木棉与云南地理环境的契合度更高：

　　就地形而言，云南地形以山地、高原为主，山地、高原占全省总面积的94%。[①]种植草棉需要平地，而木棉则不需要，山坡、墓地间隙、田边和屋角等一切荒地，只要上层土壤有一定深度，都可以种植，也不与水稻和甘蔗等作物竞争。[②]而且由于地势较高，气压低，相对湿度就比较低。湿度小，水分蒸发就比较容易，棉铃容易干燥，容易成熟。[③]

　　降水方面，草棉种植需在清明节之前，但是清明时期是云南的旱季，播种时需要灌溉，而木棉则不然，自雨季开始至立秋以前，都可以下种。而根据实验记载，"木棉第一次生长自三月起开花，至四月而极盛，五月而衰落。第二期开花自九月开始，十月而极盛，十二月而衰竭。至于吐絮，第一次吐絮自五月开始，六月极盛，至七月衰竭。第二次吐絮自十一月开始，十二月为极盛，至二月衰竭"[④]。云南的雨季为每年五月至十月，木棉的开花与吐絮受雨季的影响较小。

　　温度方面，滇南地区冬季温度较高，木棉可以经冬不凋，由一年生变为多年生，可以免除每年播种之劳，而且一经播种至少可以生存20年，在此期间，不用担心种子退化，推广时也省去了管理换种的麻

---

①王声跃主编：《云南地理》，云南民族出版社2002年版，第34页。
②冯泽芳：《云南木棉之研究及推广》，载《教育与科学》1938年第7期。
③彭绍光：《云南之木棉事业》，载《农报》1945年第10卷第19—27合期。
④冯泽芳：《云南木棉之研究及推广》，载《教育与科学》1938年第7期。

烦。^①迤南一带的气候较北部更为温暖。以蒙自县的草坝为例，全年平均温度为20.7℃，在木棉生长第一周期开花期的温度为21.7℃，吐絮期为24.2℃；第二周期的开花期平均温度为20.8℃，吐絮期为15.9℃，全年无夏季，春秋两季长达320天，冬季仅45日，没有霜害，虽然有霜，但是轻而短。^②除极端天气外，较高的温度足以保障木棉的生长及越冬。

从以上任何一方面看，就环境而言，木棉的确比草棉有着更大的优势。但实际上，以上地理要素不是单一而是综合地起作用的，是相互影响和制约的。在云南推广木棉是否具有更为有利的环境条件，不能仅以单一的地理要素而论，而应将相关地理要素综合，才能得出相对客观、准确的结论。

第一，木棉的种植虽对地形没有特别的要求，但对温度有要求，只有温度适宜的地区，无论其地形如何，大致都可以种植木棉，这就大大缩小了木棉在云南可以种植的区域范围。因此，云南木棉可以推广的最大空间，当以相应的温度为限，不能以地形的不受限制而"无限"放大。前引1943年在宾川地区推广木棉失败之事就已经充分说明了这一点。当时将木棉推广的重点放在滇南，"云南省特有的木棉研究与推广，打算今后以迤南为中心，大量种植"^③，以及推广成效以开远最明显，在一定程度上，这都是以温度为主导的"环境性"制约的结果。全面抗战时期，云南木棉经数年的推广，为什么没有真正从空间上拓展开来，而是集中于滇南一隅甚至开远一地，很大程度上也是这个原因造成的。

第二，一年两次收获是木棉相对于草棉的一大优势，而其前提是木棉的开花与吐絮可以避开云南的雨季，如受到雨季影响，质量和产量自然也受到影响。云南雨季一般在5月至10月间，木棉的两次开花与吐絮，均与雨季有一定的重合，尤其是第二期开花"十月而极盛"受降雨

① 《云南木棉之优劣点及其推广改进方针》，载《中农所简讯》1938年第5期。
② 彭绍光：《云南之木棉事业》，载《农报》1945年第10卷第19—27合期。
③ 张服真：《云南棉产之改进》，载《云南建设月刊》，1937年第1卷第4—5期合刊。

影响尤大，影响木棉二次收获的质量和产量，为人所津津乐道的木棉比草棉具有更高产量的优势则因此而大打折扣。

第三，木棉生长虽然"不择土宜"，对地形没有要求，但土壤好坏、肥力如何也会对产量产生影响。华兴鼐在考察开远木棉时就发现："现在开远木棉，一般的产量，每亩很少能超过一百斤籽棉，此中原因，并非完全由于气候的不宜。开远的木棉，大多种于丘陵地上，土质贫瘠，就是种植任何的作物，都不易丰收。云南以交通的困难，肥料供应非易，严重的地力问题，很难解决。在开远北郊的警察局前的厕所旁，有一棵木棉树，生长至今，近二十余年，一棵的收量，平均有六斤籽花，最高时可达十斤。如以此推算每亩产量，可达三百斤籽花。这棵木棉能有如此的丰收，不能不归功于肥力的充分。"[1]换句话说，如果不考虑产出量，只关心是否可以栽植，从而以为在山坡、墓地间隙、田边和屋角等一切荒地，只要上层土壤有一定深度，木棉都可以种植，那就背离了木棉推广的初衷。

第四，木棉系多年生植物，可"一年种植，数十年收利"[2]是其一大优势，但前提是要有相应的温度可以保障其顺利越冬。滇南地区尽管总体温暖，但极端天气时有发生，影响木棉顺利越冬。如1954年，开远普降重霜，正在开花结铃的木棉全被冻伤；1955年，冻伤后新萌发的木棉长势喜人，丰收在望，结果木棉又一次遭到大霜冻害。[3]一旦越冬不成，木棉具有的所谓"由一年生变为多年生可以免除每年播种之劳"的优势就打了折扣。

因此，对木棉从环境上来讲的优势，应做到具体分析，不能一概而论，否则，看似科学的论断却未必站得住脚。云南木棉的推广，应充分注意其环境适应性，及其由此而来的其推广的"有限性"，不能简单地

---

① 华兴鼐：《开远木棉观感记》，载《中国棉讯》1948第2卷第9期。
② 林风：《云南省的木棉推广》，载《农业推广通讯》1940年第2卷第5期。
③ 孙君灵：《一个种植90余年的地方品种——开远木棉》，载《植物遗传资源学报》2009年第2期。

以为在云南发现的木棉就可以在云南推广，而是要充分认识到云南是一个比较大的空间概念，其内部的地域差异性是非常大的，发现于开远的木棉未必适合在云南所有区域种植，木棉的种植与推广须因地制宜。以下是云南省棉业处技术课长李士彰于1944年对迤南植棉情况进行考察后得出的认识，因充分考虑到了"因地制宜"，不仅具有很强的科学性，而且又有很强的针对性，也说明全面抗战时期云南木棉的推广以迤南为重点，以开远为中心，是立足于环境适应性的理性选择：

（1）开远城区气温较高，颇适宜棉作生长。因冬季温度不致过低，能适于木棉之生长，且利用四周之荒山瘠地，一经种植，三年后即可丰产，坐获其利，故开远城区木棉之推广发展极速，自二十八年至三十二年（1939年至1943年）计有木棉七千余百亩，三十三年度（1944年）新增加已呈请登记者共一万三千余百亩，预计本年度新旧木棉面积可能达到二万五千亩，故此区为木棉推广的中心区域。（2）大庄坝区接壤开远城坝，气温稍次于城区，然地域平坦辽阔，土层尚为深厚，亦为木棉推广之良好区域，旧植木棉仅百余亩，生长优良，产量尚丰。本年度新增者约达千亩以上，中国农民银行亦于该区红土寨购地六百亩，作供试验及经济之经营，现正筹植中，故此区因地域辽阔，将来之发展希望甚大。（3）布沼坝区气温与开远城区相似，利用荒地旱地亦可大量种植木棉。本年除农民种植者外，尚有六十一军一八四师购地三千亩种植木棉，故此区及大庄坝区可为开远城区新辟之扩充区域。（4）缅甸区为开远蒙自建水交界之处，隶属开远，此区气温亦高，故适于木棉之生长。旧植木棉一千余亩，本年度新增加者已达三千亩，惟因地积治安之限制未能大量推广。（5）蒙自坝区地域辽阔平坦，旱地极多，栽培木棉而无水灌溉，故可利用种植木棉，但因气候较开远为低，且属平地排水不易，致栽培者较少，只胡家寨附近共植木棉五十余亩，其中昔日迤南农林专员公署推广所接管者共有五年生木棉三百七十四株，年来因失于管理，生长较差，现可收花者约只三十一株。因此蒙自城坝木棉尚须加以试验，尤以施肥管理为最。若经试验，结果良好，则可利用极广之旱地栽培，希望甚大。（6）鸡街区气温较高，荒地极多。三十二年度（1943年）已推广达三千三百余亩，以鸡街、淌甸、雨过铺等为区域，成绩亦甚优良。本年新增加者达三千余亩，将来可能逐年增加。（7）建水区气温亦高，荒山旱地甚多，土层深厚。经昔日推广所努力，故棉作之栽培已较普遍，草棉尤多，种植甚广。城区以美棉为主，江外概为土棉。木棉则以北山及老李硐为多。三十二年（1943年）计推广木棉二千余亩，本年度已增加约三千亩，此区因地域辽阔，且有植棉技能，将来草棉之栽培，可取罂粟而代之，前途大战可能性极大。（8）弥勒区竹园朋普及接壤开远一带地区，气温较高，适于棉作生长，又因朋普一带，旱地山坡甚广。故木棉之推广多集中于此区，计三十二年（1943年）种植木棉九百余亩。本年度骤增达四千余百亩，将来自朋普至开远之一带地区，均可广为种植木棉。（9）盘溪区土质甚深厚，多属砂壤或黏壤土，尚适于棉株生长，夏季温度感觉较开远尚高。但闻冬季较开远稍寒。过去因管理不当致无优良效果者，或即此故。然于路旁田埂存有木棉数株，仍能发育生长。由此知亦为适宜木棉之生长区域，只须注意幼年时之施肥管理等工作，亦可抵御冬寒。本年度已特约农家种植木棉十余亩，均如法指导种植，明年当有成绩。故明年本处亦有设场示范之价值，若试验成功后，推广当可达万亩以上。[1]

云南的木棉种植主要分布在迤南，开远是迤南地区木棉种植的中

---

[1]云南省建设厅：《云南省建设厅关于棉业处技术课长李士彰编具迤南视察报告书一案给云南棉业处的指令》，1944年5月31日云南省档案馆藏，档案号：1077-001-03912-025。

心，开远、建水、蒙自、弥勒是木棉种植的主要区域。

二、农业推广是一个系统工程

全面抗战时期云南木棉推广之所以不尽如人意，除了地理环境的制约，还受以下各种因素的影响。

（一）产量

据试验显示，1935年，开远县木棉每株产量为471.52克，以每亩100株计算的话[①]，每亩就是47千克，这仅仅是半年的产量。但是在南屏镇，1937年秋，每株的产量仅有139.96克，不到开远县的三分之一。而在龙泉县，1936年春季和秋季，每株的产量分别为52.31克和119.80克，平均每株每年产172.11克棉花，也以每株100株计算，亩产量仅为17.2千克，[②]甚至不如草棉产量高。产量不高，自然难以调动农民种植的积极性。1937年，"在大庄镇附近，羊街、丫口及蒙自城区之龙井种植木棉，共约百余亩。并成立龙泉、南林（羊街）、南屏（丫口）及蒙自等四个木棉场。终因棉田散处，管理上未及周密，于民国二十八九年，龙泉、蒙自、南林、大庄镇等处之木棉，先后砍去，迄今仅留有南屏木棉场全部及南林木棉场民国二十八年移栽之一部分而已。在此时期内，农家采种试种于田园地角者，亦每见不鲜，其中尤以开远南门外农民罗有才所栽者为最好。但其扩展，终限于棉业机关及少数热心农户，未能普遍"[③]。

（二）农民

当时中国农民因知识水平较低，想要向农民推广一种新品种，他们向来不容易接受；即使接受了，也是半信半疑。[④]云南省所推广的木棉是

---

①冯泽芳：《云南木棉之研究及推广》，载《教育与科学》1938年第7期。

②《云南木棉之研究》，载《中农所简讯》1938年第12期。

③奚元龄：《云南木棉推广问题》，载《农报》1942年第7卷第7—9合期。

④石青农：《云南木棉的保姆傅毓南》，载《人物杂志》1948年第3卷第1期。

多年生的，有的甚至是二十年生，所以最初的两年，即种植后的第一年和第二年几乎是没有收益的，第三年才能开始收获棉花。虽然在推广之时做了技术改良，但是头两年的收益还是非常微薄的，所以在推广时，农民不敢冒这么大的风险。虽然木棉贷款机构针对此情况，调整了政策，借款第三年才还本金，但是也有一些农民及农场处于观望状态。

（三）土地

木棉推广的主要目的，一方面在于增加棉花产量，另一方面在于开荒拓土，使无用的土地变成有用的土地，以增强抗战时期大后方的经济力量。虽然曾经有领荒种植木棉办法的颁布，但是各县对于这些办法，大多选择忽视，甚至有些地方豪绅对此扶持自耕农的办法，大惊小怪，暗中破坏。他们认为那些自耕农"早上还是穷光蛋，晚上便是有地人"，这是不合理的。推广木棉，要尽量利用荒地，但是一开始就遇到了土地问题，一方面有些荒山野岭周围几里甚至几十里的荒地无人利用，但这些荒地不是某个豪绅地主的私地，就是某个机构团体的公山；而另一方面，想要种植木棉的农民却无地可种，想要领取荒地而不能。此种用地矛盾必然阻碍木棉的推广。

（三）销路

没有销路或销路不畅，必然影响进一步生产，"即农工商业之间的关系要处理得当，美国是世界上产棉最多的国家，除天时地利之外，人事讲求，产销适应，关系也很大。印度的棉纺织业，也因农工两业相依为命而居世界第二"[1]。所以木棉有了产出，只有卖出去了，农民才能获得利益，进而更加积极地种植木棉。但是最初农民收获的木棉无处销售，木棉推广委员会开远办事处主任冯泽芳私人出资收购子花70余斤，[2]轧除皮棉后再行销售。后来裕滇纱厂筹备处热心赞助，垫款500元

---

①张服真：《云南棉产之改进》，载《云南建设月刊》1937年第1卷第4—5期合刊。

②冯泽芳、张天放：《一年来之云南省木棉推广事业》，载《农报》1940年第5卷第13—15合期。

作周转资金，以每斤一元之重价（当时云南普通皮棉市价为每斤两元），从丌远、蒙自及建水办事处收购木棉籽棉。[①]销路没有跟上，推广自然迟缓。

销路不畅，很重要的原因是云南纺织工具和技术落后，很难对木棉产出就地就近有效消化。开远地区在木棉推广之前，棉业并不发达，所以轧棉的机器，一向使用千年以前的手摇木辊轧花机，其构造极其简单，效率也十分低下，每人每日最多只能轧籽花六斤。后来又借用建设厅旧存的铁制轧花机（脚踏式），效率增加四五倍，较为适宜，但是又因为皮辊及刀片发生故障，曾委托数个工厂进行维修，最终也没能很好地利用。后来从重庆购进加拿大制造的电动锯齿轧花机，并将其运至开远，不过各县将棉花运到开远轧花，实在太麻烦，所以大多数县仍然使用铁制轧花机。云南的织布机纺织纤维较长的木棉是没有问题的，但是弹花机和纺纱机还存在一定问题亟须解决。一般农民对于木棉向来不加重视的最大原因，就是因为"弹不开"的问题。因为木棉纤维细长，一般的弹棉花工具弹不开，无法利用。有的甚至将其剪为两截，造成浪费。后来木棉推广委员会聘请技师在建水制造弹花机，日加改良，有了很大进步，纺纱机也由七七纺纱机改为三一式纺纱机，但没有得到普遍使用。[②]由此看来，木棉产出数量本就有限，一旦销路不畅，又会反过来影响木棉种植的进一步推广。

（四）技术

木棉大面积、大范围推广有赖于在选种育种上培育出环境适应性更强、质量又有保障的棉种，但是育种工作一直没有出现突破性的进展。与此同时，所谓"病虫害防治一事，棉农无不了解其重要性，有时成功与失败之区分完全看病虫害之程度而决定"[③]，木棉病虫害又是一直困扰

---

① 曾玉珊：《冯泽芳与中国现代棉业改进研究》，南京农业大学2012年博士学位论文。
② 张天放：《云南木棉推广事业的过去现在与将来》，载《云南建设》1945年第1期。
③ 熊廷柱：《现阶段中之云南木棉问题》，载《教育与科学》1946年第7期。

其推广的技术性难题。红铃虫、蚜虫、叶跳虫、二点星椿象、卷叶虫和小造桥虫都是木棉主要的虫害，次要害虫有介壳虫、避债虫等八种[1]，所以"草棉所有之病虫害，木棉无不具备"[2]。其中以红铃虫对木棉的影响最大，且常年为患。首先木棉的开花结铃终年不断，使得红铃虫随时都有充足的食料，所以该害虫专以木棉为害，且有年盛一年的趋势。不仅如此，因木棉所植区域，冬季气温较高，害虫经冬不死。且此害虫喜爱树龄高的木棉，树龄越高受害越重。[3] 所以病虫害的防治也不能被忽视，然而依当时的农业科技水平，此项工作亦困难重重。"因寄生于木棉之病虫不能用焚烧棉荄及棉田灌或轮作法等使其繁殖之机会减少，其防治尤难，除烟草水治蚜虫，因其原料易于取得，方法尚易实行，采用者尚多外，其余多望洋兴叹，无可奈何。"[4] 这些害虫此消彼长，终年为害。由于当时农业科技水平有限，用最新药剂如DDT及666以防治虫害者仅木棉公司棉场一处，但其试验的结果，也并非完全能消灭害虫。大多数农民乃至收入较高的士绅等人，连购买防治蚊蝇蚤虱的药都尚感无能为力，更不会购买这些药剂防治植物虫害。[5] 所以一旦木棉受害，难以挽救。且木棉为多年生，一株木棉受虫害后，几年的辛苦成果化为乌有，农民重拾信心继续种植的难度较大。病虫害是独立于人意识之外的，人们可以发挥主观能动性去减少病虫害的发生，但是在全面抗战时期，农药价格昂贵，一般棉农用不起。唯一便宜、简单且稍有疗效的做法是喷洒烟草水，但木棉植株高大，耗费劳力甚多。

（五）管理与经营

木棉推广必须有一个健全的机构主持，才能做到有系统、有计划、有步骤地进行。同时推广应与试验研究通力合作，如木棉栽培技术上有

---

① 姚宗文：《一年来云南木棉虫害调查简报》，载《中国棉讯》1948年第2卷第9期。

② 熊廷柱：《现阶段中之云南木棉问题》，载《教育与科学》1946年第7期。

③ 吴逊三等：《云南红铃虫之研究》，载《农报》1940年第5卷第19—21合期。

④ 熊廷柱：《现阶段中之云南木棉问题》，载《教育与科学》1946年第7期。

⑤ 熊廷柱：《现阶段中之云南木棉问题》，载《教育与科学》1946年第7期。

困难，得由试验研究机构负责解决；试验研究结果，可以由推广负责人向棉农介绍，这样推广者就可以得到可靠的材料，免得失信于棉农，试验者可以得到实际经验，免得研究不切实际，这样推广事业才能发挥最大的功效。云南省木棉推广委员会由云南省经济委员会、中国农民银行、建设厅及农林部云南省推广繁殖站等组成。虽说技术与金融可以通力合作，实则各机关参加的目的不同。如经济委员会为了获得大批的细纱原料，以供给裕滇、云南两纱厂使用，所以该委员会的立场，必须花费低廉，才能符合经济原则，而这与木棉的推广立场恰恰相反；中国农民银行发放农贷，为保障贷款能顺利收回，有时也会妨碍木棉的推广；建设厅因人力财力的不足仅挂虚名，而对木棉推广委员会的事务，很少过问；云南省推广繁殖站的工作人员，为谋学术上的研究，仅安排一小部分人力从事推广工作；所以木棉推广委员会成了利害相关的结合，一旦利害发生冲突也许就有发生破裂的可能。同时，木棉推广委员会的工作人员，由各个机关调派而来，每人多有其所属背景，不能统一指挥[1]，木棉推广委员会内部人员的主观意愿不同导致其所站的立场不同，因而有了不同的目标，内部的凝聚力大大削弱，使得该机构不能很好地发挥其应有的功能，不利于木棉推广工作的开展。

1946年，木棉的种植区域，虽然已经在三迤有几十个县，但是在经济上能维持的，仅在开远附近。棉场的大小十分不一致，有的棉场达数千亩，但有些甚至不足一亩。每亩的产量也相差悬殊，从10到100斤不等。但简言之，除实力雄厚的大棉场外，每亩的平均产量与棉场的大小成反比，即棉场越大，每亩的平均产量就越小，棉场越小产量则越大。其中原因，盖因棉场越大，管理就不容易周到，而木棉的产量与管理的周到程度成正比。一个小棉场如果雇不到工人或者工人工资过高时，场长以及技术人员等就能亲自动手，弥补劳力不足。大棉场则不然，场长和技术人员即使愿意充当劳力，但他们的工作效率与棉场相比，也只是

---

[1] 叶树藩：《滇省木棉推广问题之检讨》，载《云南建设》1945年第1期。

杯水车薪，无济于事。在肥料方面也是如此。小棉场如果因肥料价格过高，可以自行收集肥料；而大棉场的肥料主要靠油枯及一部分家肥，也只有这两种肥料可以大量购买，但是经常供不应求，或因价格过高，只好不用。所以，在开远关于木棉有两句谚语："种多不如种少，种少不如种好。"充分说明了木棉适合集约化经营而不适宜大面积种植。如小龙潭六十军棉场，是当时最大的木棉场，虽然场中人员竭尽全力，也只有六分之一的棉田得到了真正的管理，其余六分之五处于无人管理的状态。而矿洞坡的傅记棉场，因棉场较小，没有劳力及肥料的问题，产量居民营棉场之冠[①]。由此可见，木棉不适宜粗放式的大面积种植，而更适合进行小面积的集约化种植。但当时不论是财力、物力，还是劳动力，都难以支撑木棉集约化种植的要求，因此，除极少数外，大多棉田只能粗放经营，而粗放经营影响产量和品质，不利于木棉的进一步推广。

总之，农业推广是一个系统工程，受各种因素的影响和制约，其中任何一个环节出现问题都会影响推广的效果。影响全面抗战时期云南木棉推广的以上问题，在现在看来，如土地、技术等，可能都不是问题，但在当时却很难得到解决。这也就是说，"时代"或"时局"的特殊性，既是木棉推广的时代动因，又是造成木棉推广难见效果的重要原因。

第五节　本章小结

云南向来产棉不多，全省衣料所需棉花须从省外输入，为此，早在全面抗战前，云南省政府即采取措施极力推广棉花种植，经过数十年的努力，云南棉花种植面积和产量都有所增加。但是，"滇省之气候于草棉种植，实不甚宜"，其增幅又是非常有限的，因为单位面积产量（即产

[①] 熊廷柱：《现阶段中之云南木棉问题》，载《教育与科学》1946年第7期。

额）没有提高，产量的增加只是种植面积扩大的结果；而与此同时，种植面积的扩大也不是很显著，"云南棉田面积虽在增加，但为数有限，且以二十八年为最高额，其后即渐减少"①。因此，政府虽然提倡有加，但终究还是没有多大起色。②在此背景下，1918年在开远发现了木棉则引起了人们的注意，被认为"实为滇省棉业之新希望"。于是乎，全面抗战时期，云南虽未放弃对草棉的推广，但将推广的重心放在了木棉上，设立机构、筹措经费、制定措施，积极以开远为中心，在迤南重点推广，渐次向全省推广，"云南省特有的木棉研究与推广，打算今后以迤南为中心，大量种植"③。

尽管有人对全面抗战时期云南木棉推广的成绩予以看似"了解之同情"的肯定，但是，客观地讲，全面抗战时期云南木棉推广的结果与预想存在巨大的偏差，与推广的目标相去甚远，其推广在总体上是失败的。木棉推广的失败，是因为草棉推广需要面对的许多问题，木棉推广基本上也都程度不同地存在。首先，如果说草棉推广不成功主要是因为"滇省之气候于草棉种植，实不甚宜"，即云南地理环境在很大程度上决定了草棉推广的结局的话，那么，木棉推广也同样面临着环境是否适宜的问题。云南木棉发现于云南开远，给人以在云南发现当适宜在云南种植的印象，实际上，木棉未必适应在云南所有地方种植，这也就是云南木棉的推广以开远为中心，以迤南为重心，而终究没有实现在全省更多地区种植的重要原因。一旦在推广上局限于特定而有限的空间范围，则种植面积的扩大必然受限；而在单位面积产量没有明显提升的情况下，则总产量的增加也就很难突破了。除自然条件的制约外，我们也还应看到，农业的推广是一个系统工程，受社会与人文因素多方面的影响，而其中任何一个方面出现问题都会影响推广的效果。全面抗战时期云南木

①蒋君章：《西南经济地理》，商务印书馆1946年版，第74页。
②蒋君章：《西南经济地理》，商务印书馆1946年版，第74页。
③张服真：《云南棉产之改进》，载《云南建设月刊》，1937年第1卷第4—5期合刊。

棉的推广，政府和社会可谓付出了巨大的努力，但依然存在土地、技术、销路等严重制约木棉推广的问题，而这些问题在当时又是很难解决的，木棉推广的效果也就可想而知了。

《云南省棉业处二十七年份工作报告》一开始写道："民国二十七年在中国历史上，是一个非常的时期，国难的严重，为空前所未有，我们中国的产棉区域，一块一块的被倭寇劫夺了去，以致我们本不算做棉产区的云南，受衣被原料的压迫，益更厉害。"正是在衣被原料供应空前紧张，而草棉推广又不理想的情况下，木棉的特点与优势被放大，这就如同在该报告中说到的"这一点小小的成绩，我们觉得倒也问心无愧，但是在这需棉急迫的时期，我们觉得这样的进步，仍是缓不济急，我们有将我们的步伐拉快及拉长的必要"[1]一样，因为"时需"之急迫，不由使人加快步伐，而加快步伐的结果，或许会无视或忽略很多可能本很容易发现的问题。因此，木棉的环境适应性问题没有得到充分重视，试验田高产不一定能在推广地上得到体现这样的常识似乎也被忽略了，等等，那么，必然造成现实即推广结果与理想即推广预想的巨大差距。这也充分说明，时局与地域的相互作用是复杂与微妙的，时局所需与地域特征越契合，则人类活动的结果越正向，越会朝着人们的预期发展；反之，不论"时需"再迫切，若脱离了具体地域的实际，没有很好地做到因地制宜，人类活动的结果则很难"如你所愿"。

---

[1] 云南省棉业处：《云南省棉业处二十七年份工作报告》，1939年7月，第1页。

第七章

引进与更新：全面抗战时期美烟在云南的种植和推广

"云南是烟草大省"，在很多人眼里，那就跟常识一样。但事实上，云南作为烟草大省的历史也就仅仅几十年的时间。我们知道，在中国，烟草是外来作物。明朝万历年间，烟草传入云南，尽管云南优越的地理环境有利于种植烟草，其种植区域不断拓展，至清末，烟草种植区域已发展到除丽江和维西两地之外的所有云南地区，但烟草直到民国初年还是云南最为重要的进口货物之一。云南烟草不仅产量不丰，而且质量低下，因此，纸烟自1916年输入云南后，虽然广受民众欢迎，但本省纸烟业因其产出和质量都存在问题，而无法占领市场。故在全面抗战爆发前，云南市场上的纸烟仍以英美烟和上海烟为主。全面抗战爆发后，因交通阻塞，纸烟难以运进云南，在市场和政府的推动下，云南成功引进了美烟，并进一步培育出适合云南生长的品种，再加上由晾晒烟到烤烟的革新，使云南烟草得到发展并壮大。云南成为烟草大省，实源于全面抗战时期美烟的引进成功与推广种植。

第一节　全面抗战以前云南烟草的种植

一、土烟种植与全面抗战前云南烟草业的发展

烟草何时传入云南，众说纷纭，莫衷一是。据杨寿川先生对各种说法的辩驳，烟草传入云南的时间为明万历中期，大约是1583—1594年，距今已有400多年的历史[1]。烟草传入云南后，很长时间作为药物使用，直至万历末年，云南人开始吸食烟草，成书于天启四年（1624）、名医张介宾所撰《景岳全书》云："烟，味辛气温，性微热，升也，阳也。烧烟吸之，大能醉人……此物自古未闻也，近自我明万历时始出于闽广之间……求其习服之始，则向以征滇之役，师旅深入瘴地，无不染病。独一营安然无恙，问其所以，则众皆服烟，由是遍传。而今则西南一方，无分老幼，朝夕不能间矣。"[2]

清代，云南烟草种植发展较为快速，种植区域广袤。据谢华香研究，清康熙年间曲靖府的平彝县（今富源）、云南府和蒙化府开始种植烟草。"乾隆年间，烟草种植已扩展至大理府的赵州（今下关地区）、广西府的弥勒州、丽江府，澂江府的新兴州，楚雄府的白盐井、临安府的石屏州，广西府的弥勒县"[3]等地。光绪年间，烟草种植的范围进一步扩大，曲靖府的沾益州、昭通府的镇雄州，大理府的鹤庆州、楚雄县和永北直隶州也开始种植和出售。滇东地区的烟草则北移至滇东北的郑雄洲，滇西南除腾越厅种植外，永昌府的潞江坝子和顺宁府的茶房寺寨也

---

[1] 杨寿川：《云南烟草发展史》，社会科学文献出版社2018年版，第13页。
[2] 〔明〕张介宾：《景岳全书》，上海科学技术出版社1959年版，第926页。
[3] 谢华香：《清至民国时期云南经济作物的种植及影响》，云南大学2015年硕士学位论文。

已种植。而腾越厅北部的茶山小江人更是"草烟一日不离口。再往北怒江俅人（独龙族）地区则男女皆善生嚼烟叶"[①]。据《蒙化县乡土志》记载，光绪年间，蒙化县（巍山县）已成为烟草种植的主要产区，其种植的草烟行销顺宁府、景东厅、大理府等地，"草烟，每岁约十万余斛，销本境者三万余斛，销下关鹤庆四万余斛，销景东耿马者每岁二万余斛。黄烟，前每岁约行销四万余斛，今止销二万余斛，销云州、景东、耿马者每岁一万余斛，销本境者万余斛"[②]。此外，澂江府的新兴州和临安府的通海县也是重要的产区之一，其所生产的黄烟运往蒙化乡行销，"由新兴、通海运入者每岁行销万余斛"[③]。

尽管如此，还是因为烟草产量有限，没有实现自给，"且因栽培及加工方法落后，每年仍从四川、广东等地进口大量的烟叶吸用"[④]，"1906年修建滇越铁路之初，纸烟通过腾越关口输入云南"[⑤]，"当时仅值4000元国币。1911年滇越铁路通车后，纸烟进口已达6.9万元。随后纸烟进口逐年增加，至1928年竟高达159万余元（包括转口而来的国产香烟），较之最初进口的4000元增长了375倍，后来输入势头略减，但到1937年时仍达120万余元"[⑥]。

为阻塞大量金钱外流，云南的有识之士决定开办纸烟厂生产纸烟阻塞此项漏卮。"1922年墨江人庾恩锡（字晋侯）在昆明庾园内独资创办了亚细亚烟草公司"[⑦]，从上海购买了卷烟机器及其相关设备，并从上海聘请了两名卷烟技师，于是年秋开工生产。因当时云南没有栽种纸烟所需的原料美烟，故采用本省的土烟作为原料，相继出品了"合群""射

①谢华香：《清至民国时期云南经济作物的种植及影响》，云南大学2015年硕士学位论文。
②光绪《蒙化乡土志》，凤凰出版社2009年影印版，第42、676页。
③光绪《蒙化乡土志》，凤凰出版社2009年影印版，第42、676页。
④褚守庄：《云南烟草事业》，新云南丛书社1947年版，第27页。
⑤何忠禄主编：《云烟奠基人——徐天骝文选》，云南民族出版社2001年版，第153页。
⑥李珪主编：《云南近代经济史》，云南民族出版社1995年版，第349页。
⑦李师程主编：《云南文史集萃·五·工商·经济》，云南人民出版社2004年版，第87页。

日""大观楼"等牌的纸烟，"职工多时达80人，日产纸烟约8箱"①。因上烟味辛辣、香味不足、颜色较深、燃烧力弱等均不适宜制造纸烟，故其"合群"等牌纸烟虽包装精美，然因品质太差无法获得市场认可，"故在1926年以前，云南省的纸烟全系外来输入，其中尤以英美烟公司和南洋兄弟烟草出品为多"②。为争夺市场，"庚氏又从上海等地购买了河南许昌、山东青州等地美烟，并向美国花旗洋行加购一部分美烟参配使用，又相继研制了'如意''鹦鹉'牌等五支装卷烟"③。然因纸烟品质欠佳，其产品难与外产烟相媲美，该公司不久后即停业。

1930年云南省教育厅接管亚细亚烟草公司的全部设备后，将其改名为南华烟草公司。原料即从河南、山东购进部分美烟与本省江川、玉溪所产的土烟掺杂使用，生产了"百寿""明珠"等牌的纸烟。但由于该公司的负责人多出身于教育界，缺乏管理和经营的经验，卷烟产品欠佳，销路不畅，"年营业额仅国币5万元左右，1936年，盈余仅2583.47元"④。1940年日军占领越南，滇越铁路中断，公司从上海、香港采购的原料无法运进云南，下半年被迫停产。

总之，全面抗战前，云南虽具有生产纸烟的能力，但因当时云南没有栽种适宜制造纸烟所需的原料美烟，美烟又不易采购，而本省的土烟因在色、香、味等方面都不适宜制造纸烟，导致纸烟品质较差，故各纸烟工厂在经营一段时间后均破产倒闭。"故在全面抗战爆发前数年，本省的纸烟仍以英美烟和上海烟为主，二者比较起来，仍以英美烟公司出品占优势。该公司出产的'老刀牌''红锡包''三炮台'等牌纸烟在滇行销甚广，颇有市场地位。"⑤因而，云南卷烟业的发展迫切需要引进美

---

① 李师程主编：《云南文史集萃·五·工商·经济》，云南人民出版社2004年版，第87页。
② 何忠禄主编：《云烟奠基人——徐天骝文选》，云南民族出版社2001年版，第153页。
③ 李师程主编：《云南文史集萃·五·工商·经济》，云南人民出版社2004年版，第88页。
④ 李师程主编：《云南文史集萃·五·工商·经济》，云南人民出版社2004年版，第88~89页。
⑤ 褚守庄：《云南烟草事业》，新云南丛书社1947年版，第230页。

烟种植，以实现卷烟原料的就地解决。

二、全面抗战前云南引进美烟的尝试

烤烟原产于美国弗吉尼亚州，云南引进烤烟始于1914年。1914年2月，美英烟草公司为了就地取材，节省开支，便向云南省行政公署实业司赠送了美国及土耳其烟草籽种和烟草栽培技术资料。云南总督唐继尧立即筹划，责成省实业司组织美烟试验。省实业司除了把美国烟种安排在省农事试验场试验外，还在通海、新兴（即玉溪市）两县产本地烟最多的地方各设一个烟草种植场。试验后不久，云南即发生了反对袁世凯称帝的护国战争，随后又出现了军阀连年混战，唐继尧投入大批人力物力应对战争，对包括烟草试验在内的各项建设已经无暇顾及。且经英美烟草公司扶持的鲁、豫、皖美烟种植基地已能满足英美烟草公司生产卷烟的需要，又考虑云南地处边疆，交通运输不便，所以停止了对云南引种试验的支持。

1930年，省试验厅恢复在昆明大普吉省省立第一农事试验场的美种烤烟试验，并于1932年将试验情况和结果写成《省立第一农事试验场试验美国烟草成绩报告书》和《提倡种植美国烟草法》报南京国民政府实业部。是年11月，实业部批复同意云南种植烤烟。

1933—1935年，云南省立第一农事试验场拨出20亩农场土地，由新任场长褚守庄负责，将云南省内著名产地嵩明、蒙自、江川、玉溪等县的土烟和四川、福建等省的烟种同美国烟种再次进行品种间的观察对比试验。

在此期间，云南省教育厅于1930年接管亚细亚烟草公司的全部设备后，将其改名为南华烟草公司，但因为经营管理不善等各种原因，1931年，南华烟草公司总经理毕近斗迫于烟厂将要倒闭的困境，向教育厅写了紧急报告，请求政府采取措施，通令各县劝导农民进行烤烟种植，但需自行征集美烟种子。省政府采纳了其建议，并印发了美烟栽培及加工制作方法的资料，且各县县长也依照通令办事。几年之内，虽然省建设厅通过各种渠道筹集美国烟种，终因英美烟草公司的控制和垄断而未能买到烟种，原计划设想落空。

第二节　引进与发展：全面抗战时期美烟引进云南及其推广

一、美烟在云南引种成功

全面抗战爆发后，云南成为抗战的大后方，随着大量人员和工厂的内迁，本省物资需求增多，纸烟消费量剧增，然因云南所产的纸烟品质较差以及战时交通阻塞的关系，云南一度出现了纸烟供不应求的局面。1939年，香港南洋兄弟烟草公司因受抗日战争的影响，原料来源受阻，为了解决原料问题，想在抗战大后方云南寻找出路。于是由国民政府财政部部长宋子文出面，代表南洋兄弟烟草公司与云南省政府交涉，要求在云南试验种植美国烤烟。经云南省政府主席龙云同意后，南洋兄弟烟草公司派农业部技正常宗会等，携带美国烟种到云南种植烤烟。他们在昆明东郊定光寺蚕桑苗圃场试种，当年烟叶生长较好。当烟叶成熟并烘烤后，寄交香港南洋兄弟烟草公司品评鉴定，结果质量完全符合卷制纸烟的要求。[①]经过25年的不懈努力，烤烟试种终于在云南取得了成功。

二、美烟在云南的推广

美烟引种成功，是云南地方多年梦寐以求的，因此，云南省政府从

---

①云南省地方志编纂委员会总纂：《云南省志》卷二十《烟草志》，云南人民出版社2000年版，第54~57页。

满足本省纸烟工业原料需求，以及助益农村经济和增加财政收入的角度出发，决定在全省大力推广美烟的种植。南洋兄弟烟草公司也同意在资金、技术、籽种、销路等方面给予支持，双方达成合作。1940年，南洋兄弟烟草公司派技术人员前往云南蒙自县属草坝进行美烟品种试种。同年，云南省建设厅成立了改良烟草推广处，具体负责美烟的推广事宜，"并选择交通便利的昆明、开远、富民三县作为推广区域"①，"实际种植500亩……收购到烤烟350担，上等烤烟占70％—80％"②，收获烟叶由南洋兄弟烟草公司统一收购。尽管"该年后双方合作因故未能继续"③，但试推广效果明显，为进一步扩大推广奠定了坚实的基础。

1941年，烟草改进所通过美烟品种试验，得出"金圆"最适合云南的农业环境，故自1942年至1945年，"金圆"是云南唯一的推广品种，"1941年烟草改进所成立后，立即从美国、山东、河南等地引进美烟品种进行分区试验，并在富民划地百余亩作试验性之推广。推广试验证明'金圆'最适合云南的农业环境，故从1942年—1945年，'金圆种'为本省的唯一推广品种"④。

1942年，云南正式开始推广美烟，当时推广区域仅二区七县，即在改进所之下又划分了第一、第二种植区，第一区包括富民、禄劝、武定、罗次四县，第二区包括昆明、玉溪、晋宁三县。"本年推广面积共为2727.85亩，共建烤房102座"⑤，发出贷款1181543元，训练技工60名，共收获烤烟叶61816.55公斤⑥，平均亩产烟叶22.7公斤。美烟种植面

---

① 《云南省建设厅改良烟草推广处民国二十九年度工作报告》，云南省档案馆藏，档案号：1077-001-03793-001。

② 云南省地方志编纂委员会总纂：《云南省志》卷二十《烟草志》，云南人民出版社2000年版，第57页。

③ 褚守庄：《云南烟草事业》，新云南丛书社1947年版，第230页。

④ 何忠禄主编：《云烟奠基人——徐天骝文选》，云南人民出版社2001年版，第38页。

⑤ 云南烟草事业总管理处：《烟草改进所民国三十年至三十二年推广亩积表》，云南省档案馆藏，全宗号：139，目录号：1，案卷号：200。

⑥ 褚守庄：《云南烟草事业》，新云南丛书社1947年版，第218页。

积占烟草总面积的0.7%，占总产量的0.3%。

1943年，为谋求推广便利，提高工作效率起见，改分区制为分所制。是年的推广区域为9分所12县，分别为昆明、江川、易门、晋宁、玉溪、开远、富罗（富民、罗次）、禄武（禄劝、武定）、嵩寻（嵩明、寻甸）分所。"推广面积15517亩"①，"建盖烤房183座，训练技工453名"②，"发出贷款10143760元，收获烤烟叶446591.1公斤"③，平均亩产烟叶28.7公斤。美烟种植面积占烟草总面积的4%，占烟草总产量的1.9%。

1944年，继续实行分所制。将原有的富罗分所、禄武分所改组为富民分所和武禄罗分所，还增加了澂江和华弥（华宁、弥勒）两分所，其余嵩寻、开远、玉溪、晋宁、昆明、江川、易门7个分所照旧，共11个分所，包括15县区。"实际推广亩积为23394.5亩，发出贷款29507000元，建筑烤房414座"④，训练技工551名，收获烤烟叶946549公斤⑤，平均亩产烟叶40.5公斤。美烟种植面积占烟草总面积的6%，占总产量的3.8%。

1945年，为普遍推广美烟及便利管理起见，乃将各分所改组扩充为15个分所，并组设了特约农场。分所包括昆明、玉溪、开远、晋宁、华宁、江川、澄江、易门、富民、禄劝、武定、嵩明、宜良、布沼（属开远县狮云乡）、大庄（属开远县南定乡）共13县区。特约农场包括禄丰、蒙自、元江、安宁、路南、双柏共6县区。分所与特约农场共19县区，推广面积为27552亩，发出贷款83272500元，建筑烤房

① 云南烟草事业总管理处：《烟草改进所民国三十年至三十二年推广亩积表》，云南省档案馆藏，全宗号：139，目录号：1，案卷号：200。

② 何忠禄主编：《云烟奠基人——徐天骝文选》，云南民族出版社2001年版，第59页。

③ 云南烟草事业总管处：《各县分所收烟统计表》，云南省档案馆藏，全宗号：139，目录号：1，案卷号：554、555。

④ 云南烟草事业总管理处：《烟草事业总管理处烟草改进所各分所实际种植面积、烤房座数各项登记及员工人数统计表》，云南省档案馆藏，全宗号：139，目录号：1，案卷号：200。

⑤ 褚守庄：《云南烟草事业》，新云南丛书社1947年版，第222~223页。

280座^①。本年因遭受水灾，收成减少。同时，总管理处从本年开始，取消对烟叶的统购统销政策，由农民自由出售，所以该年改进所收购的烟叶仅有144403公斤。又据褚守庄《云南烟草事业》记载，该年由农民自由出售的烟叶约有90万公斤^②，本年共收获烟叶10044403.4公斤，平均亩产烟叶37.9公斤。美烟种植面积约占本省烟草种植面积的8%，占烟叶总产量的0.68%。

据表7.1所示，1940年至1945年6年间，云南美烟种植的县数由3个扩大到22个，烤烟种植面积由500亩扩大为27552亩，增长55倍有余；烤烟的产量也由17500公斤增长到1194770公斤，增长68倍多。正如蒋君章所说："云南烟草的收获量之高，仅次于美国。"^③且不管蒋君章此话有没有数据作为依据，也不管云南烟草收获量是否仅次于美国，但是从蒋君章此话和表7.1之数据来看，云南在试种美烟成功后，美烟的种植面积和产量较之前大大增加，证明了美烟在云南推广的成功。褚守庄也说："战时西南各省，因事实之需要，纷纷倡种美烟，但以云南为最成功。"^④

表7.1　1940—1945年云南美烟推广情况一览

年份	推广县数（个）	种植面积（亩）	烤烟产量（公斤）
1940	3	500	17500
1941	4	2000	77000
1942	7	2727	87285
1943	12	14293	460748

①褚守庄：《云南烟草事业》，新云南丛书社1947年版，第224~226页。
②褚守庄：《云南烟草事业》，新云南丛书社1947年版，第216页。
③蒋君章：《西南经济地理》，商务印书馆1946年版，第66页。
④褚守庄：《云南烟草事业》，新云南丛书社1947年版，第2页。

年份	推广县数（个）	种植面积（亩）	烤烟产量（公斤）
1944	15	23594	946549
1945	22	27552	1194770

资料来源：杨寿川：《云南烟草发展史》，社会科学文献出版社2018年版，第74页。

三、美烟在云南推广的经济与社会效益

（一）烟草结构的改变与农民收入的增加

表7.2　1942—1945年云南省土草与美烟的总面积和总产额表

名称　年度	土烟		美烟	
	面积（亩）	总产量（市斤）	面积（亩）	总产量（市斤）
1942	342000	48360000	2727	123633
1943	357000	47160000	14293	893182
1944	354000	50040000	23594	1893098
1945	344000	42960000	27552	2103326

资料来源：许道夫编：《中国近代农业生产及贸易统计资料》，上海人民出版社1983年版，第217页。（注：一担等于120市斤）

据表7.2可以看出，1942年至1945年，云南省土烟种植面积维持在35万亩左右，产量大致在4000万到5000万斤，相对稳定，有小幅度的减少；美烟的种植面积和产量则增加很快，1945年的种植面积约为1942年的10倍，产量为17倍。可以说，尽管因为农民对于美烟的认识和接

受需要一个过程，美烟的种植面积较土烟为少，但在土烟种植面积没有增加，而美烟种植面积增加的情况下，云南烟草种植的结构已然发生了变化。而且随着美烟机经济价值的进一步显现，美烟在云南烟草种植中，无论是种植面积还是产量都将快速增加，将在更大程度上改变云南烟草生产格局。

褚守庄在《云南烟草事业》中说道，如果云南种植美烟面积能达到20万亩，"每亩产量姑仅以一百斤计（实际不止此）则可产二千万市斤，每斤以最低平均价三千元计，可值六百万元"[1]，总值有60亿元流入农村，这将裨益农村经济不小。由此可见，美烟的经济价值巨大。随着美烟种植面积的扩大和产量的增加，农民的收入也随之显著增加，在增收的利益驱动下，农民不断扩大种植面积，提高产量，从而形成良性互动，推动云南烟草业的健康发展。

（二）纸烟加工业的兴起

抗日战争全面爆发后，外来纸烟来源减少，本省纸烟供不应求。美烟种植面积和产量的提高，解决了纸烟工业最紧缺的原料问题，同时，卷烟行业因投资少、见效快的特点吸引了大量投资商纷纷建厂生产纸烟，如昆明地区的文明街、祥云街一带，纸烟厂比比皆是；开远地区手工生产的"阳光"牌烟，不仅行销省内，甚至出口越南，以此为生者不下数万人，不但能直接解决部分就业问题，甚至间接改善了社会治安。[2]不仅仅是烤烟种植地区，非烤烟种植区的鹤庆县的手工卷烟业也欣欣向荣，"鹤庆县在云南迤西……烟草本地不产，所用全系蒙化（今巍山）运来……所用烟纸全系江西所产，自昆明运来者……本县共有纸烟制造所三百余家，每家每日生产数额最低亦在三千支以上，全县每月总产额约在两千万支左右。行销地点南至下关大理一带，北至永胜丽江以上，西

---

①褚守庄：《云南烟草事业》，新云南丛书社1947年版，第4~5页。
②褚守庄：《云南烟草事业》，新云南丛书社1997年版，第4页。

至维西碧江，实为目前手工业中最盛之一种"①。

在手工卷烟业得到发展的同时，应市场需要，云南机制卷烟企业也得到了快速的发展。抗日战争全面爆发前夕，云南省卷烟企业屈指可数。据张肖梅的统计，1936年昆明市有民营烟草厂4家，共有190名工人，其原料主要来自本省、四川、山东、河南，产品行销于昆明市及外县，每年出品价值133735元②。全面抗战爆发以后，因为试种美烟成功，云南省的卷烟企业迅速增加，据褚守庄统计，当时云南境内的大小纸烟厂不下500家，其中产品优良、十分畅销的品牌有云南纸烟厂出品的重九、七七、安乐等，新华烟草公司的金殿、新华、红骑士等，兴业烟草公司的大运、僧帽、三皮等，孚和烟公司出品的美庭等，这些公司每年的营业总额都在数十万元以上③。

表7.3 1940—1945年云南省主要机制卷烟企业一览

厂家名称	开办时间	员工人数	主要卷烟牌名	产量（箱）
南华烟草公司	1930—1944	200	仙鹤、喜鹊	29250
名扬烟草公司	1936—1948	—	美女	—
华建烟草公司	1940—1941	100	女英雄、鸿福来	2000
华南烟草公司	1942—1944	30	双生	675
侨联烟厂	1942—1945	85	携手、好机会	3300
云南纸烟厂	1943—1963	—	重九、七七、安乐	—
新华烟草公司	1945—1946	130	红骑士、金炮台	3200

①彭泽益编：《中国近代手工业史资料》第四卷，中华书局1984年版，第265页。
②张肖梅编：《云南经济》，中国国民经济研究所，1942年，第01~02页。
③褚守庄：《云南烟草事业》，新云南丛书社1947年版，第3页。

厂家名称	开办时间	员工人数	主要卷烟牌名	产量（箱）
中国兴业烟草公司	1945—1946	140	大运、僧帽	4000
侨光烟厂	1945—1949	25	携手、好机会	1500
孚和烟厂	1945—1947	100	三羊、美庭	2460
利民烟厂	1945—1951	30	绿剑侠、鹿花	3650

资料来源：云南烟草志编纂委员会编纂：《云南烟草志》上卷，云南人民出版社1997年版，第199~202页；褚守庄：《云南烟草事业》，新云南丛书社1947年版，第231~233页；何忠禄主编：《云烟奠基人——徐天骝文选》，云南民族出版社2001年版，第155~157页。

（三）烟税的增加

在过去，国家关于云南烟草的收入，并没有烤烟税这一科目。自从各地开始提倡种植美烟以后，烤烟税收逐年增加，其数量大为可观。1945年，云南烟草生产事业总管理处收购烟叶共计151259公斤，缴纳烤烟税就已达41399091元，这其中还不包括烟农和烟商自行贩运所缴纳的税。除了烤烟烟叶的税收，纸卷烟税也随着烤烟种植产量的增多，成为国库的重要收入来源。[1]

（四）烟草贸易的发展

因烤烟的产量不断提高，以烤烟维持生计的人民不下数十万。如老昆明实善街的开远会馆，以及当时旁边的后丰货仓及其他大小堆店，都已形成了烤烟的交易场所，以贩运烤烟为生的商人也不在少数。云南所产烤烟不仅行销省内，每年运往贵州、西康、四川、越南的云南烤烟不下100万斤，以当时的市价来算，云南省农村的收入要大于30亿元。[2]

1944年，昆明市庆云街成为烟草专业市场和全省烤烟与卷烟的交

---

[1]褚守庄：《云南烟草事业》，新云南丛书社1947年版，第3页。
[2]褚守庄：《云南烟草事业》，新云南丛书社1947年版，第4页。

易中心，"这里每天熙熙攘攘，省内外客商在这里买卖卷烟和传统烟草产品和各种卷烟辅料。当时省内各烟厂的70%—80%的产品通过这里销售，每日成交量达四五百箱。昆明市在四十年代后期做烟生意的商号有200多家，市区里烟店数量高于粮店"①。

第三节　物竞天择：区域环境与全面抗战时期美烟在云南的推广

据载，为了推广美烟，"时任云南省企业局副局长刘幼堂找到徐天骝（留法农学博士），请徐负责推广种植美烟，徐又邀约了褚守庄等人参加，通过广泛查阅国内外烟草资料及对本省地理环境的考察，徐等人一致认为云南的自然条件是可以种植美烟的，而且在气候、土壤适宜，农民具有丰富种烟经验的老烟区栽种美烟，是有成功的希望的。徐等人因此接受了美烟的引种这一任务"②。尽管美烟为引进的外来品种，但全面抗战时期美烟在云南推广的成功，首先源于云南得天独厚、适宜于烟草种植的自然环境。

一、气温

烤烟性喜温暖，在无霜期不足120天的地方就不能正常生长成熟，烟草种子发芽的最低温度为10—12℃，气温上升到20℃时生长加快，大田期生长期最适宜的温度是24—28℃，高于35℃时烟叶品质会变差，

①云南省档案馆编：《建国前后的云南社会》，云南人民出版社2009年版，第183页。
②何忠禄主编：《云烟奠基人——徐天骝文选》，云南民族出版社2001年版，第355页。

但是低于17℃时烟叶则不能正常生长成熟，使用价值低①。烤烟在 25—28℃的适宜温度下，虽然生长快，但积温过高，难以生产出优质烟叶。优质烟叶品质的形成，较理想的成熟期平均气温是 20—25℃，平均温度在 20℃以上②。

进一步细分的话，烤烟可以分为育苗期（播种至移栽）、大田生长前期（移栽至旺长期）和成熟采烤期。

烤烟种子发芽的下限温度为7.5℃，最好在10℃以上。苗期要求大于8℃的有效积温350—450℃。云南的滇中、滇南和滇西的大部分地区为亚热带，无霜期在300天左右，气候温和，3月中旬气温稳定在12℃以上，4月上升到18℃，这样的温度能满足烟种发芽和生长需要③，其间大于8℃的有效积温达451.4℃，玉溪为433.1℃。大田生长期要求日平均气温在20℃以上，大于8℃的有效积温600—800℃。云南烟区5—7月平均气温为20.4℃，平均大于8℃的有效积温880.4℃，玉溪为894.6℃。成熟期采烤期要求日平均气温在20℃以上，特别是不低于17℃，大于8℃的有效积温600—1200℃。云南主要烟区平均烤烟成熟期、采烤期日平均气温19.8℃，"云烟之乡"玉溪为19.9℃，大于8℃的有效积温云南主要烟区为719.8℃，玉溪为725.9℃。④可以说，在温度上，云南绝大多数地方的气温都满足优质烤烟的生长要求，且云南地区在烤烟生长前期温度日较差要大，白天温度高，光合作用强，夜间温度低，呼吸作用弱，有利于干物质的积累，进一步提高烟叶的质量。

①云南省地方志编纂委员会总纂：《云南省志》卷二十《烟草志》，云南人民出版社2000年版，第34~35页。
②李秀、付东灵等：《玉溪市烤烟种植气候指标分析》，载《云南科技管理》2017年第3期。
③云南省地方志编纂委员会总纂：《云南省志》卷二十《烟草志》，云南人民出版社2000年版，第21页。
④贺升华、任炜主编：《烤烟气象》，云南科技出版社2001年版，第14~16页。

二、光照

烤烟是喜光作物，从烤烟系统发育的特性出发，需要强烈的光照，才能生长旺盛，叶厚茎粗，繁殖力强。但从烟叶品质和培养角度出发，充足而不强烈的光照更有利于优质烟叶的形成。育苗和蹲苗伸根期要求天气晴朗，日照充足，成熟采收期要求天气多云，光照和煦。

光照对烟叶质量的影响，主要表现在日照时数的多少、日照百分率的大小。日照时数偏多，日照百分率偏大，光合作用强，光和物质积累多，烟叶质量好。一般认为烤烟整个生长期日照时数以1000—1500小时为宜，日照百分率在40%以上[1]。云南全省光照强，太阳年辐射量大。除新疆、青藏高原外，云南是全国太阳辐射的高值区，太阳年辐射总量在180千卡/平方厘米左右，比临近的四川、贵州、广西都大，大部分地区日照率在50%—70%。但因云层薄，空气清新，透光率强，光质好，有利于烟叶的光合作用。[2]

不同阶段烤烟对光照的要求也不同，烤烟种子发芽需要充足的光照，优质烟叶的大田生长期要求日照时数200—300小时，优质烟叶成熟采烤期要求日照时数280—400小时，日照百分率大于30%[3]。云南烟区3—4月合计日照时数为462.1小时，玉溪达480.3小时，除了镇雄较少外，是全省主要种植县、市全年最充足的时段。云南大田生长期时日照时数在300—400小时，玉溪为450小时。采烤期云南主要烟区的平均日照时数为290小时，日照百分率达39%，玉溪日照时数为280多小时，日照百分率为37%[4]。由此可以看出，云南烟区的日照时数满足烤烟所需

---

① 贺升华、任炜主编：《烤烟气象》，云南科技出版社2001年版，第17~18页。

② 云南省地方志编纂委员会总纂：《云南省志》卷二十《烟草志》，云南人民出版社2000年版，第21页。

③ 贺升华、任炜主编：《烤烟气象》，云南科技出版社2001年版，第18页。

④ 贺升华、任炜主编：《烤烟气象》，云南科技出版社2001年版，第14~16页。

的光合作用，能为烤烟积累丰富的光和物质，提高烟叶质量。

三、降水

烟草叶片大，生长过程中需要大量的水分，据研究，每生产一斤干烟叶，需用水1500多斤[1]。烤烟种子发芽需要降雨量100—200毫米，优质烟叶的大田生长期要求降水量350—400毫米，优质烟叶成熟采烤期要求降水量200—300毫米[2]。云南烤烟对降水的利用，与整个农业又不尽相同。烤烟生产除了育苗，特别是移栽成活需要人工给水外，大部分生育时段所需要的水分，都由降水提供，再加上烤烟生长中、后期雨日多，小雨概率大，因此云南烤烟对降水利用率较高[3]。

云南烟区育苗期3—4月合计雨量为52.3毫米，最多的罗平也仅仅80多毫米，是低于烤烟发芽所需的雨量的。但是因为温度足够、雨量少反而减少了病虫害，容易培育出强壮的烟苗。大田生长期云南烟区平均降水量为351.4毫米，玉溪为346.7毫米，成熟采烤期云南烟区平均降水量在300毫米左右。生产实践证明：烤烟在这个时期，雨量越少，日照越多，温度越高，烟叶质量越好。[4]从以上数据可以看出，云南多数烟区的降水规律，基本符合烤烟生长各阶段的需水要求，即5月中下旬至6月上旬降水量不多，有利于烤烟移栽成活、根系生长；6—8月是雨量充沛的阶段，有利于烤烟的旺盛生长；雨季后期（9—10月）降水减少，有利于烤烟成熟烘烤。[5]

---

[1]贺升华、任炜主编：《烤烟气象》，云南科技出版社2001年版，第326页。
[2]贺升华、任炜主编：《烤烟气象》，云南科技出版社2001年版，第14—16页。
[3]贺升华、任炜主编：《烤烟气象》，云南科技出版社2001年版，第7页。
[4]贺升华、任炜主编：《烤烟气象》，云南科技出版社2001年版，第14~16页。
[5]云南省地方志编纂委员会总纂：《云南省志》卷二十《烟草志》，云南人民出版社2000年版，第21页。

四、土壤

烟草对土壤的要求并不严格，适应性很强，除了比较严重的盐碱地外，其余的各种土壤，几乎都可以种植烟草，但是不同的土壤类型对烟草的品质影响是非常显著的。褚守庄说："适宜种植美种烟草的土壤，以轻松的沙质壤土，土质深厚排水佳良为最好，其他的土壤也都可以种，不过品质较差而已。"[1]虽然各类烟草对不同的土壤类型要求有所不同，但是也有共同特性，比如土质疏松，结构良好，通透性好，保水保肥，对各种烟草都比较适宜；而土壤微呈酸性，氮素和有机质含量适中，磷、钾含量丰富，表土壤质含有小砾石或沙砾夹杂物，心土黏质既能保水，又能透水而不至于积水，则最为理想，时常能产出质量优良的烟叶。[2]

土壤是烤烟种植的基础。云南省共有16个土类，占全国土壤类型总数的四分之一，其中红壤占全省土地面积的一半，所以云南省素来有"红土高原""红土地"之称。黄壤占20%，紫色土和石灰岩土占8.98%。云南土地类型多种多样，立体分布十分明显，大部分呈中性或者微酸性。云南烟区多为中性或微酸性的红壤、黄壤、石灰岩土、紫色土和水稻土等。这些土壤土性偏酸，土层深厚，土质疏松，排水通气性好。这类土壤因白天水分蒸发而干燥，到了夜晚土底的水分回升，使表土回潮，故而烟株生根容易，根深叶茂，发育健壮[3]。且有机质含量适中，但钾元素不足，施肥时适当增加钾肥即可[4]。

---

[1] 褚守庄：《云南烟草事业》，新云南丛书社1947年版，第29页。

[2] 洪其琨编著：《烟草栽培》，上海科学技术出版社1983版，第32页。

[3] 云南省地方志编纂委员会总纂：《云南省志》卷二十《烟草志》，云南人民出版社2000年版，第22页。

[4] 贺升华、任炜主编：《烤烟气象》，云南科技出版社2001年版，第2页。

五、风资源

风对优质烤烟的生长也具有非常重要的意义。由于风的输送作用，使得烟株群体与空气中的热量、水分、二氧化碳等发生一系列的交换作用，因此风也是优质烤烟生产必不可少的因素之一[①]。对此，洪其琨指出："风对烟草的影响有利有弊，微风能降低田间空气湿度，改善烟田小气候，减轻病害的发生，并使叶片组织严密，对于烟叶质量和品质都有利……大田后期株高叶多，更易遭受风灾，每秒10米的风速就能造成严重危害。"[②]而据贺升华、任炜的统计，云南省各地、州、市年平均风速每秒2.0米。烤烟生育期间以苗期风速变化较大，成熟期较小。云南烟区的平均风速在生育期是每秒2.4米，苗期最大，平均每秒3.3米；成熟期最小，平均为每秒1.6米。除了极特殊情况，风速并不会对烟株造成严重伤害。且云南烟区的风向十分恒定，这也是云南优质烤烟生产的一个独特因素。[③]

总之，正如褚守庄说："美种烟草，就云南的气候来说，除了极北极西和极高原地带外，适宜的地方很多，就云南而言，凡能栽土烟的地方，气候大多适宜，若能生长棉花、甘蔗的地方，就更适宜。"[④]全面抗战时期美烟在云南之所以能够推广成功，云南地区之所以能够生产出全国独具特色的优质烤烟，主要还是在于云南自然环境与烤烟生理特性的完美结合。

[①]贺升华、任炜主编：《烤烟气象》，云南科技出版社2001年版，第120页。

[②]洪其琨编著：《烟草栽培》，上海科学技术出版社1983年版，第31页。

[③]贺升华、任炜主编：《烤烟气象》，云南科技出版社2001年版，第120~124页。

[④]褚守庄：《云南烟草事业》，新云南丛书社1947年版，第29页。

第四节　事在人为：市场、政府、技术与全面抗战时期 美烟在云南的推广

既然云南自然环境非常适宜美烟种植，但为什么美烟的引种成功与推广初见成效偏偏发生在全面抗战时期呢？如果说前面我们回答了"何以发生在该地"的问题的话，那么，接下来我们就应该回答"何以发生在该时"的问题了。

一、市场

全面抗日战争期间，云南作为大后方，接纳了大量外来人口，其中也有不少军队。据《云南省志·人口志》记载，1936年，云南省的人口数量为12047157人，仅仅时隔一年，也即1937年的云南人口就增至12390477，增长了34万人，这还没有统计军队的人数；人口除了自然增长外，均是外省迁入云南，之后还有外省人陆续进入云南。[①]这些人的到来扩大了消费市场，人们对日常消费品的需求日益增加，其中就包括卷烟。但是因为战争，卷烟产销地已几近沦陷，日军又封锁了中国唯一的国际通道滇越铁路，在这种情况下，"昆明的一些学者商贾名流，鉴于香烟销路日盛，贸易前景大有可为，兼之云南气候温和，得天独厚，建议自己动手，试种烟叶，进行复烤，生产香烟。当时龙云政府也认为有此必要，大力支持"[②]。对此，"云烟奠基者"徐天骝也指出："抗战军兴，

---

① 云南省地方志编纂委员会总纂：《云南省志》卷七十一《人口志》，云南人民出版社1998年版，第32页。
② 张季直：《云南名烟创始记》，见中国人民政治协商会议云南省委员会文史资料委员会编《云南文史资料选辑》第四十九辑，云南人民出版社1996年版，第175页。

后方之云南，人口激增，纸烟消耗量大加，然因交通梗阻，上海、越南等处出品，不易输入；湖南、贵州杂烟牌，虽有进口，惜气味恶劣，且数量又少，不能满足市场需求。于是，本省纸烟工厂，乃应运而生，有如雨后春笋，纷纷成立。"[1]

与此同时，全面抗战爆发后，华北、华东、华南相继沦陷，中国的民族卷烟企业受到了极大的破坏。"八一三"淞沪会战后，有近30家民族卷烟企业受到不同程度的破坏，其中有14家损失十分惨重。如南洋兄弟烟草公司厂房和主要机器设备均被日军焚毁；华成烟草公司机器设备全部被毁，厂房部分毁损，约6000桶烟叶被焚烧。当时，上海民族资本烟厂仅19家开工。[2]所以上海、青岛、天津、武汉等地的重要卷烟企业不得不跟随国民政府迁到大后方，以谋出路，其中一部分烟企选择在云南办厂生产。

于是，人口增加导致吸食需求增加，烟企增加导致原料需求增加，而受战争影响，很难从省外输入原料以供给市场需求，市场对烤烟的需求只能通过扩大云南烤烟的种植面积、提高产量来解决。因此，全面抗战时期云南美烟推广的成功与种植面积、产量的快速增加，在很大程度上是需求带动生产的结果。

二、政府

全面抗战时期美烟在云南的推广，是由政府积极推动的，政府的支持及其有效的制度与措施保障，是其推广成功的重要原因。

首先，为了实施推广，云南省政府组织成立专门的推广机构，并根据推广工作开展的实际需要不断完善推广组织结构。1941年3月1日，

---

① 徐天骥：《十年来之云南美烟事业发展纪实》，转引自杨寿川《云南烟草发展史》，社会科学文献出版社2018年版，第72页。
② 张雷：《抗战时期的中国民族烟草工业》，载《东方烟草报》2015年8月15日。

在云南省企业局的领导下，云南省烟草改进所在昆明市珠玑街纸烟统销处内成立，具体负责美烟的各项推广事宜。1943年，云南纸烟厂和云南烟叶复烤厂相继建成。同年，企业局为谋求统一管理方便，"将云南纸烟厂、云南烟叶复烤厂和烟草改进所合并改名为云南烟草生产事业总管理处，使种植、复烤、制造、售卖融为一体。换句话说，就是农工商三位一体"①。推广机构的调整与完善，为农民种植美烟解决了后顾之忧，有利于扩大美烟种植和提高产量。烟草改进所和云南烟草生产事业总管理处的先后成立，为美烟在云南的推广提供了组织保障。

其次，云南省出台相关政策，在资金上主要以贷款的方式对推广进行支持。据徐天骝《十年来云南美烟发展纪实》记载："1942年至1945年，美烟贷款由烟草改进所负责，贷款的方法是无息贷款，每年烟叶上市后照当时的市价如数扣还。"②如1941年，"首以富民县为推广区，面积180亩，建筑烤房七座，每烤房一座，无息贷给农民贷款1500元，每种烟一亩无息，贷给烤房燃料费5000元"。该年无息贷款国币16000元。次年推广县扩大到了7个，共无息贷出1181543元。此后逐年增加，到了民国三十四年（1945），共无息贷出83272500元。③如表7.4所示，尽管每年贷款种类和金额不一，但贷款总额增加迅速，1945年的贷款总额竟为1941年的5000多倍，如此大规模的资金支持，无疑对美烟的推广起到了极为重要的作用。

---

①《核准云南省企业局呈报将烟草改进所等处合并成立云南烟草生产事业总管理处事》，云南省档案馆藏，档案号：1106-004-03368-003。

②何忠禄主编：《云烟奠基人——徐天骝文选》，云南民族出版社2001年版，第366页。

③杨国安编著：《中国烟业史汇典》，光明日报出版社2002年版，第1230~1231页。

表7.4　1941—1945年云南烟草改进所美烟贷款一览表

贷款 年度	育苗贷款 （每亩）	肥料贷款 （每亩）	燃料贷款 （每亩）	烤房贷款 （每亩）	垦荒贷款 （每亩）	生产贷款 （每亩）	贷款总额 （万元）
1941	—	—	—	1500元 （座）	—	—	1.6
1942	60元	250元	200元	100元	—	—	118.1543
1943		250元	350元	300元	60元	—	1014.376
1944				1000元		800元	2950.7
1945				4000元		3000元	8327.25
总计							12412.1

资料来源：何忠禄主编：《云烟奠基人——徐天骝文选》，云南民族出版社2001年版，第48页；褚守庄：《云南烟草事业》，新云南丛书社1947年版，第218页；云南省档案馆藏烟草事业总管理处档：《本处各分所实种亩积、烤房座数各项登记及员工人数统计表》，档案号：139-200，第180页。

第三，大力开展宣传动员，以调动农民种植美烟的积极性和扩大社会影响。美烟在云南属于新兴作物，广大农民对于美烟的经济价值和栽培方法多不了解，需要对他们进行广泛、得法的宣传与动员。"推广的第一步，多次派遣技术人员至各地调查适宜种烟区域，并与地方教育界、农界热心农业生产的人士取得联络，再进一步与有关县保甲长、地方领袖、先进农民取得密切联系，在个别谈话中，尤其是在农民唯一的俱乐部茶铺内，将栽种美烟之利益、方法等加以宣传。茶铺宣传，收效颇大。"[1]并为了扩大社会的认可与支持，邀请省参议员、新闻界和社会名流参观育种场，以扩大美烟的声誉。宣传工作前期主要是深入农村，

---

[1]何忠禄主编：《云烟奠基人——徐天骝文选》，云南民族出版社2001年版，第46页。

目的在于鼓励农民种植；后期则侧重城市，意在加强中上层社会人士对美烟的认识。经过跨区域、多层次的宣传，更多的农民愿意种植美烟，社会也更加认可美烟，美烟种植面积遂逐年增加。

三、技术

美种烤烟的品种有很多，云南地区适宜种植哪个品种，唯有通过试验才能得知。1939年，云南引进美国弗吉尼亚型烤烟品种取得成功，次年又进行了区域试验，以南洋兄弟烟草公司在河南、山东等地推广的"金圆"品种表现良好，遂决定暂时用作推广品种，乃组织技术力量，在长坡试验场认真繁殖，供第二年推广使用。自1942年至1945年，"金圆"为云南省唯一的推广品种。[①] 至1945年，"金圆"品种已在云南22个县推广，该年生产烤烟1194770公斤，为云南烟草业的发展提供了充足的原料。

在推广过程中，重视人才，积极培养人才，发挥人才的技术优势也是推广得以成功的重要原因。政府决定推广美烟之初，"时任云南省企业局副局长刘幼堂找到徐天骝（留法农学博士），请徐负责推广种植美烟，徐又邀约了褚守庄等人参加"[②]，徐天骝、常宗会、褚守庄等人，他们学有专长，又适得其所而各尽所能，对美烟在云南的推广起到了关键作用。

过去云南省没有种植过烤烟，更没有烤房来烘烤烤烟，因此辅导农民科学种植也十分重要。于是，云南成立烟草技术人员训练班，从事培养技士、技术员、助理技术员的工作。训练分为三个学期，共15个月。第一学期5个月，在课堂上讲授农学，推广烤烟种植、烘烤等基本知识。

[①] 徐天骝：《云南引种和栽培烤烟的史料》，见中国人民政治协商会议云南省委员会文史资料委员会编《云南文史资料选辑》第十六辑，云南人民出版社1983年版，第245页。

[②] 何忠禄主编：《云烟奠基人——徐天骝文选》，云南民族出版社2001年，第355页。

第二个月实习9个月，学员分别前往烟草改进所各分所、云南纸烟厂、烟叶复烤厂参加实际工作。第三个学期1个月，学员又回班上课，着重于撰写实习报告、开展问题讨论等。训练结束后进行考察，考察成绩合格者，发放证书。从1941年至1943年，先后举办了两期，共165名学生毕业，除少数外，大多数成为烤烟推广干部，表现颇好[1]。而据烟草改进所工作报告记载，1942年至1949年，本省共培训各类人才达2810名。这些人才在各自的岗位上兢兢业业、恪尽职守，为美烟的推广作出了巨大的贡献，奠定了今天云烟发展的基石。[2]

烤烟要经过初烤、复烤和卷制等工序。烘烤是一种复杂的生理和生化过程，烘烤者须有灵活之头脑、丰富之经验，方能烤得好[3]。烟农们之间流传着这么一句话："烟叶种得好不算好，烤得好才叫好。"这句话已无从考证出处，但是可以看出烤烟的烘烤对于优质烟叶的重要性。以云南烟叶复烤厂的复烤程序为例，经过收烟、整理、回潮、挂烟、上烟杆、低温复烤、高温复烤、凉房、潮房、接烟、装箱、压烟、钉桶或缝包、过磅和入仓这十五道工序后[4]，烟叶的辛辣味道才会消失，香气则会被保存。之后以一定比例进行配烟、蒸烟、调制、切丝、炒丝、卷制等工序，制成卷烟。烟草改进所为了提高品质，也做了一些规定，如由专人负责、适时采叶、分类编排、排队装烟等等。又有"三不落地"：采烟、编烟、出炉时，烟叶不准落地；"六不撞"：烟叶不撞人、不撞墙、不撞烟杆、不撞门、不撞火龙等，[5]帮助烟农丰富经验。经过多年的训练，大部分烟农掌握了烘烤技术，有些烟农甚至能为其他烟农作指

---

[1] 徐天骥：《云南引种和栽培烤烟的史料》，见中国人民政治协商会议云南省委员会文史资料委员会编《云南文史资料选辑》第十六辑，云南人民出版社1983年版，第249~250页。

[2] 王艳：《云南美烟的引进和推广研究（1939~1949）》，云南师范大学2018年硕士学位论文。

[3] 徐天骥：《云南引种和栽培烤烟的史料》，见中国人民政治协商会议云南省委员会文史资料委员会编《云南文史资料选辑》第十六辑，云南人民出版社1983年版，第255页。

[4] 云南省志编纂委员会办公室：《续云南通志长编》下册，1986年，第437页。

[5] 徐天骥：《云南引种和栽培烤烟的史料》，见中国人民政治协商会议云南省委员会文史资料委员会编《云南文史资料选辑》第十六辑，云南人民出版社1983年版，第255页。

导。这些技术性措施大大提高了烟叶的品质，为云南烟草业的发展作出了贡献。

总之，重视技术优势，进行科学推广，是全面抗战时期美烟在云南推广取得显著成效的重要原因。

综上所述，我们认为，空前的市场需求、政府的重视与积极推动、发挥人才与技术优势进行科学推广，是全面抗战时期美烟在云南推广种植成功的主要社会因素。而在很大程度上，这些因素是与战争这一"时局"紧密联系的，因此，换句话说，这些社会性原因也可称之为时代性因素。

第五节　本章小结

烟草在云南发展的历史，从明万历年间算起，已有400多年的历史，但云南作为烟草大省却是很晚的事。在美烟引种云南成功之前，云南土烟种植虽有一定发展，但不仅没有做到自给，而且因其品质问题，限制了云南烟草业尤其是卷烟业的发展。因此，改进云南烟草品质，并在此基础上扩大种植就成为云南烟草业发展的关键。如果说，卷烟原料以前还可以从山东、河南等省外输入的话，那么，由于日本侵华战争的扩大，中国东部、中部广大地区相继沦陷，云南卷烟原料只能谋求从本省解决。而作为大后方的云南，一度人口剧增，市场需求猛涨，由本省自行解决卷烟原料问题更显迫切，而恰在1939年，美烟在云南引种成功，为解决这一问题提供了重大契机。于是乎，经政府极力推动，科技人员辛苦付出，农民积极种植，尽管就美烟种植占全省烟草种植比例而言，截至1945年，美烟不及土烟，但美烟种植面积扩展迅速，土烟种植面积徘徊甚至下降的趋势明显，美烟的推广种植无疑获得了巨大成功。

云南之所以能成为烟草大省，得益于适宜于烟草种植的得天独厚的自然环境，这是没有疑问的，也是最为人所强调的。但是，环境向来如此，而社会却时刻在发生着变化，如果没有特定的时代因素的形成及其作用的发挥，环境本身很难自然地生发出那些后来在我们的认识中被视作"当然"的事物，全面抗战时期美烟在云南推广的事实就很好地说明这一点。

总之，云南成为烟草大省的历史并不长，全面抗战时期美烟在云南的推广是云南烟草发展史上的关键转折点。由于此次推广奠定的坚实基础，云南适宜于烟草种植的自然环境的优越性得以彰显，并在自然与人的互动中，进一步改进和提升了"云烟"品质，形成"云烟"品牌，进而形成了云南作为烟草大省的地位。

第八章

抗战军兴：全面抗战时期云南近代工矿业的发展及其空间分布

 1937年七七事变后，日军全面侵华，国民政府为了保存抗战资本，将中、东部地区关乎国计民生的大型工矿企业迁入抗战大后方，也为自愿搬迁的企业提供方便。迁入大后方的企业，有相当一部分选择在云南安家落户，随之带入大量建设资金、机械设备、先进技术与工业人才。与此同时，国土沦丧，导致成千上万的民众避祸西南，抗战军用物资短缺，工业消费市场旺盛。而国民政府迁都重庆后，提出依靠工业建设进行长期抗战的主张，大力支持与鼓励云南工业的发展。政策上，提出将西南作为工业建设的重心，"其地域以四川、云南、贵阳、湘西为主"①。组织上，提升中央资源委员会的地位，与云南经济委员会、企业局共同在云南开展工业建设，创办了一批附属大型工矿企业。财政上，中央设立由中央银行、中国银行、交通银行、中国农民银行组成的"四联总处"与地方上的富滇银行为近代云南工矿业提供资金支持。从而，因抗战军兴，大量的资金、设备、技术、人才集聚云南，以及庞大工业消费市场的出现，为近代云南工矿业的发展提供了绝佳机遇。经过前后七八年的建设，云南近代工矿业获得前所未有的发展。

---

①《西南、西北工业建设计划》，中国第二历史档案馆经济部档案，全宗号4，案卷号34829。

第一节　全面抗战时期云南近代工矿业的发展与繁荣

云南是战时唯一的国际物资援华大通道。全面抗战以来，东部海口沦陷，从西北通往苏联的运输线又太过遥远，因而距离较短的西南成为抗战及援华物资运输的最佳选择。滇越铁路作为仅存的外援国际通道，日夜抢运抗战物资与人员，到1939年参与运输的有97辆机车，207辆客车，1049辆货车，运力比以往增长了3倍多[①]。除铁路运输外，云南各族民众在短时间内筑成滇缅国际公路。1938年8月，滇缅公路正式通车，汽车昼夜不舍往返于中缅两国。1940年滇越铁路中断后，滇缅公路仍然坚持两年多不间断运输，直到1942年5月日军侵犯怒江而停运。滇越铁路、滇缅公路的国际运输功能，为近代云南工矿业的原料来源、设备进口、人才引进、国际销售市场提供了便利。抗日战争的特殊机遇，导致云南近代工矿业实现跨越式发展，促成各大工业部门的大发展。

一、矿冶工业

抗战军兴，矿产作为国防建设中重要的战略资源，受到国民政府的高度重视，被纳入统一控制管理。1937年11月，国民政府制定《总动员计划大纲》，设立农产、工矿、贸易三个调整委员会，"对各项事业加以严密之组织，予以适当调整，济以有力之援助"[②]，其中工矿调整委员

---

① 云南省志编纂委员会办公室：《续云南通志长编》中册，1986年，第1000页。
② 中国第二历史档案馆编：《中华民国史档案资料汇编·第五辑·第二编·财政经济（五）》，江苏古籍出版社1997年版，第55页。

会发展为主管工矿建设的机构，由中央与地方政府共同支持云南矿业开发。此时国内大多数矿产区已被日本侵占，矿产资源丰富的云南自然成为国民政府开发的重点，国民政府在云南投资创办了一大批矿冶企业。

表8.1　1937—1945年云南新设近代矿冶企业统计表

企业名称	开业时间	厂址	资本额（万元）	性质	职工人数	设备及出产
云南锡矿工程处（中央公司）	1938.08	个旧	600	国营	—	600马力煤气反射炉2座、交流发电机、压气机、吊车
平彝钨锑公司	1938.10	平彝	693	省营	340	锑氧矿焙炉2座、提纯反射炉3座、翻砂炉1座
滇北矿务局	1939.03	会泽	2060	国省合营	761	发电机、电马达、柴油机、水轮机、风钻、反射炉
资源委员会昆明炼铜厂	1939.06	昆明	1120	国营	299	发电机、电解槽、反射炉、双缸压气机、铝氧水解槽
资源委员会易门铁矿局	1939.08	安宁	334	国营	298	月产铁矿砂800吨、生铁15吨、熟铁10吨
资源委员会明良煤矿公司	1939.09	宜良	2140	官商合办	2154	自建轨道23公里，机电设备应有尽有
昆华煤铁特种股份有限公司	1939.10	禄丰	1500	官商合办	192	新式十吨高炉1座，月产生铁700吨、钢锭20吨
云南钢铁厂	1939.11	安宁	2000	省营	409	炼铁炉、蒸汽吊矿机、柏士麦炼炉、蒸汽锅炉、发电机
中央造币厂昆明分厂	1940.01	昆明	1381	国营	149	镍合金、黄铜片、锌片
宣明煤矿公司	1940.01	宣威	700	国省合营	239	蒸汽机、发电机、鼓风机、绞车、水泵、车床、刨床、卡车

续表

企业名称	开业时间	厂址	资本额（万元）	性质	职工人数	设备及出产
云南锡业股份有限公司	1940.08	个旧	10 0000	国营	4037	鼓风炉、漆面摇床、碾压机、高压输电设备，出产精锡、烟煤
滇西企业局	1941.05	禄丰	2500	省营	—	抽卤机、金刚石钻探机、蒸汽机、卡车，出产焦煤、生熟铁
中国电力制钢厂	1941.11	安宁	200	特种股份	266	1吨电炉、1吨半裴色姆炉、轧钢机、压气锤，日出钢3吨
银铅锌矿厂管理处	1942.06	鲁甸	2251	省营	—	瓦斯发生炉、发电机、鼓风炉、柴油机，车床、刨床、钻床
合记云鑫辗片厂	1944.01	昆明	150	私营	20	出产锌片

资料来源：个旧市志编委会：《个旧市志》上册，云南人民出版社1998年版，第309页；云南省志编纂委员会办公室：《续云南通志长编》下册，1986年，第460、466、471、474、475、479页；《云南实业司关于民国三十三年度八月云南全省各县市工厂调查表》，云南省档案馆藏，档案号1089-001-00019-001；《云南实业司关于民国三十三年云南全省各县市工厂调查表》，云南省档案馆藏，档案号1089-001-00020-001；苏汝江编著：《云南个旧锡业调查》，国立清华大学国情普查研究所，1942年，第25~28页。

从表8.1可知，全面抗战期间新增煤铁采炼业企业15家。矿冶工业大多是资本在1000万元以上的大型企业，以国省合营为主要的经营形式，由国家和省政府提供资金、技术、人才，由专人进行管理，其中只有合记云鑫辗片厂一家私营企业。从企业的位置来看，该时期矿冶工业分布相当广泛。相比于之前，该时期煤、铁冶炼因抗战而兴起，矿业精加工企业数量进一步增长，钢铁等重工业使得该时期矿冶工业向着多样化、规模化、精加工化发展。

抗战中锡矿为国际贸易重要产品，为了集中资源进行大规模开采，政府决定将大型锡矿企业进行联合。1940年8月，由云南省政府、资源委员会、中国银行会同议定，将锡务公司、炼锡公司、1938年成立的云南锡矿工程处加以合并，组成云南锡业公司[1]。云南锡业公司成立后，工人达到4037人，资本额在1945年达到10亿元，发展成为抗战时期云南规模最大的近代企业。全面抗战时期，国内产铜区沦陷，与外铜绝缘，因而资源委员会与地方政府合资创办滇北矿务局，开发东川一带的铜铅锌矿，将前东川矿业公司全部矿区与资产并入，机械化程度高，拥有动力、钻探、冶炼、碎矿、修理、制造、通讯、运输等矿业生产各大环节的机器设备，特别是运输上改牛车、骡马为汽车运输。滇铜经反射炉精炼后，纯度可达99.4%以上，产品供给重庆兵工署、国防兵工建造及1939年成立的昆明炼铜厂进行深加工制造。运输条件的改善与市场扩大，助力滇铜再创辉煌。

钨锑业中，除原有果都钨锑公司继续发展外，1938年云南企业局新设平彝钨锑公司，该公司只有湖南式氧三炉、纯锑炉、翻砂炉等简单冶炼设备[2]。铅锌矿业中，除私营鑫泰公司外，还有银铅锌矿厂管理处、合记云鑫辗片厂两家企业。银铅锌矿厂管理处在接收原鲁甸乐马厂全部业务外，添置新式机器，还建有钢轨与汽车进行运输，但两年后因所获无多而停产。此外，在昆明还有私营合记云鑫辗片厂[3]，对锌矿进行深加工，出产锌片。

煤、铁两矿作为原料被广泛地运用到军工生产中，在抗战时需求更旺。1939年8月，资源委员会最早投资建设了易门铁矿局，出产铁矿砂和生、熟铁；9月，资源委员会投资建设明良煤矿公司，一切机电设备

---

①顾金龙、李培林主编：《云南近代矿业档案史料选编（1890—1949年）》，1987年，第470页。

②云南省志编纂委员会办公室：《续云南通志长编》下册，1986年，第466页。

③《云南实业司关于民国三十三年度八月云南全省各县市工厂调查表》，云南省档案馆藏，档案号：1089-001-00019-001。

应有尽有，还建有轻便铁路23公里以便运煤；10月，兵工署投资建设昆华煤铁特种股份有限公司，矿业部设于路南县城，铁业部设于禄丰，建有日产10吨高炉1座，所出生铁适于翻砂铸铁炼钢之用。进入20世纪40年代，交通部开始修筑叙昆铁路，在宣威划定采煤区，1940年1月在宣威县城开办宣明煤矿公司，采用最先进的萍矿式鼓风机、绞车、水泵等采矿设备[1]，供给钢铁厂及国防军需工业使用。1941年，滇西企业局以制盐事业起家，兼营煤、铁矿开采等业务，拥有两大煤区，购进金刚石汽力钻探机、数十辆运煤车采炼煤矿。

以煤炭和钢铁为中心的重工业在中、东部沿海地区早有发展，直到抗战前云南尚无重工业。抗战中，煤、铁矿采炼在国防军工建设中得到发展，也促成云南以钢铁业为中心的重工业的诞生。1939年11月，资源委员会、云南省政府及兵工署三大机构在安宁城南及滇缅公路旁设立云南钢铁厂，其制钢部门拥有柏士麦炼炉2座，附有2吨熔铁炉、10吨起重行车、磨碎机等设备，能够日产生铁50吨，以及碳素钢锭、钢坯，还制造小型机器。1941年，中央经济部鉴于易门之煤产量多又可炼焦，联合云南地方政府在安宁创办中国电力制钢厂，利用中央研究院工学研究所的技术，加上英、美及瑞士等国机器，每日可产钢3吨[2]。煤炭、钢铁业的发展，在近代云南建立起重工业，使得云南近代工业体系趋于完备。

全面抗战期间，云南获得充足的人力、物力、财力，使得锡、铜、钨、锑、铅、锌、煤、铁都得到机器化大规模开采。煤、铁矿采炼在该时期成为新兴近代工业，在自身迅猛发展的同时，也促使以钢铁业为中心的重工业的出现。

---

[1]云南省志编纂委员会办公室：《续云南通志长编》下册，1986年，第476页。
[2]张肖梅编：《云南经济》，中国国民经济研究所，1942年，第O38页。

二、军事工业

日本全面侵华战争初期，国民政府处于劣势，被迫节节后退，决心发展军事工业，加强国防建设。军工企业由国民政府军政部下设的兵工署进行统一管理，具有保密性，没有固定资产。云南地理条件优越，有丰富的矿产原料，国际交通大动脉便于机械进口，还有相关大型企业在此集聚，因而兵公署在云南的军工企业颇具规模。

表8.2　1937—1945年云南新设近代军工企业统计表

企业名称	开业时间	厂址	性质	职工人数	设备及出产
中央（雷允）飞机制造厂	1939	瑞丽	国营	2500	2000吨摩擦压力机，出产战斗机、教练机、截击机、运输机、巡逻机、水陆两用座机
第二十二兵工厂（光学仪器厂）	1939.11	昆阳海口	属兵工署	440	迫击炮瞄准镜、测远镜
第二十一兵工厂安宁分厂	1940	安宁	属兵工署	1500	制炮机、制弹机
空军第一飞机制造厂	1940.01	昆明西郊	国营	600	立式电炉、立柱油压机、氧气机、碰焊机、冲床
中央无线电器材厂昆明分厂	1940.04	昆明西郊	国营	336	各式军用电线、大型无线电话报机、长短发报机
第五十一兵工厂	1941.09	昆阳海口	属兵工署	2000	制枪器械，月产400多挺捷克式轻机枪
第五十三兵工厂	1942.01	昆阳海口	属兵工署	2400	进口机器设备近千台
第五十二兵工厂	1942.10	宜良	属兵工署	1200	月产手榴弹12万枚、药包、工兵器械
第二十三兵工厂昆明分厂	1945.01	昆明	属兵工署	177	制磷机

资料来源：李师程主编：《云南文史集粹·五·工商·经济》，云南人民出版社2004年版，第26、40页；云南省国防科学技术工业办公室、军事工业史办公室编：《云南近代兵工史简编（1856—1949）》，1991年；《云南实业司关于民国二十二年云南全省各县市工厂调查表》，云南省档案馆藏，档案号1089-001-00020-001。

从表8.2可知，全面抗战时期云南新设军工企业9家，从企业性质看，以往由地方政府创办的中小型军工企业转变为由中央政府经营的大型兵工厂。兵工厂由兵工署派专人进行管理，职工人数多在千人以上，出产的军用物资源源不断地供给前线军队，在抗战中起到了至为关键的作用。其中以兵工署下属的兵工厂数量最多，还有部分其他中央部门所办企业。

兵工署在云南先后布局了6大兵工厂。1939年元旦，中国第一家光学仪器厂在昆明建成，署名第二十二兵工厂。厂长周自新从奥地利、瑞士购买制造技术回国，出产望远镜、迫击炮瞄准镜、倒影测远镜，为军队提供装配。出于战时防空考虑，兵工厂搬到较为隐蔽的昆阳海口镇。同时，生产捷克式轻机枪的五十一兵工厂，与1942年由以上两厂合并的五十三兵工厂都在海口建厂生产。

1940年第二十一兵工厂安宁分厂成立，从德国购进新式制炮机与制弹机，月产炮弹2万—3万发，员工1500人左右。1942年成立的第五十二兵工厂，主要产品为木柄手榴弹，月产12万枚，兼造工兵器材。此外，1945年第二十三兵工厂正式成立，生产黄磷，供生产黄磷燃烧弹使用。[1]

除兵工署主管的6家兵工厂外，还有3家国营军工企业。1939年，中央飞机制造厂由杭州迁到雷允，之所以选择在雷允建厂，是因为它位于滇缅公路末端，既可和内地相通，又可和缅甸相连，便于从缅甸仰光进口器材。该厂复工后，制造双翼蒙布式战斗机、单翼全金属战斗机、

---

①云南省国防科学技术工业办公室、军事工业史办公室编：《云南近代兵工史简编（1856—1949）》，1991年。

教练机，组装金属截击机、战斗机、运输机、海岸巡逻机、水陆两用座机等[①]，供应美国飞虎队及中国空军使用。1940年，空军第一飞机制造厂由韶关迁到昆明西郊昭宗村，该地处于狭长低洼区域，绿树成荫，便于隐蔽。该厂飞机制造原料购自美国，设备有电炉、油压机、氧气机、碰焊机、工作母机；生产双翼轻型飞机20架、高级教练机、E-15型苏联飞机30架及其他类型飞机；配套设施完善，有空军子弟学校、俱乐部、足球场、员工宿舍等[②]。1940年4月，中央无线电器材厂昆明分厂成立，生产大型无线电报话发送机，供军队及军政部、政治部、航委会沟通军事情报使用。

在云南布局的大型军工企业有9家，其中6家都由兵工署创办，2家由航空委员会创办，1家由资源委员会开办。军工企业规模庞大，职工人数大多在千人以上，为抗战提供了大量的武器、战斗机及军用设备等。但飞机等原料仍需从国外进口，关键技术掌握在外国工程师手中，受到帝国主义控制。

三、机械工业

全面抗战期间，云南近代机器工业实现跨越式发展。抗战前云南机器企业只能生产小型、简单机械，规模相当有限；抗战期间出现部分大型企业能够自制车床、刨床、电机电器、蒸汽锅炉、发电机、电子管等技术含量较高的设备，摆脱了机械完全依赖进口的状况。抗战时期云南的机械制造业在整个抗战大后方居于领先地位，拥有最大的机械制造企业中央机器厂。

---

①叶肇坦：《中央雷允飞机制造厂》，见李师程主编《云南文史集粹·五·工商·经济》，云南人民出版社2004年版，第31页。

②杨福星：《空军第一飞机制造厂迁滇纪略》，见李师程主编《云南文史集粹·五·工商·经济》，云南人民出版社2004年版，第40页。

表8.3　1937—1945年云南新设近代机械制造企业统计表

企业名称	开业时间	厂址	资本额（万元）	性质	职工人数	设备及出产
西南联大机械实习厂	1939.04	昆明江西会馆	—	公办	—	电动机、各类车床、钻床、刨床、万能铣床、冲剪机
中央电工器材厂	1939.07	昆明西郊	—	国营	2400	电子管、真空管、氧气、电动机、变压器
资委会中央机器厂	1939.09	昆明茨坝	4600	国营	1977	各类车床、电焊机、热处理炉、锅炉，多达633部
上海电镀厂	1940春	昆明环城南路260号	10	私营	24	汽车活塞、龙头
大华机器厂	1940.03	昆明龙翔街	300	合资	52	引擎活塞、铸铁
德和机器厂	1940.10	昆明绥靖路550号	2135	商办	34	车床、刨床、铣床6部、钻床6部、制钉机器4部
中大机电制造厂	1941.05	昆明西郊普坪村	—	国营	—	中式八尺车床、六尺刨床、龙门刨床、三号万能铣床
昆明机器股份公司	1941.05	昆明拓东路474号	600	私营	10	车床、刨床、钻床、抽水机、离心鼓风机
中大机器厂	1942.04	昆明东寺街	90	私营	50	制面机、抽水机、轧棉、翻砂
和兴铁工厂	1942.05	昆明环城东路199号	0.4	私营	2	汽车配件
沙隆机器厂	1942.07	昆明东寺街昆福巷	200	私营	51	翻砂机、电镀器等机械和洋门锁等
兴隆翻砂厂	1942.07	昆明报国街25号	3	私营	3	翻砂铸铁

续表

企业名称	开业时间	厂址	资本额（万元）	性质	职工人数	设备及出产
云丰铁工厂	1942.08	昆明拓东路394号	100	私营	22	老虎钳、小钻床、汽车配件
衡裕工程股份公司	1943	昆明环城东路184号	100	私营	101	翻砂、车床、刨床、钻床以及汽车配件
中南钢铁厂	1943.02	昆明木行街29号	120	私营	—	制造机器及五金零件
源兴工厂	1943.07	昆明北郊沙坝营	10	私营	47	车床，以及机器、五金器材
万泰实业公司制造厂	1943.07	昆明席子村	90	私营	36	工具机、钢模、电料、铜皮
久大五金工厂	1943.07	昆明伟家湾41号	120	私营	32	抽水机、钻床等
通一电器制造厂	1943.09	昆明北郊岚头村	350	独资	29	三相交流感应电动机以及绝缘材料，兼修电器
兴福新工厂	1943.10	昆明大东城脚八号	2.5	私营	4	铁窗、铁门、铸铁
佳实机器厂	1944	昆明环城东216号	170	私营	20	机械
启业机器厂	1944.03	昆明环城东路147号	3	私营	6	五尺车床4部、铣床1部
上海华通电机厂	1944.03	昆明环城东路348号	20	私营	3	电机
资委会裕云机器厂	1944.05	昆明西郊裕云村	15000	国省	50	各类车床、牛头刨床、万能铣床，各类纺纱机
建昆机器厂	1944.06	昆明环城东路120号	70	私营	12	车床

企业名称	开业时间	厂址	资本额（万元）	性质	职工人数	设备及出产
中国配司登制造厂	1944.08	昆明环城东路273号	10	私营	3	汽车活塞
华南铜铁工厂	抗战	昆明环城东路255号	20	私营	5	五金
中南铁工厂	抗战	昆明环城东路197号	30	私营	12	汽车零件

资料来源：云南省志编纂委员会办公室：《续云南通志长编》下册，1986年，第370、374、376、379、384、385、437页；《云南实业司关于民国三十三年云南全省各县市工厂调查表》，云南省档案馆藏，档案号1089-001-00020-001；《云南实业司关于民国三十三年度八月云南全省各县市工厂调查表》，云南省档案馆藏，档案号1089-001-00019-001。

从8.3表可知，全面抗战期间机械制造业共有28家企业，其中包括中央机器厂、中央电工器材厂、裕云机器厂等超大型企业，国省合营的企业占据主导地位，还有为数众多的私营小企业。出产各类车床、钻床、电机、引擎活塞、内燃机等工作母机及动力设备，机械制造能力大为提升，工业制造水平迈入新层次。部门内可细分为机械制造及新兴的电机电器制造、零件配件制造、翻砂铸造四大类。

机械制造业有当时全国规模最大的中央机器厂，资源委员会主任翁文灏赞其为"规模设备首屈一指，我国机械工业中最早之厂"。中央机器厂原在湖南湘潭，1939年迁入昆明开工生产，该厂在1940年至1943年分别出产车床、刨床、钻床等设备共计371件、565件、620件，在同类企业中数量最多，为全国之冠。该厂生产出中国首套2000千瓦电站成套设备，第一个齿轮、分厘卡、飞机起落架，动力设备如发动机、柴油机、煤气机、水轮机等，工作母机车、刨、钻、铣床600多台，数十套大型梳棉机及各类军火武器[①]，广泛供应其他工业部门及军政机构使用。另一家大型企业为资源委员会下属的裕云机器厂。为了解决纱锭短缺问题，资源委员会、富滇银行、裕滇纺织公司、云南纺织厂合计，设立纺织机制造厂。该厂拥有车、刨、钻、铣、锯、冲床、砂轮机、电焊机、抛光机等设备共计40部[②]，年产2000锭纱锭，清棉机全套、梳棉机、大打包机等供云南各大纺织厂使用。

此外，相类似的还有众多小型企业。如成立于1939年的西南联大机械实习厂，1940年的德和机器厂，1941年的昆明机器股份有限公司，1942年的中大机器厂、云丰铁工厂、衡裕工程股份公司，1943年的中南钢铁厂、源兴工厂、万泰实业公司制造厂、久大五金工厂，1944年的佳实机器厂、启业机器厂、建昆机器厂，都出产车、刨、钻床及简单机械。

电机电器业以中央电工器材厂为代表。中央电工器材厂广泛分布于西南各省，光昆明就设有四个厂，职工人数多达2400人，一厂出产电线，二厂出产真空管及氧气，三厂出产电话机，四厂制造电动机、发电机及电池[③]。1941年创办的中大机电制造厂主要产品为抽水离心机，用于云南灌溉及水利事业；1943年通一电器制造厂成立，出产绝缘材料，兼修电器；1944年开办的上海华通电机厂，出产机电，兼营汽车修理。电机电器业是电力工业的补充与发展，使得动力来源多样化。

零件配件业，以出产汽车配件及五金为主。有上海电镀厂、大华机器厂、和兴铁工厂、中国配司登制造厂、中南铁工厂五家企业，其中规模最大的为大华机器厂，资本300万元，其余4家资本在10万元以下；工人数最多为52人，最少为2人。此外，还有华南铜铁工厂出产五金配件。翻砂铸造业，有1942年的沙隆机器厂与兴隆翻砂厂及1943年的兴

①李学通：《抗日战争时期后方工业建设研究》，团结出版社2015年版，第90~91页。
②云南省志编纂委员会办公室：《续云南通志长编》下册，1986年，第374页。
③云南省志编纂委员会办公室：《续云南通志长编》下册，1986年，第370页。

福新工厂，资本为2万元至200万元，工人与配件制造业相同，使用翻砂机，出产铸铁、门窗等建筑用料。

自1910年滇越铁路通车后，就不断有汽车进口。1925年，云南有了第一条公路和第一批政府引进汽车。1929年，云南省公路总局汽车营业管理处成立。1933年有了私营汽车行。[①]1937年抗战爆发与滇缅公路修通，促使汽车大规模使用与其修理业的繁荣，导致修理业出现以汽车修理为主、其余机械修理为辅的局面。

表8.4　1937—1945年云南新设近代机械修理企业统计表

企业名称	开业时间	厂址	资本额（万元）	性质	职工人数	设备及出产
中央航空运输公司总修理厂	1937.10	昆明巫家坝飞机场	—	国营	31	飞机配件修理
家庭工业社1	1938	昆明云津市场1号	3	独资私营	4	抛光、汽车配件修理
昆明汽车公司福特修理厂2	1939.10	昆明穿心鼓楼	8.35	省营	41	制造汽车零件、修理汽车
上海亚洲电业机电厂	1941.08	昆明拓东路3号	100	合伙	9	修理机械
金荣机械修理厂	1942.02	昆明云津市场1号	10	独资私营	6	修理机械，出产五金材料
上海美亚电机厂	1943.01	昆明环城东路2号	50	私营	3	修配各种机件
合兴机器修造厂	1943.09	昆明环城东路156号	2.5	私营	5	出产小型机械及配件
中南机器厂3	1943.12	昆明环城东路194号	10	私营	6	修理各种汽车零件

---

① 云南省汽车工业行业办公室、云南省汽车工业联合会：《云南汽车工业史》，云南人民出版社1995年版，第14~15页。

续表

企业名称	开业时间	厂址	资本额（万元）	性质	职工人数	设备及出产
荣新机器铁工厂	1944.01	昆明环城东路269号	2	私营	1	修理机器、机械零件
信实机器厂4	1944.04	昆明环城东路216号	70	私营	20	汽车修理
云兴电焊厂5	1944.04	昆明环城东路248号	10	私营	2	电焊，修理汽车电器
协兴修车厂6	1944.05	昆明环城东路248号	5	私营	2	修理汽车
东方电焊厂7	1944.05	昆明环城东路241号	2.5	私营	—	电焊机，修理汽车
国华8	1944.05	昆明环城东路185号	1.5	私营	1	汽车喷漆
新华汽车修理厂9	1944.05	昆明穿心鼓楼	3	私营	5	汽车修理
颐生修理10	1944.06	昆明环城东路	10	私营	2	汽车修理
恒錩机器厂11	1944.06	昆明环城东路398号	50	私营	6	修理汽车零件
新亚电焊铜铁厂12	1944.07	昆明环城东路196号	3	私营	2	修理汽车
保安修车厂13	1944.08	昆明环城东路242号	7	私营	5	修理汽车
复兴机器厂14	抗战	昆明环城东路148号	2	私营	3	修配汽车
裕昆铁工厂股份有限公司	抗战	昆明金碧路	40	私营	37	翻砂、修配机械
大昌电焊厂	抗战	昆明环城东路	2.5	私营	1	电焊

资料来源：《云南实业司关于民国三十三年云南全省各县市工厂调查表》，云南省档案馆藏，档案号1089-001-00020-001；《云南实业司关于民国三十三年度八月云南全省各县市工厂调查表》，云南省档案馆藏，档案号1089-001-00019-001。

从表8.4可知，全面抗战时机械修理业共有22家，其中汽车修理就有14家，在修理业中占据主导地位。与全面抗战前官办修理企业相比，全面抗战时期修理企业以私营小企业为主，一般大型军工企业都设有修理组。机械修理企业本小利微，职工人数也多在10人以下，业务主要以单纯修理为主。

滇缅公路通车后，与滇越铁路在昆明交汇，昆明摇身一变，成为国际物资转运中心与进出口贸易中心，汽车都在此停留周转物资，汽车修理企业都在昆明集聚。14家修理企业中，集中开设于1944年的多达10家，有信实机器厂、云兴电焊厂、协兴修车厂、东方电焊厂、新华汽车修理厂、颐生修理厂、恒锟机器厂、新亚电焊铜铁厂、保安修车厂，资本额最高70万元，最低只有2万元，工人多为个位数，汽车修理与汽车配件制造组成汽车修配业。云南汽车依靠进口，首先出现的不是汽车制造业，而是附属的汽车修配业，说明云南汽车工业仍处于低端制造层次。

其他机械修配企业有8家。1937年，中央航空运输公司总修理厂，进行飞机配件的修理；40年代成立了上海亚洲电业机电厂、金荣机械修理厂、上海美亚电机厂、合兴机器修造厂、裕昆铁工厂5家企业，资本最高为100万元，工人最多为37人，进行各类机械的简单维修。

抗战期间机械制造业有28家企业，机械修配业有22家企业，总共50家企业。庞大的企业数量与全国最大的中央机器厂的存在，奠定了云南机械制造业的特殊地位，并与大型矿冶企业成为重工业的重要组成部分。

四、电力工业

电力作为重要的动力能源，广泛地运用于农工和商业中，特别是机器只能依靠电力才能进行生产。全面抗战期间，为适应军工业建设的快速发展，发电规模大、一本万利的水力开发得到重视。云南地势北高南

低，海拔落差大；西部有怒江、澜沧江、金沙江三江纵列分布，山高谷
深，水流落差大，水力资源相当丰富；加上东部的南盘江、南部的元江
以及各地高山流下的水源，成就了云南水力资源大省的地位。中央与云
南地方政府利用云南丰富的水力资源，开办了一系列电力企业。

表8.5　1937—1945年云南新设近代电力企业统计表

企业名称	开业时间	厂址	资本额（万元）	性质	设备及出产
腾冲叠水河水力发电厂工程处	1939	腾冲叠水河	500	官商	美制水轮机、三相交流发电机、调速器、变压器、进水闸门
空军沾益飞机场发电站	1939	沾益	—	国营	50千瓦发电机
资源委员会昆湖电厂	1939.06	昆明马街子	约2600	国营	2千瓦汽轮发电机、500匹马力柴油发电机、水力发电机
云南矿业公司开远水电厂	1940.07	开远南桥	3800	国省	水力透平式发电机2部、三相交流发电机2部、变压器4具
侨光电灯厂	1943	沾益西平镇	—	私营	30千瓦汽油发电机
喜洲火力发电厂	1943	大理喜洲	—	商办	30千瓦发电机

資料来源：云南省志编纂委员会办公室：《续云南通志长编》下册，1986年，第351、357、370页；云南省曲靖地区志编纂委员会、曲靖市人民政府地方志办公室编纂：《曲靖地区志》，云南人民出版社1996年版，第234页；沾益县地方志：《沾益县志》，云南人民出版社2003年版，第457页；喜洲镇志编纂委员会编：《喜洲镇志》，云南大学出版社2005年版，第105页。

　　从表8.5可知，全面抗战期间云南新设电力企业6家，数量虽少，但规模巨大，以水力发电为主。全面抗战时期工业建设的需要与充足的

资金，使得水利建设遍地开花，腾冲、开远、宜良都修建了水电站，并建立了相应的水力发电厂。全面抗战前除了耀龙电力公司外，云南的电力企业都是采用柴油机火力发电的小企业，资本数万元；而全面抗战时期云南的电力企业以水力发电为主，多是资本为成百上千万元的大企业。电力企业性质以国省合营为主，采用新式水力发电机，为抗战军工企业建设保驾护航。

滇东与滇南分别以昆湖电厂与开远水电厂为代表。资源委员会昆湖电厂在抗战时期做出了卓越贡献。抗战以来昆明各项工业纷纷兴起，电力需求大增，1939年成立了昆湖电厂。该厂在宜良喷水洞安置150匹水力发电机、2千瓦汽轮发电机1座，在马街子安置500匹马力柴油发电机、2千瓦汽轮发电机2座[1]供昆明市周边各大工矿企业使用，保障了工矿业的顺利发展。电力供应问题解决后，1943年，昆明地区工厂数由80余家增至350家[2]。开远水电厂是云南矿业公司为充分开发个旧大锡创办的利用南桥水力进行发电的电厂，装机容量达到6500千瓦，资本达到3800万元，工程浩大，历时三年才完成。建成后，不仅能够供应个旧矿区炼锡使用，还附设了水泥厂和电石厂。

滇西以腾冲叠水河水力发电厂为代表。1939年，腾冲地方商绅与经委会合资兴办腾冲叠水河水力发电厂，设立工程处。厂中设备有反动式水轮发动机、三相交流发电机、高压进水闸门等水力发电器械，1942年日军攻占腾冲后停业。此外，还有部分小型火力发电厂。有空军沾益飞机场发电站、侨光电灯厂、喜洲火力发电厂3家，采用30千瓦或50千瓦发电机，以工业小型企业及市区照明为主。

抗战时期电力工业实力大涨，资本额由原来的数百万元发展到两三千万元；设备由几十千瓦增长到2000—6500千瓦，可供电量暴涨，能够供应各大工矿企业生产使用与城市生活照明。工业建设与城市生活

---

[1]云南省志编纂委员会办公室：《续云南通志长编》下册，1986年，第370页。
[2]周勇主编：《西南抗战史》，重庆出版社2006年版，第421页。

的需要，促使电力工业不断发展与完善；电力工业的发展，又推动云南近代工业建设呈现繁荣局面。

五、化学工业

化学工业以化工技术为关键，技术决定发展规模的大小。抗战时期各类化工技术研究部门聚集在昆明，促使云南近代化学工业急剧扩张。比如中央研究院化学研究所、西南联合大学化学系及化工系、中法大学化学系、云南大学理化系等机构为云南化学工业提供技术支持。此外，北平玻璃厂等大型化工企业也搬到昆明，助力云南化学工业迈上新台阶。

表8.6　1937—1945年云南新设近代化工企业统计表

企业名称	开业时间	厂址	资本额（万元）	性质	职工人数	设备及出产
制革						
永安鞋厂	1938.02	昆明光华街	10	私营	3	月产皮鞋150双
马街制革厂	1940	陆良马街镇	—	私营	—	化学药品制革
云南制革下关分厂	1940.08	大理下关	—	官办	27	日产兵袋皮333斤
大华鞋厂	1941.11	昆明大板桥	15	私营	15	胶鞋底、鞋
春华工厂	1943.01	昆明弥勒寺	300	合伙	44	皮箱、皮带、公文包、马鞍、裙套
化工材料						
大利实业公司造酸厂	1939	昆明马街子	700	官商合办	29	马达、盐酸反应灶、漂银箱、离心机、真空机、发电机

续表

企业名称	开业时间	厂址	资本额（万元）	性质	职工人数	设备及出产
昆明制酸厂	1940.05	昆明环城东路	300	合伙	16	硫酸、盐酸、硝酸
昆明化工材料厂	1940.07	昆明普坪村	1873	国营	233	反射炉、烤碱炉、粉碎机、蒸汽锅炉、气体压缩机
大成实业利工电石厂	1941.03	开远落云庄	319	官商合办	70	月产电石90吨
元丰油漆厂	1941.05	昆明跑马山	400	私营	13	机械制漆，出产漆油、各色调漆
兵工署昆明制磷厂	1941.10	昆阳海口	300	国营	10	制磷电炉2套、发电机1套，出产硫酸、盐酸、硝酸
裕滇磷肥厂	1942	昆明普坪村	135	私营	—	粉碎机、球磨机、混合机、运输器、反应马达
工光企业西南工艺社	1942	昆明	—	私营	—	代柏油、油毛毡
香海化工股份公司	1942.01	昆明金马寺下村	600	合伙	29	药皂、香皂、甘油
新记维通木炭炉工厂	1943.01	昆明塘子巷	100	商办	23	木炭代油炉，出产电石、铝丝、螺丝、铁皮
振昆烧碱公司	1944	昆明	150	私营	—	直流发电机1台、马达1台、变压器1台、蒸发灶1座
汇利企业公司烧碱厂	1944.02	昆明黄土坡	700	私营	41	漂白粉、烧碱等
昆明保光电烙厂	1944.05	嵩明喷水洞	100	私营	24	月产电石2吨
肥皂（洋碱）						
华一肥皂厂	1939.01	昆明西岳庙街	50	私营	15	肥皂

续表

企业名称	开业时间	厂址	资本额（万元）	性质	职工人数	设备及出产
植昌肥皂厂	1940.01	昆明下西坝河	50	私营	30	月产肥皂800箱
正兴肥皂厂	1941.06	昆明状元楼	0.45	私营	5	金昆牌方枧
中和化工社	1943	昆明文化巷	10	私营	2	白玉皂50—100箱
东兴肥皂厂	1943.08	昆明解家桥	15	私营	6	月产肥皂150箱
火柴						
云南火柴厂总管理处第一、二、三、四、五厂	1942.09	昆明、昆明、大理、昭通、腾冲	968	国营	约500	齐梗机9部、排板机11部、拆板机1部、调磷机7部
瓷器、玻璃						
光大瓷业曲靖分厂	1940.01	曲靖南门外	125	私营	88	汽车引擎、木炭瓦斯发生炉、压碎机、球磨机、压榨机
天一化学玻璃厂	1943.12	昆明	20	私营	—	化学玻璃、玻璃器皿、电料灯罩
永生玻璃厂	1944.02	昆明复兴村	60	合股	64	倒口机、压机、磨口机、磨花机、出产培养瓶、玻璃

资料来源：《云南实业司关于民国三十三年云南全省各县市工厂调查表》，云南省档案馆藏，档案号1089-001-00020-001；《云南实业司关于民国三十三年度八月云南全省各县市工厂调查表》，云南省档案馆藏，档案号1089-001-00019-001；云南省志编纂委员会办公室：《续云南通志长编》下册，1986年，第409、410、413、418、421、428、430、436页；《云南省志》卷二十八《化学工业志》，云南人民出版社1994年版，第36~43页；《陆良县志》，上海科学普及出版社1991年版，第310页；《喜州镇志》，云南大学出版社2005年版，第107~108页。

从表8.6可知，全面抗战时期云南化学工业在制革、化工材料、肥皂、火柴、玻璃等五大行业都保持扩大式发展，新增企业27家。其中加工材料业增长最为显著，由原本1家到13家，规模空前。资本额也不是原来以数万元居多，而是出现百万甚至是千万的大企业。企业经营形式以合伙经营与官商合办为主。

整体来说，全面抗战时期化工材料企业规模相当可观，资本都在100万元以上，工人最多233人，最少13人。化工材料业兴旺发达，得到大量资金支持，又可细分为酸碱制造6家、电石制造3家、其余4家。酸碱制造6家，有1940年资委会与滇省财政厅合办的昆明化工材料厂，拥有作业机器60余种；1939年大利实业公司造酸厂成立后，缪云台加入合作，计划添置电解食盐设备，向中国、交通两大银行贷1000万元。两厂都有反射炉、反应灶等最新设备，出产硫酸、盐酸、硝酸、洋碱。此外，还有昆明制酸厂、兵工署昆明制磷厂、振昆烧碱公司、汇利企业公司烧碱厂4家规模较小的制酸碱企业。电石制造3家，以大成实业利工电石厂为开端。为打破电石依赖进口的局面，创办方购回烧电石的机械及各种维修设备，建立电石制造厂，成为西南后方第一家电石厂[1]。其后，新记维通木炭炉工厂与昆明保光电烙厂也开始生产电石，从而摆脱了电石依靠进口的局面，洋电石基本退出云南市场。其余4家中，工光企业公司出产代柏油、油毛毡，元丰油漆厂出产各色调漆，裕滇磷肥厂产磷化肥，香海化工股份公司产甘油与香皂。

火柴生产由政府统制，归属云南火柴厂总管理处。该处统筹办理云南全省所需火柴之产、运、销三方面业务[2]。使用资金时可随时向兴文银行透支。多系女工操作。该公司下属第一、二厂设于昆明拓东路，第三厂设在大理，第四厂设在昭通，第五厂设在腾冲，业务范围辐射全省。

---

[1]中国人民政治协商会云南省委员会文史资料委员会编：《云南文史资料选辑》第四十二辑，云南人民出版社1993年版，第150页。

[2]云南省志编纂委员会办公室：《续云南通志长编》下册，1986年，第428页。

制革业与肥皂业在该时期各新增了5家企业，其中制革业中除了出产皮革，还增添机械、皮鞋等制成品；肥皂业生产较为简单，出产各种品牌肥皂。这些企业中，资本最高为300万元，最低为0.45万元，规模都不大，集中于昆明生产。玻璃业生产投资成本低，以私营为主，资本最高的光大企业公司曲靖分厂由江西迁入，机械使用程度大大增强，由单一的化玻璃机发展到汽车引擎动力，生产专门的木炭瓦斯发生炉炼制，还有配套的石轮压碎机、球磨机、螺丝压榨机、机械辘轳等[1]，节约了人力成本，同时提高了生产效率。

在制革、化工材料、肥皂、火柴、玻璃五大行业保持发展的基础上，炼油、橡胶、水泥、药品、造纸、酒精等行业在战时工业建设需求、交通断绝、外货来源减少的情况下兴起，特别是汽车的大规模使用与炼油、橡胶、水泥、酒精的兴起密切相关。炼油业出产用于汽车的机油、刹车油，橡胶业出产汽车轮胎，水泥业产出大量水泥用于筑路，酒精业出产的动力酒精与汽油调和可作为汽车燃料。

表8.7　1937—1945年云南新兴化工企业统计表

企业名称	开业时间	厂址	资本额（万元）	性质	职工人数	设备及出产
炼油						
大成实业新成炼油厂	1940	昆明	460	官商	18	榨油机、研制各种油类，出产多类油
滇西企业局木材干馏厂	1941	禄丰—平浪	—	省营	—	干馏大锅、碾炭机、炭球机，产汽油、柴油
光华化学工业公司	1942.04	平彝县	1000	官商	—	发电机、煤气发生炉、蒸馏甑、洗油塔、硫化炉

[1]云南省志编纂委员会办公室：《续云南通志长编》下册，1986年，第419页。

续表

企业名称	开业时间	厂址	资本额（万元）	性质	职工人数	设备及出产
利滇化工厂	1943.01	宜良凤鸣村	2000	公营	275	煤气发生炉、高压裂变炉、汕泵、蒸馏炉、煤气引擎等
安达炼油厂	1943.05	昆明 东郊	824	省营	—	蒸馏炉、压炼锅炉
橡胶						
云南橡胶厂	1939.07	昆明威远街	140	省营	—	制造各种内外车胎、实心车胎以及飞机车胎、降落伞
中南橡胶厂	1940.05	昆明	100	私营	—	该厂主要复制旧轮胎，以减少汽车轮胎之进口
合兴轮胎工厂	1944.06	昆明	10	私营	3	轮胎
水泥						
华新水泥昆明水泥厂	1940	昆阳 海口	3000	私营	243	球磨机、小锤磨、扎石机，年产水泥1.2万吨
大成实业复兴亚水泥厂	1943	昆明 夏窑	—	官商	—	铁帆土高速水泥
药品						
新华化学制药公司	1940.03	昆明	40	省营	—	弹棉机、离心机、脱脂机、打片机、真空排气机
香港化学药品厂	1943.07	昆明书林街	50	私营	14	出产药品、漂白粉等
造纸						
云南造纸厂	1940.07	昆明青云街	初0.5	官商	111	蒸汽机冲料机，出产打字纸、牛皮纸、白皮纸
云丰造纸厂	1941.09	昆阳海口	900	国营	—	造纸机、制浆机、蒸料机、切料机、调浆机、切纸机

续表

企业名称	开业时间	厂址	资本额（万元）	性质	职工人数	设备及出产
元新选纸厂	1943.08	大理乔后村	50	私营	22	竹制报纸、信纸等
大华制纸厂	1944.02	昆明	50	合伙	19	月产各种书面纸40令
酒精						
喜洲酒精厂	1940	大理喜洲	—	商办	—	铁制酒精蒸馏塔1座
云南酒精厂	1940.04	昆明大板桥	180	国省	80	锅炉、蒸馏塔、蒸馏捕捉器、冲水器、大号冷却器
宾居酒精厂	1941	宾川宾居街	—	私营	—	110伏小型发电机
建业酒精厂	1943.01	昆明西郊	80	私营	43	月产动力酒精30000加仑
恒通化学工业酒精厂	1943.03	昆明刘家营	2500	官商	160	锅炉、离心机、蒸汽引擎、发电机、马达抽水机3架
草坝酒精厂	1943.04	蒙自草坝站	500	国省	110	蒸馏塔、锅炉，月产动力酒精10000—15000加仑
曲靖动力酒精厂	1943.06	曲靖南门外	600	国营	37	月产4000—10000加仑酒精
经委会运输处酒精厂	1943.08	昆明官渡	—	公营	34	月产动力酒精5000加仑

资料来源：《云南实业司关于民国三十三年度八月云南全省各县市工厂调查表》，云南省档案馆藏，档案号1089-001-00019-001；《云南实业司关于民国三十三年云南全省各县市工厂调查表》，云南省档案馆藏，档案号1089-001-00020-001；云南省志编纂委员会办公室：《续云南通志长编》下册，1986年，第394、396、398、399、407、413、426、479页；张肖梅编：《云南经济》，中国国民经济研究所，1942年，第069页；李师程主编：《云南文史集粹•五•工商•经济》，云南人民出版社2004年版，第157页；中国人民政治协商会议云南省委员会文史资料委员会编：《云南文史资料选辑》第二十九辑，云南人民出版社1986年版，第164页；喜洲镇志编纂委员会编纂：《喜洲镇志》，云南大学出版社，2005年，第105页；云南省宾川县志编纂委员会编纂：《宾川县志》，云南人民出版社，1997年，第199页。

从表8.7可知，化工部门新兴行业有炼油、橡胶、水泥、药品、造纸、酒精六大行业，开设企业24家，在抗战的特殊时局及工业的跨越发展中成长。新兴化工行业中，又以炼油业和酒精业颇具规模，以国省合营的经营方式为主，资本多在几百、几千万元，设备齐全，产品种类齐全。

1940年滇越铁路中断，进口物资来源锐减，国内化工企业开始兴盛。工业发展后，因机械维修、各类交通工具所需燃料巨大，带动炼油业兴起。炼油业企业有5家，其中新成炼油厂聘请西南联大教授张大煜当技术顾问，研制各种机用油类，1941年开始出产机油、刹车油、代柴油及各种润滑油[①]，供应军民两用。光华化学工业公司与利滇化工厂两大公司得到滇省政府资金支持，资本额上千万元，利用褐煤中含松脂物及挥发物，采用低温蒸馏方法，用蒸馏炉、蒸汽锅炉炼制各种油类及副产品，产品有汽油、火油、柴油、柏油、润滑油、松节油、甘油、肥皂，以供应军需。安达炼油厂也大抵如此，只是原料换成了桐油与松香。

抗战期间，运输繁忙，各类交通工具繁多。动力酒精与汽油混合后，可成为众多交通工具的燃料，大量投资都用于生产燃料。酒精业企业有8家，其中规模较大5家。如恒通化学工业公司，资本总计国币5000万元，由滇省企业局投资750万，其余由兴文、劝业、益华等银行及商人、私人共同出资[②]。曲靖动力酒精厂、云南酒精厂得到政府资金支持，每日出产动力酒精高达1000加仑；草坝酒精厂依靠云南蚕业新村提供的糖、蔗汁原料，年产动力酒精5万—8万加仑；云南经济委员会运输处第二酒精厂，投资高度400万美元，月产动力酒精可达5000加仑。此外，还有喜洲酒精厂、宾居酒精厂、建业酒精厂3家私营小企业，

橡胶、水泥、药品、造纸四个行业企业数量有限，为2—4家。橡

---

① 杨虹：《昆明大成实业公司简史》，李师程主编：《云南文史集粹·五·工商·经济》，云南人民出版社2004年版，第388页。

② 云南省志编纂委员会办公室：《续云南通志长编》下册，1986年，第397页。

胶业企业3家，资本在100万元左右，云南橡胶厂和合兴轮胎公司以出产橡胶制品及汽车轮胎为主业，中南橡胶厂以复制旧轮胎为主业。水泥业企业2家，昆明水泥厂由富滇银行、交通银行、中国银行合资3千万元建成，采用英国标准技术，利用丹麦磨、国产磨、大立窑，月产水泥2500余桶，广泛供应战时军事工程及工业建设。药品业企业2家，初始资本额在50万元左右，工人数十人，新华化学制药公司加入滇省财政厅官股，用弹棉机、离心机、脱脂锅制造卫生材料，用药膏机、打片机、真空排气机制药①。造纸业企业4家，战时机关、工厂、学校迁滇，纸张日益紧张，缪云台、杜月笙、陆崇仁、褚凤章联合创办造纸厂，从仰光购回制浆机、蒸料机、切料机、调浆机设备，出产打字纸、牛皮纸。机制纸张提高了生产效率，基本能够维护大后方文化事业的发展。

全面抗战期间云南化学工业部门下属行业多达11个，企业共50家，比机械制造业企业数量还多3家，比上阶段企业数量多出33家。化工体系完备，机器使用程度高，先进的蒸馏塔、蒸汽锅炉等设备被普遍使用，其生产的化工产品为抗战时期交通运输、军工制造、政府行政、民众生活都做出了重大贡献。

六、纺织工业

全面抗战时期，云南人口猛增，导致市场棉纱、棉布供应不足，且周边省份来滇采购者亦较前增加②，市场需求大增。政府也鉴于本省纺织工业发展不足，而外来棉纱充斥市场，因而鼓励发展机器纺织业，从而提供了政策上的支持。中央农业实验所协助云南棉业处举行各种棉作实验，在云南推广美棉五万二千亩，又木棉五万七千株③，原料来源有了保

①云南省志编纂委员会办公室：《续云南通志长编》下册，1986年，第426页。
②张肖梅编：《云南经济》，中国国民经济研究所，1942年，第014页。
③中国第二历史档案馆编：《中华民国史档案资料汇编·第五辑·第二编·财政经济（五）》，江苏古籍出版社1997年版，第90页。

障。在政策、原料、市场及中央与地方政府的资金支持下，机器纺织业实力大大增强。

表8.8　1937—1945年云南新设近代纺织企业统计表

企业名称	开业时间	厂址	资本额（万元）	性质	职工人数	设备及出产
云南纺织厂	1937.08	昆明玉皇阁	2000	省营	1247	纺纱机、盖细清花机件、马达、喷雾机，出产棉纱、棉布
志安纺织厂	1939	佛海	—	商办	80余	轧花机、细花机、粗花机
振华织染厂	1939	大理喜洲	5	商办	40	4台花线机、10台铁织机
振昆实业公司	1939.04	昆明市郊	1000	私营	—	纺织机、织袜机
云南毛巾厂	1940	昆明复兴村	—	商办	—	机制毛巾
云南蚕丝公司	1940.07	昆明万乾沟	1000	省营	200	制革机、纺织机，出产伞绸、蜡绸、雪纺、厚纺等
裕滇纺织公司	1940.07	昆明玉皇阁	2000	官商	1859	25000多锭纺纱机，出产10支、16支、20支五华牌棉纱
开远纺织厂	1941	开远	—	商办	—	小型棉纺机、小型纺纱机
大成实业农村纺纱厂	1941.06	昆明夏窑村	—	商办	55	印度制"谷施"纺纱机
云华织造厂	1941	昆明龙院村	120	私营	60	月产毛巾1000打
云南蚕业新村公司	1942.01	蒙自草坝	2500	国省	170	电动机、锅炉、制糖机械，月产高级丝3000斤左右
中原纺织厂	1943.01	昆明岗头村	1000	私营	—	小型纺纱机4套

续表

企业名称	开业时间	厂址	资本额（万元）	性质	职工人数	设备及出产
光艳机器染织工厂	1943.03	昆明刘家营	50	私营	10	纺织机，出产深灰小布、元青斜纹、平布
七月社针织厂	1944	昆明	—	私营	—	96式袜机6台
大华企业公司纺纱厂	1944.01	昆明岗头村	2000	私营	155	336锭小型纺纱机，出产16支、21支熊猫牌棉纱
大同织布厂	1944.02	昆明绥靖路	80	私营	7	出产绒呢、洋布、棉纱
振兴工厂	1944.03	昆明螺峰街	50	私营	18	铁木织布机5台
云茂纺织厂	1944.08	昆明	—	商办	—	384锭小型纺纱机、英制20000锭纺纱机

资料来源：云南省志编纂委员会办公室：《续云南通志长编》下册，1986年，第373~376、386~387、438页；中国人民政治协商会议云南省勐海县委员会文史资料委员会：《勐海文史资料》第1辑，1990年，第78页；《云南实业司关于民国三十三年度八月云南全省各县市工厂调查表》，云南省档案馆藏，档案号1089-001-00019-001；《云南实业司关于民国三十三年云南全省各县市工厂调查表》，云南省档案馆藏，档案号1089-001-00020-001；《云南省志》卷二十一《纺织工业志》，云南人民出版社1996年版，第32、33、94页；《喜州镇志》编委会：《喜州镇志》，云南大学出版社，2005年，第107~108页。

从表8.8可知，全面抗战时期共有机器纺织企业18家，其中由中央或滇省政府与商人合资创办的有4家，资本都在千万元以上，工人最多2500人，最少也有170人；私营企业14家，除少数资本上千万元外，大多为中小企业。产品种类齐全，由以往的土布、洋袜，发展为既有棉纱、棉布等纺织原料供应手工工场，又有袜子、毛巾等生活用品。

官商合办的4家企业中，云南纺织股份有限公司最先创立。云南纺织厂下设纺织部与织布部，资本达到2000万。纺织厂每日出产棉纱约标准包8包，原料取自汉口、缅甸及本省棉产区剑川、宾川一带；纺织厂专织平纹及斜纹布，日产60匹，棉纱原料完全自给，产品深受市场欢迎。[①]裕滇纺织公司由云南省经济委员会主办，专营纺织业务，职工达2500人，共有纱锭2万锭。云南纺织厂与裕滇纺织公司还投资成立了裕云机器厂，为它们生产纺织机器。云南蚕丝公司和云南蚕业新村公司都由云南经济委员会主办，资本为1000万—2000万元，员工约200人，其中蚕业新村公司在蒙自开辟有植桑园养蚕制丝，两厂都以出产高级蚕丝为主业。

14家私营企业中，以振昆实业公司、中原纺织厂、大华企业公司纺纱厂为代表，资本都在1000万元以上，工人100多人。振昆实业公司业务分为制造日用衣物及经营棉纺织染各种生产事业；中原纺织厂月产60余股纱，原料仰给陕棉，行销昆明市附近各县；大华企业公司纺纱厂，机纺粗细棉纱，电织毛巾布匹；另外，还有云南毛巾厂、云华织造厂、七月社针织厂出产机制洋袜、毛巾。

工业生产技术得以更新改进，已有专门的机器生产纺织机器及购买国外最新生产设备，拥有马达、电动机等动力设备。如云南纺织厂"工厂机械约可分为作业机、动力机、保健机三种，纺纱机为美国沙谷罗厂出品，为最新构造，拟装备纱锭1万枚，全产每24小时可纺纱12000磅"[②]。国产纺织机在关键机器及部件的制造能力上都有了突破，为纺织工业的国产化奠定了重要基础。

全面抗战时期，纺织工业摆脱了外国资本对洋纱等原料及纺织机器的控制，实现了自产自销，使得民族纺织工业走上国产化的道路。机器大规模使用，导致产量暴增，产品销往云、贵、川三省市场。

---

① 云南省档案馆编：《云南档案史料》第1期，1983年，第76页。
② 张肖梅编：《云南经济》，中国国民经济研究所，1942年，第07页。

七、食品加工业

全面抗战期间，国民政府经济部下设军事委员会农业调整委员会，委员会后改为农业调整处①。在云南设立农场，种植小麦、蔗糖等作物，积极推广美烟种植，还成立中国茶叶贸易公司，统制茶叶的生产与销售。在中央政府的政策支持与云南地方工业的发展下，食品加工业开始广泛地使用机器生产。

表8.9　1937—1945年云南新设近代食品加工企业统计表

企业名称	开业时间	厂址	资本额（万元）	性质	职工人数	设备及出产
面粉						
大成实业嘉农面粉厂	1940.04	昆明西郊夏窑	—	商办	—	新式全自动机械磨粉设备，年产面粉8万袋
慎德面粉厂	1944.05	昆明呈贡县	10	私营	12	机制面粉
滇新企业公司面粉厂	1944	昆明黑林铺	2000	私营	47	月产面粉6万袋、麦皮90万袋
复华面粉厂	抗战	昆明西坝河	150	私营	56	出产面粉
制罐						
罐头食品工业合作社	1939	昆明临江里	—	国营	—	切铁、制罐、封口、炼乳、蒸汽

①中国第二历史档案馆编：《中华民国史档案资料汇编·第五辑·第二编·财政经济（五）》，江苏古籍出版社1997年版，第88页。

企业名称	开业时间	厂址	资本额（万元）	性质	职工人数	设备及出产
制茶						
思普企业局	1939.01	勐海	—	省营	—	英制揉捻机、烘茶机、切茶机、分筛机
宝元昆制茶厂	1939.03	昆明大树营	600	私营	92	机制、沱茶1000担、散茶200担
中国茶叶贸易公司（顺宁、宜良、复兴、佛海、康藏五大茶厂）	1939.05	顺宁、宜良、昆明、勐海、大理下关	1000	国省	197	揉茶机6部、烘茶机7部、筛分机12部、切茶机2部、发动机7部，出产红茶、绿茶、机制茶叶，每月平均35担
制糖						
宾居白糖厂	1941	宾川宾居街	—	私营	—	110伏小型发电机
恒通化学工业盘溪制糖厂	1943.03	弥勒盘溪	—	官商	—	锅炉2具、化糖器5具、离心机、发电机
纯丰糖厂	1944	开远	—	官商	—	电动离心机
云大与省金库制糖工厂	1944.08	开远落云镇	100	公办	17	方糖、晶糖、粗糖、糖蜜
开远安利糖厂	1945	开远	—	私营	26	18英寸电动离心分蜜机1台
烟草						
云南纸烟厂	1943.02	昆明上庄村	—	省营	286	卷烟机、压梗机、磨刀机、电力锅炉、车床
云南烟叶复烤厂	1943.05	昆明长坡村	7579	省营	—	美式复烤机、压力机、抽水机、汽力发动机
侨联烟草厂股份有限公司	1944	昆明市宝善街	600	私营	50	月产6000箱

续表

企业名称	开业时间	厂址	资本额（万元）	性质	职工人数	设备及出产
新华烟草公司	1945	昆明太和街	黄金一万两	官商	300	美制大型卷烟机1部
碾米						
喜洲碾米厂	1943	大理喜洲	—	商办	—	20千瓦电动机、碾米机
马汝英碾米厂	1943	楚雄滇缅公路旁	—	私营	—	煤气机

资料来源：中国人民政治协商会议云南省委员会文史资料委员会编：《云南文史资料选辑》第四十二辑，云南人民出版社1993年版，第150页；《云南实业司关于民国三十三年度八月云南全省各县市工厂调查表》，云南省档案馆藏，档案号1089-001-00019-001；《云南实业司关于民国三十三年云南全省各县市工厂调查表》，云南省档案馆藏，档案号1089-001-00020-001；云南省志编纂委员会办公室：《续云南通志长编》下册，1986年，第396、431、435~436页；云南省宾川县志编纂委员会编：《宾川县志》，云南人民出版社1997年版，第199页；开远市志编纂委员会编纂：《开远市志》，云南人民出版社1996年版，第128页；喜洲镇志编纂委员会编纂：《喜洲镇志》，云南大学出版社2005年版，第105页；云南省楚雄市地方志编纂委员会编纂：《楚雄市志》，天津人民出版社1993年版，第290页；李师程主编：《云南文史集粹·五·工商·经济》，云南人民出版社2004年版，第89页。

从表8.9可知，全面抗战时期云南新增食品加工企业19家。食品加工业在制罐、制糖、烟草、碾米业的基础上，新增机器制茶业，面粉业也有了新发展。碾米业企业虽然只增加了2家，但原有的企业都在继续发展。制糖、烟草及新兴的面粉、制茶业都有较大的发展。制糖业企业增加了5家，烟草业企业增加了4家，面粉和制茶业企业有5—7家。使用新法生产的企业大量涌现，产量得以猛增。

制糖业主要位于盘溪、开远。云南产蔗区域，以本省东南部一带为主，滇越铁路两旁盘溪、开远产量最佳，其中盘溪产量最丰，年产蔗40万担、红糖4万担；次为开远，每年约产蔗30万担。[1]规模最大的恒通化

---

① 张肖梅编：《云南经济》，中国国民经济研究所，1942年，第075页。

学工业制糖厂就在盘溪，该厂最高年产量近20万公斤，出产白糖品种多样，有白糖、方糖和冰砂晶糖，所产产品除一部分"在金碧路439号设立营业处批发及零售……大部分俱仍售给美军"①。纯丰糖厂、云大与省金库制糖工厂、安利糖厂3家企业都位于开远，利用小型离心机、分密机，出产各种糖类。

烟草业集中于昆明，以市场为导向。1941年成立云南烟草改进所，由徐天骝实际负责，筹划烤烟的试种与推广工作，美种烤烟在云南省开始大面积种植②。云南纸烟厂与云南烟草复烤厂都属云南烟草生产事业总管理处，先在富民试种美烟，并于长坡设试验场，资本额共计7579万元，年产纸烟3000—7000件。另一家较大的企业为新华烟草公司，资本为黄金1万两，接管了南华烟草公司的全部设备，又购回美制大型卷烟机，工人由100人发展到300人，最高日产烟数十箱。生产机械种类增多，云南纸烟厂直接从美国购回新式卷烟及切烟机3部，烤烟厂有美式烟草复烤机及电机各1部。③

新兴制茶业发展迅猛。制茶企业多选择在茶叶产地开设工厂，云南省经济委员会组织中国茶叶贸易公司先后在顺宁、宜良、昆明、佛海、大理设立5家茶厂，工厂所用原料就地取材，在下关设转运站，产品由卡车或骡马运输，销往川、藏两省。公司生产技术在全国都处于领先地位，制茶设备与动力设备多达68部，"就厂方设备而论，国内尚罕与伦比也"④。

机制面粉生产始于清末，在全面抗战时期有了新发展。新增4家私营企业，规模大小不一，资本为10万元—2000万元。1940年嘉农面粉厂建成投产，产品按质量分四个等级投入市场，由于价格公道，得以畅

---

① 云南省志编纂委员会办公室：《续云南通志长编》下册，1986年，第398页。
② 中国人民政治协商会议云南省委员会文史资料委员会编：《云南文史资料选辑》第四十九辑，云南人民出版社1996年版，第158页。
③ 云南省志编纂委员会办公室：《续云南通志长编》下册，1986年，第436~437页。
④ 云南省志编纂委员会办公室：《续云南通志长编》下册，1986年，第431页。

销；年产量最高达8.5万袋，基本将洋面粉排挤出云南市场。生产技术也有了更新换代，嘉农面粉厂考察了号称面粉大王的荣氏企业后，订购了最新式的全自动化磨粉机械设备[①]，不仅节约了人力成本，提高了生产效率，而且增长了利润空间。其余制罐业得到整合，有罐头食品工业合作社，制造机器中外都有，含切铁、制罐、封口、炼乳、蒸气等设备，出产火腿罐头、五香牛肉、鲜味鱼等，月产2—7听不等，供给全省市场。碾米业发展有限，只新设2家私营小企业。

通过以上分析可以看出，受国外先进食品加工技术的影响，云南食品加工业为适应市场需求，对原有技术更新换代，也有自制设备，促进了云南机器食品加工业的繁荣。

八、印刷及建筑工业

印刷工业始于清末的云南印刷局，在昆明、蒙自等大城市一直都有所发展。抗战期间，大量中央机构、银行、企业搬迁到昆明，所需印件甚巨；加上机制造纸企业的出现，能够印刷所需大量纸张，印刷工业发展得以壮大。同时，抗战期间各类工程大兴，为建筑业的兴起提供了机遇。

表8-10　1937—1945年云南新设近代印刷、建筑企业统计表

企业名称	开业时间	厂址	资本额（万元）	性质	职工人数	设备及出产
印刷						
光华实业公司印刷厂	1938	昆明市南屏街	600	商办	—	铅印机、石印机、铸字机

[①] 中国人民政治协商会议云南省委员会文史资料委员会编：《云南文史资料选辑》第四十二辑，云南人民出版社1993年版，第150页。

续表

企业名称	开业时间	厂址	资本额（万元）	性质	职工人数	设备及出产
云南经委会鼎新印刷厂	1942.07	昆明市双龙桥	150–3200	省营	122	打样机、铸字机、铝印机、石印机、圆盘机
联艺印刷厂	1944.04	昆明华山南路	155	私营	39	账本表册、文件
建筑						
工光企业西南建筑公司	1938.07	昆明	—	商办	—	承揽各项土木工程
大成实业大昌建筑公司	1940	昆明	—	商办	—	承包全国性的国防工程，建设厂房
中南铜铁厂	1942	昆明西车站	$20	私营	37	建筑五金材料
森达木材公司	1942.04	昆明席子营	80	私营	39	木板、床、木板材料
兴华锯木厂	1943.06	曲靖沾益	—	私营	—	电锯

资料来源：云南省志编纂委员会办公室：《续云南通志长编》下册，1985年，第381、383、387、430页；《云南实业司关于民国三十三年云南全省各县市工厂调查表》，云南省档案馆藏，档案号1089-001-00020-001；《云南实业司关于民国三十三年度八月云南全省各县市工厂调查表》，云南省档案馆藏，档案号1089-001-00019-001。

从表8.10可知，全面抗战期间云南新增印刷企业3家，开设建筑企业5家。在印刷工业中出现了省营大企业，新兴建筑业分布范围较广。印刷工业资本额最低为155万元，最高可达3200万元，而建筑业多是商办私营小企业。印刷工业中，鼎新印刷厂由云南经济委员会投资建设，以满足所属单位及市场印件需求。印刷原料多用造纸厂所出打字纸、道林纸、新闻纸，油墨有高价购入，也有本省土制；承印印件，先作成本试算，将应用纸张、油墨、材料、工资分别估计，汇列总数，再以印数平均，求得单价后，与顾客商洽，经双方同意后下单制造[1]。经营业务方

---

[1] 云南省志编纂委员会办公室：《续云南通志长编》下册，1986年，第382页。

面，除供应工业机关单位外，多为有关学术研究之杂志、月刊、周刊、旬刊，其他如广告、商标、表册、簿记，单色、五彩都有承印。生产技术上，在以往石印、铅印机器的基础上，增添了正楷铜模1部、大号铸字机1部、切纸机及零星件若干，技术的更新，使得印刷制品样式丰富、风格迥异。

建筑业中，有2家企业承包土木工程，3家企业出产建筑材料。西南建筑公司与大昌建筑公司曾承包多项土木工程，其中规模较大的有修筑机场、建造营房，大昌建筑公司还承包过全国性的国防军事建筑工程及大成实业公司的所有建筑；还代办建筑的设计、购料、施工。木材厂与中南铜铁厂以出产五金、木材等建筑材料为主，木材主要销往昆明，用于建造军用营房等。

全面抗战期间，社会对印刷物的大量需求与各项工程的展开，使得印刷与建筑行业有利可图，大、中、小企业纷纷涌现。印刷业机器的增多与更新，带来产品的形式各异，繁荣了大后方的文化事业；建筑公司与建筑材料生产公司一起，满足了各项大型工程建设的需求，保障了各项工程的顺利建成。

第二节　全面抗战时期云南近代工矿业发展的部门结构特征

如前所述，全面抗战时期，云南近代工矿业实现了跨越式发展，形成了较为完善的重工业体系。

一、重工业体系的形成

工业部门上，矿业工业增加了对煤矿、铁矿的采炼；军事工业实现了再度发展；机械工业新增了电机电器制造、零件配件制造、翻砂铸造、汽车修理、飞机修理；化学工业兴起炼油、橡胶、水泥、药品、造纸、酒精等行业；纺织工业增添了毛巾、制绸、绒呢业；食品加工工业出现机器制茶业；还出现了新兴的建筑业。企业数量上，新增矿冶15家、军工9家、机械50家、电力6家、化工51家、纺织18家、食品加工19家、印刷3家、建筑5家，共计176家。

论者普遍认为，云南在全面抗战前"除了个旧锡矿、造币厂、印刷厂、兵工修配厂、大道生纺织工场以及还在筹建中的云南纺织厂、小五金厂之外，基本没有近代工业"[①]。但在全面抗战期间，云南已经建立起以中央机器厂、云南钢铁厂、滇北矿务局、中央电工器材厂为代表的重工业体系。据国民政府经济部统计，在战时工业生产中，云南在西南八大工业区中占据第三的领先地位[②]。

二、矿业的主导地位

矿业作为全面抗战时期云南的关键产业，居于主导地位。所谓关键产业，即"生产规模大，有很强的增长推动力并且与其他产业有广泛的关联；当关键产业开始增长时，该企业（或部门）所在区域的其他产业也开始增长"[③]。全面抗战时期，矿业作为云南的关键工业部门，它的增长与其他产业有广泛的关联。如表8.11所示，矿业作为资源性基础工业，能够为其他工业部门提供原材料：首先，机械依靠矿产金属生产原料，机械产品又能广泛地服务矿冶、纺织、军工、化工、印刷、建筑等部门。其次，矿产品被大量用于化工企业生产，特别是炼油业，进一步为印刷工业提供油墨。再者，煤炭作为电力工业的重要原料，能够为各类工业部门提供生产动力。最后，矿冶工业产业工人的增长，会间接促

①《云南近代史》编写组：《云南近代史》，云南人民出版社，1993年，第493页。
②《云南近代史》编写组：《云南近代史》，云南人民出版社，1993年，第498页。
③陆大道：《关于"点—轴"空间结构系统的形成机理分析》，载《地理科学》2002年第1期。

进食品加工部门规模的扩张。矿业的增长，带动相关产业的发展，最终在全省范围内实现革新。

表8.11　1937—1945年云南各工业部门资本额、职工人数统计表

数值 \ 部门	矿业	机械	电力	化工	纺织	食品加工	印刷	建筑
企业数量	15	50	6	51	18	19	3	5
资本额（万元）	117629	24546	6900	23654	19784	12039	3955	100余
职工人数	9164	11153	—	2456	3901	1083	161	76

资料来源：据表8.1、8.2、8.3、8.4、8.5、8.6、8.7、8.8、8.9、8.10。

注：整理由于数据不全，只能是粗略统计，总数取整；另外，军工企业资本属保密性质，不作统计。

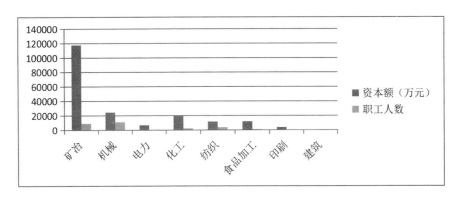

图8.1　全面抗战时期云南各工业部门资本额、职工人数柱状图

通过以上图和表可以看出，矿业在云南近代工矿业中一直占据着主导地位。大多数企业资本都在千万元以上，工人数百人，在企业规模上多大于其他工业部门的相关企业。机械化率也最高，有新型的反射炉、电炉、高炉、翻砂炉、蒸汽锅炉、钻探机、轧钢机等，运输工具普遍使

用卡车、铁轨等机械设备，使用机械数量、质量及价值等，远远超过其他工业部门。

第三节　全面抗战时期云南近代工矿业的地理分布格局

抗战期间，地理学家张印堂在论及云南经济建设与地理环境的关系时指出："因为一地之一切建设或开发的设计，均须循其基础，善为利用，行之以宜，方能奏效，此乃各地一般之定则，云南自亦不能例外。"①全面抗战期间，中国的地理格局变化巨大，大片国土落入日寇之手，国民政府将经济建设的重心放在抗战大后方的西南，云南的工业建设得到了前所未有的重视。对云南工业的开发与建设，促使云南近代工业实现了跨越式的增长，为当代云南工业的发展奠定了坚实的基础。前面，我们对全面抗战时期云南各工业部门的发展情况进行了详细的论述，并对其发展的部门结构特征进行了初步的归纳，那么，这些工业企业在空间上是如何分布的，从整体上形成了怎样的空间分布特征，显然有必要再作进一步探讨。

一、空间分布的不平衡性突出

全面抗战时期云南近代工业企业的空间分布就部门而言，大致情形是：军工企业主要分布于昆明及其周边的安宁、宜良，还有滇西靠近缅甸的瑞丽；机械制造部门中，无论是机械制造业，还是机械修配业，都集中分布于昆明；电力工业分布较为分散，总体来说靠近水力丰富的地点，主要分布在滇西的腾冲、大理，滇东的昆明、沾益，以及滇东南的

---

①张印堂：《云南经济建设之地理基础与问题》，载《边政公论》1943年第2卷第1—2期。

开远等地；化工企业大部分集中于昆明及周边，少数分布于大理、腾冲与昭通、曲靖等地；纺织企业集中分布于昆明，少数企业位于蒙自、佛海、开远等地；食品加工企业大半分布于昆明，其余分布于滇越铁路与滇缅公路沿线，若细分的话，面粉、烟草、制罐业市场分布于昆明，制糖、制茶两业因原料需求大多分布于其产地，碾米业分布于滇缅公路沿线；印刷业集中于昆明；建筑业则主要分布于昆明、曲靖两地。

如果将云南分为滇西和滇东两大区域，全面抗战时期云南近代工业的分布，滇西除了滇缅公路沿线有一定数量的近代工业企业外，绝大多数的企业都在滇东；滇东不仅企业数量多，而且类型多样，结构复杂，与滇西形成强烈的对比；尤其是滇西北和滇西南地区，近代工业企业数量极其有限，有些地方甚至没有一家真正的近代工业企业。这也就是说，全面抗战时期，云南近代工业虽然获得了空前的发展，但这种发展在空间上是极不平衡的。

二、沿主要交通线形成"T"形分布格局

全面抗战时期云南近代工业分布范围遍及滇东区域，又集中于滇越铁路、滇东公路、川滇贸易大通道沿线，同时也广泛沿着滇缅公路扩展，其空间分布大致形成"T"形结构。

（一）滇越铁路沿线

滇越铁路是云南近代工业最为密集的区域，相关企业分布在昆明、蒙自、个旧、建水、弥勒、宜良、陆良、开远、河口、昆阳、呈贡等地。在企业数量上，新设企业为昆明125家、昆阳4家、呈贡1家、宜良3家、陆良1家、弥勒1家、开远6家、蒙自2家、个旧2家，共145家；在工业部门上，有矿冶、军工、机械、电力、化工、纺织、食品加工、印刷工业、建筑工业等，几乎涵盖所有工业部门。其中，无论从数量上还是从部门类别上，昆明都是最为集中的；同时，昆明工业有向周边昆阳、呈贡、宜良等地分散的趋势，昆阳的军工企业、呈贡的碾米

业，都依赖昆明的电力供应。

抗战期间滇越铁路沿线主要是昆明工业的快速增长，有以下几方面因素：

1.特殊时局下的地理环境优势。抗战期间，云南成为战时国内唯一的对外贸易大通道，战略地位突出，拥有滇越铁路、滇缅公路两条国际运输线；同时，通过滇黔公路、川滇公路、滇桂公路等省际干道沟通川黔桂；作为国际、国内交通干道交汇点的昆明，成长为大后方对外贸易的中心与国防工业建设的重心。

2.内迁企业与官办企业大量涌现。沿海内迁工矿企业为数众多，据统计，到1942年12月底，经政府统一协调的内迁工矿企业448家，自愿搬迁的百余家，共计600多家，机器材料等共12万吨，还有12164名熟练技工随同进入大后方①。内迁云南的企业，又大多聚集于条件较好的昆明。官办企业中，以中央机器厂、中央电工器材厂、云南钢铁厂、昆湖电厂、云南锡业公司为主，构建了云南近代工矿业的重工业体系。

3.交通、市场的有力支撑。全面抗战期间，滇越铁路运输量较平时激增，为该路创建以来运输最为紧迫的时期②。公路方面，1937年开远经蒙自至个旧段土路通车，长51.6公里③；1940年滇越公路通车至河口，自昆明经宜良、弥勒到开远、蒙自到河口④。国际市场广阔，从蒙自的地位可看出，"蒙自与全球贸易联系之密切远胜于腾越、思茅，靠近蒙自的香港与世界各地联系的广泛与紧密程度远非仰光可比"⑤。

（二）滇东公路沿线

滇东干道沿线，为新兴工业区域。工业分布上，涉及嵩明、曲靖、

---

①史全生主编：《中华民国经济史》，江苏人民出版社1989年版，第426~427页。

②云南省志编纂委员会办公室：《续云南通志长编》中册，1986年，第1001页。

③云南省志编纂委员会编：《云南省志》卷三十三《交通志》，云南人民出版社2001年版，第110页。

④云南省志编纂委员会办公室：《续云南通志长编》中册，1986年，第974页。

⑤张永帅：《空间视角下的近代云南口岸贸易研究1889—1937》，中国社会科学出版社2017年版，第108页。

沾益、平彝四地；企业数量上，新设企业为嵩明1家、曲靖2家、沾益3家、平彝2家，合计8家；工业部门上，有矿冶、电力、化工、建筑四大部门。

滇东工业勃兴的原因有：1.滇东公路的修建。1937年3月，昆明经嵩明、曲靖、沾益、平彝至贵州盘州的滇东公路正式通车，是云南第一条通往内地的省道①。2.紧邻内地省份。滇东地区为内地大多数省份到云南的必经之地，与内地联系紧密，广大瓷业公司就选择在曲靖办厂。此外，滇西南工业区，仍集中分布于勐海。新增企业3家，其中制茶业2家、纺织业1家。制茶厂靠近茶叶产地，以节约成本。纺织厂由商人投资而兴办。

（三）川滇贸易大道沿线

川滇贸易大道沿线上，相关企业分布在东川、宣威、会泽、鲁甸、昭通、镇雄等地。新增企业不多，且都为矿业企业，涉及部门有矿冶、机械、化工、纺织、电力、食品加工工业等。

川滇贸易大道沿线工业增长之所以较为缓慢，主要是受交通所限。云南省政府本计划修建昆明经嵩明、寻甸、会泽、鲁甸、昭通至四川的滇东北公路，当修到会泽段时，就因该段工程量大、道路长，为他处所不及，通车情况难以预计且鲁甸有改道之势，加上昭通段的政府助款尚未下发②，故迟迟未能修通。其新增企业都为矿业企业，是因为该区域矿产资源较为丰富，种类多、储量大，如会泽的铝、锌，东川的铜，昭通的煤③。而全面抗战期间，矿产资源关乎国计民生，矿业得到政府高度重视。

---

① 云南省地方志编纂委员会总纂：《云南省志》卷三十三《交通志》，云南人民出版社2001年版，第108页。
② 云南省志编纂委员会办公室：《续云南通志长编》中册，1986年，第953~954页。
③ 杜彬、金本启等：《滇东北生态脆弱区资源开发与环境保护问题研究》，载《云南农业大学学报（社会科学版）》2010年第5期。

（四）滇缅公路沿线

滇缅公路沿线成为工业聚集地。分布上，由弥渡、大理、云龙、腾越，新增安宁、禄丰、楚雄、宾川、瑞丽五地；企业数量上，新增大理6家、安宁4家、禄丰3家、宾川2家、楚雄1家、瑞丽1家、腾冲1家，共计18家；工业部门上，由纺织、化工、矿冶，增加了军工、电力、食品加工工业。滇西工业能够快速发展，得益于以下几点因素：一是交通因素。抗战初期，为了开辟新的国际交通线，滇西各族民众历经艰辛，在短短9个月内修筑了自昆明经楚雄、大理、腾越至缅甸的滇缅国际公路。滇缅国际公路通车，刺激了沿线工商业的活跃，1940年滇越铁路中断后，滇缅公路成为唯一的国际运输大动脉，汽车运输川流不息。二是商业因素。新增企业以大理为最，其中一半又集中于喜洲。喜洲"自古以来一贯重视读书与经商，人多地少的地理环境，使得读书与经商成为支撑喜洲人生活的拐杖"①。喜洲商帮以四大家、八中家、十二小家组成，依托对外贸易与区域长途贸易加上独具特色的经营管理，成长为云南近代最大的跨国商业集团。富有资产的喜洲商人在自己的家乡将商业资本投入产业建设。

三、资源地集中与消费地集中的分布格局

全面抗战时期，云南近代工矿业沿滇越铁路、滇缅公路、滇东公路、川滇贸易大道等交通线分布，其中又以昆明及其周边为核心区域。具体到各大工业部门，机械工业全部位于昆明；军工、化工、纺织、食品加工、印刷、建筑等工业集中分布于昆明及周边地区；电力布局于滇中区域，紧邻水能丰富之地；矿业集中于滇东，靠近资源产地，从而使全面抗战时期的云南工业呈现出资源地集中与消费地集中的空间分布格

---

① 赵勤：《"喜洲商帮"的形成及对地方的贡献》，见中国人民政治协商会议云南省大理市委员会编《大理市文史资料》2006年第13辑。

局，即矿业和电力企业主要集中在资源地，其他工业企业则受市场机制
制约，向其消费地集中。

（一）资源地集中的矿业和电力企业

矿业集中于滇东，靠近资源产地。矿冶工业一般规模巨大，分布
上，由昆明、个旧、蒙自、东川、会泽、腾越扩展到安宁、禄丰、宜
良、平彝、宣威、鲁甸。企业数量上，新设企业15家，其中昆明3家，
为矿产深加工企业；个旧2家，均为规模庞大的炼锡厂；安宁3家，主
营铁矿冶炼与钢铁铸造；禄丰2家，冶炼煤铁矿产；宜良1家、宣威1
家，为煤矿冶炼厂；平彝1家，为钨锑矿采炼厂；鲁甸1家，为银铅锌
矿管理处。

表8.12　1937—1945年云南矿业企业地区分布情况

行业	铜矿	锡矿	钨锑矿	铁矿	煤矿	银铅锌矿	矿冶深加工
分布地点及企业数量	会泽1	个旧2	平彝1	安宁3 禄丰1	宣威1 禄丰1 宜良1	鲁甸1	昆明3

由表8.12可知，矿冶企业紧靠资源地分布，为资源导向型工业。锡
矿和铜矿位于个旧、东川两地；钨锑矿由蒙自扩展到平彝；铁矿及钢铁
冶炼集中于安宁、禄丰一带；煤矿分布较广，涉及禄丰、宜良、宣威三
地；银铅锌矿集中于鲁甸及周边；矿产深加工企业直接面向消费市场，
位于昆明。

电力企业以水力发电为主体，紧靠水能丰富地。云南河流纵横，有
金沙江、伊洛瓦底江、怒江、澜沧江、元江、南盘江六大水系；加上
滇省高原距离海面水平线一千至三千米，源流高下相差极大，[1]水能充

---

①张肖梅编：《云南经济》，中国国民经济研究所，1942年，第049页。

足。富足的水力资源，为云南水力发电提供了优越的条件。电力工业为基础工业部门，分布上，由原来的昆明、蒙自、丌远、河口、勐海、昭通扩展到沾益、大理、腾越。企业数量上，新增企业6家，其中昆明1家，即昆湖电厂，昆湖电厂依托石龙坝水电站为昆明四郊重要工业提供电力，还为耀龙电力公司输送电力供市区照明；开远1家，利用南桥水力发电，为个旧大锡冶炼提供动力；沾益2家，为小型火力发电厂；大理1家，为喜洲火力发电厂；腾越1家，利用叠水河瀑布，建成水力发电站。

（二）消费地集中的其他工业企业

除矿业、电力企业外，其他工业部门为"市场导向性"企业，产品重量大于原材料，一般选择市场消费地分布。繁荣发展阶段，机械制造及修理企业全位于昆明；军工、化工、纺织、食品加工、印刷、建筑六大部门，主体位于昆明，少量分散于各地。

机械工业企业全位于昆明。战时机械工业得到跨越式发展，并成为起重工业的重要组成部分。地域分布上，由昆明、蒙自、镇雄三地发展，到聚集昆明一地增长。企业数量上，新增机械制造业28家、机械修理业22家。大型机械制造企业多为抗战内迁企业，选择布局昆明是因为机械产品具有更大的重量，导致机械制造企业位于消费地。机械修理业分布于昆明，以汽车修理为主。昆明交通四通八达，滇越公路、滇缅公路、滇东公路、川滇公路、桂滇公路汇集于此，为省内汽车运输中转中心，吸引汽车修理企业聚集。

军工、化工、纺织、食品加工、印刷、建筑六大工业部门呈现"主体位于昆明，少量分散各地"的分布特征：

1.军事工业部门。军事企业为抗战期间国防建设的重点，地域上，由昆明扩展到周边的昆阳海口、安宁、宜良以及滇西的瑞丽。企业数量上，新设企业9家，其中昆明3家，分别为空军第一飞机制造厂、无线电器材厂和第二十三兵工厂，便于军工部门就近管理；昆阳海口3家，海口有水上运输和石龙坝方便供电，加上群山环绕，靠山近水，比较隐蔽而安全，[1]有利于军工企业的生产；安宁1家，为第二十一兵工厂；宜良1家，为第五十二兵工厂；瑞丽1家，瑞丽位于中缅边境，有滇缅公路过境，在此设厂，便于经缅甸进口原料、设备以节约运输成本。

2.化学工业部门。化工工业发展迅猛，地域上，由昆明、大理、开远、会泽、腾越扩展到嵩明、禄丰、宜良、昆阳、陆良、曲靖、宾川、蒙自。企业数量上，新设51家，其中昆明37家，包含所有行业，为市场导向型工业；禄丰1家、宜良1家、平彝1家，为炼油厂；陆良1家，为制革厂；开远1家、嵩明1家，为电石厂；昆阳1家，为水泥厂；大理3家，滇缅公路通车后，大理消费市场扩大；宾川1家，为商人投资兴办的酒精厂；曲靖2家，为酒精和瓷器厂，瓷器厂由江西搬迁至此；蒙自1家，为官办酒精厂。

表8.13　1937—1945年云南化学工业地区分布情况

行业	分布地点及数量	行业	分布地点及数量
制革	昆明3、陆良1、大理1	炼油	昆明2、禄丰1、宜良1、平彝1
化工材料	昆明10、昆阳1、嵩明1、开远1	橡胶	昆明3
肥皂	昆明5	水泥	昆明1、昆阳1
火柴	昆明1（大理、昭通、腾越）	药品	昆明2
瓷器/玻璃	昆明2、曲靖1	造纸	昆明3、大理1
酒精	昆明4、蒙自1、曲靖1、大理1、宾川1		

---

①吴庆荣：《云南光学仪器厂的创建与发展》，见李师程主编《云南文史集粹·第5卷·工商·经济》，云南人民出版社2004年版，第9页。

由表8.13可知，化学工业部门中的各行业也主要集中于昆明，零星分布于其他地区。制革业，由昆明扩展到大理、陆良；化工材料业，由昆明扩展到昆阳、嵩明、开远；火柴业，由昆明的云南火柴厂总管理处统辖，在大理、昭通，腾冲都设有分厂；玻璃业由昆明扩展到曲靖。新兴行业中，橡胶、药品、水泥业位于昆明；造纸业位于昆明、大理；炼油业位于昆明及周边宜良、禄丰和滇东平彝；酒精业分布较广，包括滇东的昆明、蒙自、曲靖与滇西大理、宾川。

3.纺织工业部门。纺织工业出现几家大型纺织公司，分布上，由昆明、弥勒、大理、陆良、鲁甸、弥渡、云龙扩展到蒙自、开远、勐海。企业数量上，新设企业18家，其中昆明14家，资本上千万元的企业基本在昆明；大理1家，为喜洲商人所办染织厂；开远1家，为商办小型纺织厂；蒙自1家，依托草坝农场种桑养蚕，出产高级生丝；勐海1家，为志安纺织厂，全厂80人，70%为回族，因回族工人过多，大家一起吃回族伙食。[①]

4.食品加工部门。食品加工工业为政府所统制，分布上，由昆明、蒙自、宜良扩展到呈贡、弥勒、开远、楚雄、大理、宾川、勐海。企业数量上，新设企业19家，其中昆明10家，包括面粉、制罐、制茶、烟草四大行业；呈贡1家，为机制面粉厂；开远、宾川、弥勒各1家，为制糖企业；大理、楚雄各1家，为碾米厂；勐海1家，为制茶厂。很显然，食品加工部门的各大行业分布较为分散。面粉业分布于昆明、呈贡两地；制罐业，有罐头食品工业合作社位于昆明，制造鲜奶、五香牛肉、鲜味鱼等罐装食品，销往滇南、滇西市场；制茶业，集中于昆明、勐海，中国茶叶贸易总公司管理处位于昆明，先后在顺宁、宜良、昆明、佛海、大理设立5家制茶厂；制糖业，靠近开远、弥勒等产糖地

---

① 王萍漂：《佛海志安纺纱厂始末》，见中国人民政治协商会议云南勐海县委员会文史资料委员会编《勐海文史资料》第1辑，1990年，第79页。

分布；^①烟草业，全部位于昆明；碾米业，分布于滇缅公路上的大理、楚雄。

5.印刷工业部门。印刷工业一直以来发展规模有限，该时期新设3家企业，都集中在昆明。印刷工业主要服务于市场，作为省会的昆明，对西方书籍、书报、商标广告、账本表册、政府文件等印刷物需求巨大，能够维持印刷企业的长期生产。

6.建筑工业部门。建筑工业为该时期新兴部门，分布上，涉及昆明、沾益两地。企业数量上，新设企业5家，其中昆明4家，建筑公司承包各项土木工程，材料厂提供五金、木板等建筑材料；沾益1家，为兴华锯木厂，在曲靖、沾益收购木头，以锯制企口板为主要业务，供应昆明美军营房建造所需^②。

第四节　本章小结

特殊的时局与政府政策的支持，导致云南近代工矿业发展出现了繁荣局面。云南近代工矿业的地位由原来落后的边疆省份转变为战时国家工业建设重心，矿冶工业与机械制造业在战时领先于全国。

清末云南大小近代企业一共才24家，只有少数几家资本超过百万元，职工数百人。民国成立至全面抗战爆发前，在实业风潮的影响下，云南新设近代企业达到84家，除少数几家规模较大的官商合办企业外，多是资本不满50万元的私营小企业。而全面抗战时期新设企业达176家，比前两个阶段企业数量之和还多出68家，矿冶、军工、机械等国省合营的大型工矿企业资本多在1000万元以上，职工人数也在1000人以

---

① 张肖梅编：《云南经济》，中国国民经济研究所，1942年，第O75页。
② 云南省志编纂委员会办公室：《续云南通志长编》下册，1986年，第387页。

上，还出现了钢铁、电子、军工仪器、炼油、橡胶、水泥、药品、机械、造纸、酒精等新兴行业。可以说，全面抗战时期，云南近代工矿业实现了"质"的跨越。

全面抗战期间，东部沿海大型工矿企业内迁云南，为原本弱小的云南近代工矿业注入强心剂，国防军工、机械制造、机器采矿、钢铁冶炼、化工电力等企业在云南遍地开花，改变了以往单一的产业结构，引导云南由传统的农业社会向现代工业社会迈进。内迁企业和中央与云南地方政府合办的企业，一起改变了云南的工业面貌，据云南省建设厅调查，到1944年，云南工业部门已基本齐全，完备的工业体系得以初步建立。

全面抗战时期，工业地理分布沿滇越铁路、滇缅公路、川滇贸易大通道、滇东公路等主要交通线铺展，而形成了"T"字形分布结构。具体到部门空间分布，电力集中于滇中区域，紧邻水能丰富之地；矿业广布于滇东区域，靠近矿产地，都位于资源产地；机械全部位于昆明；军工、化工、纺织、食品加工、印刷、建筑六大工业部门呈现"集中于昆明、分散于各地"的分布格局，基本位于消费地。

总之，全面抗战时期，作为大后方的云南，获得前所未有的发展机遇，近代工业获得空前的发展，但其部门结构和空间分布不仅体现出鲜明的"战时"特征，是"时局"作用的结果，还体现出鲜明的地域特征，受到了云南特定的自然与人文环境的强烈影响。

参考文献

一、史料

(一)档案、调查(考察)资料

1.〔日〕东亚同文会编:《中国省别全志》第三卷《云南省》,台湾南天书局1988年影印版。

2.顾金龙、李培林主编:《云南近代矿业档案史料选编(1890—1949年)》,1987年。

3.乐恕人:《缅甸随军纪实》,胜利出版社1942年版。

4.刘楠楠选辑:《云南开发之意见史料一组》,载《民国档案》2013年第1期。

5.苏汝江编著:《云南个旧锡业调查》,国立清华大学国情普查研究所,1942年。

6.谭伯英著、戈叔亚译:《修筑滇缅公路纪实》,云南人民出版社2016年版。

7.行政院农村复兴委员会编:《云南省农村调查》,商务印书馆1935年版。

8.云南省档案馆编:《清末民初的云南社会》,云南人民出版社2005年版。

9.云南省档案馆编:《抗战时期的云南社会》,云南人民出版社2005

年版。

10. 云南省档案馆编：《建国前后的云南社会》，云南人民出版社2009年版。

11. 云南省档案馆编：《近代云南人口史料（1909—1982）》第2辑，1987年。

12. 云南省档案局（馆）编：《抗战时期的云南——档案史料汇编》，重庆出版社2015年版。

13. 云南省档案馆、红河学院编：《滇越铁路史料汇编》，云南人民出版社2014年版。

14. 云南省建设厅：《云南省建设厅改良烟草推广处民国二十九年度工作报告》，云南省档案馆藏，档案号：1077-001-03793-001。

15. 云南省建设厅：《云南省建设厅关于呈请核发民国三十二年度棉花增产费尾数一案给棉业处的指令》，云南省档案馆藏，档案号：1077-001-03912-026。

16. 云南省建设厅：《云南省建设厅关于棉业处技术课长李士彰编具迤南视察报告书一案给云南棉业处的指令》，云南省档案馆藏，档案号：1077-001-03912-025。

17. 云南省建设厅：《云南省建设厅关于报云南全省共植草棉木棉面积等情一案给农林部的呈》，云南省档案馆藏，档案号：1077-001-03922-080。

18. 云南省棉业处：《云南省棉业处二十六年份工作报告》，云南省档案馆藏，档案号：1077-001-03912-005。

19. 云南省棉业处：《云南省棉业处二十七年份工作报告》，云南省档案馆藏，档案号：1077-001-03912-007。

20. 云南省棉业处：《云南省棉业处民国三十年度五月份至八月份工作报告》，云南省档案馆藏，档案号：1077-001-03912-020。

21. 云南省棉业处：《云南省棉业处民国三十一年度一至三月份工作月报》，云南省档案馆藏，档案号：1077-001-03912-025。

22.云南省棉业处：《云南省棉业处民国三十一年度五月份工作月报给云南省建设厅的呈》，云南省档案馆藏，档案号：1077-001-03912-027。

23.云南省棉业处：《云南省建设厅棉业处关于报棉作人员训练班总报告事给云南省建设厅厅长的呈》，云南省档案馆藏，档案号：1077-001-03912-080。

24.云南省棉业推广委员会：《云南省棉业推广委员会民国三十六年度工作报告》，云南省档案馆藏，档案号：1077-001-03912-001。

25.云南实业司：《云南实业司关于民国三十三年度八月云南全省各县市工厂调查表》，云南省档案馆藏，档案号：1089-001-00019-001。

26.云南实业司：《云南实业司关于民国三十三年云南全省各县市工厂调查表》，云南省档案馆藏，档案号：1089-001-00020-001。

27.云南烟草事业总管理处：《烟草改进所民国三十年至三十二年推广亩积表》，云南省档案馆藏，全宗号：139，目录号：1，案卷号：200。

28.云南烟草事业总管理处：《各县分所收烟统计表》，云南省档案馆藏，全宗号139，目录号1，案卷号554.555。

29.云南烟草事业总管理处：《烟草事业总管理处烟草改进所各分所实际种植面积、烤房座数各项登记及员工人数统计表》，云南省档案馆藏，全宗号139，目录号1，案卷号200。

30.张天放：《木棉区域情况报告》，载《云南棉讯》1939年第6期。

31.张印堂：《滇西经济地理》，见张研、孙燕京主编《民国史料丛刊》第863册，大象出版社2009年版。

32.张云辉：《档案中的滇缅铁路》，载《云南档案》2017年第11期。

33.中国第二历史档案馆、中国海关总署办公厅编：《中国旧海关史料（1859—1948）》，京华出版社2001年版。

34.国立中央大学农学院棉作研究室编：《西南各省棉花品质种性与手纺关系之鉴定及棉区考察记》，载《农业推广通讯》1940年第2卷第1期。

（二）资料汇编

1.陈真、姚洛编：《中国近代工业史资料》，生活·读书·新知三联书店1957年版。

2.方国瑜主编：《云南史料丛刊》第四卷，云南大学出版社1998年版。

3.方国瑜主编：《云南史料丛刊》第十一卷，云南大学出版社1999年版。

4.方国瑜主编：《云南史料丛刊》第十二卷，云南大学出版社2001年版。

5.李文治编：《中国近代农业史资料》第一辑，台湾大安出版社1967年版。

6.李云汉主编：《中国国民党临时全国代表大会史料专辑》，台湾近代中国出版社1991年版。

7.林文勋主编：《民国时期云南边疆开发方案汇编》，云南人民出版社2013年版。

8.宓汝成编：《中国近代铁路史资料（1863—1911）》，中华书局1963年版。

9.宓汝成编：《中华民国铁路史资料（1912—1949）》，社会科学文献出版社2002年版。

10.聂宝璋编：《中国近代航运史资料》第一辑，上海人民出版社1983年版。

11.聂宝璋、朱荫贵编：《中国近代航运史资料》第二辑，中国社会科学出版社2002年版。

12.彭泽益编：《中国近代手工业史资料》第四卷，中华书局1984年版。

13.秦孝仪主编：《中华民国重要史料初编——对日抗战时期·第二编作战经过（一）》，中国国民党中央委员会党史委员会1981年编印。

14.唐润明主编：《抗战时期大后方经济开发文献资料选编》，重庆出版社2012年版。

15.许道夫编：《中国近代农业生产及贸易统计资料》，上海人民出版社1983年版。

16.杨国安编著：《中国烟业史汇典》，光明日报出版社2002年版。

17.章有义编:《中国近代农业史资料》第二辑、第三辑,生活·读书·新知三联书店1957年版。

18.中国第二历史档案馆编:《中华民国史档案资料汇编·第五辑·第二编·财政经济(五)》,江苏古籍出版社1997年版。

(三)古籍、地方志、文史资料

1.〔晋〕常璩撰,刘琳校注:《华阳国志校注》,巴蜀书社1984年版。

2.〔唐〕樊绰撰,向达校注:《蛮书校注》,中华书局1962年版。

3.方国瑜主编:《保山县志稿》,云南民族出版社2003年版。

4.李师程主编:《云南文史集粹·五·工商·经济》,云南人民出版社2004年版。

5.〔明〕李时珍:《本草纲目》,山西科学技术出版社2014年版。

6.李春龙审订,牛鸿斌等点校:《新纂云南通志》,云南人民出版社2007年版。

7.陆崇仁修,汤祚纂:《巧家县志》,民国三十一年铅印本,台湾成文出版社1974年影印版。

8.《民国昭通县志稿》,凤凰出版社2009年影印版。

9.《民国嵩明县志》,凤凰出版社2009年影印版。

10.〔宋〕欧阳修、宋祁撰:《新唐书》,中华书局1975年版。

11.〔明〕钱古训撰,江应梁校注:《百夷传校注》,云南人民出版社1980年版。

12.云南省曲靖地区志编纂委员会、曲靖市人民政府地方志办公室编纂:《曲靖地区志》,云南人民出版社1996年版。

13.喜洲镇志编纂委员会编:《喜洲镇志》,云南大学出版社2005年版。

14.云南省宾川县志编纂委员会编纂:《宾川县志》,云南人民出版社1997年版。

15.云南省楚雄市地方志编纂委员会编纂:《楚雄市志》,天津人民出版社1993年版。

16.云南省开远市志编纂委员会编纂：《开远市志》，云南人民出版社1996年版。

17.云南省志编纂委员会办公室：《续云南通志长编》，1986年。

18.云南省地方志编纂委员会总纂：《云南省志》卷一《地理志》，云南人民出版社1998年版。

19.云南省地方志编纂委员会总纂：《云南省志》卷二十《烟草志》，云南人民出版社2000年版。

20.云南省地方志编纂委员会总纂：《云南省志》卷二十一《纺织工业志》，云南人民出版社1996年版。

21.云南省地方志编纂委员会总纂：《云南省志》卷二十八《化学工业志》，云南人民出版社1994年版。

22.云南省地方志编纂委员会总纂：《云南省志》卷三十三《交通志》，云南人民出版社2001年版。

23.云南省地方志编纂委员会总纂：《云南省志》卷三十四《铁道志》，云南人民出版社1994年版。

24.云南省地方志编纂委员会总纂：《云南省志》卷七十一《人口志》，云南人民出版社1998年版。

25.云南省陆良县志编纂委员会编纂：《陆良县志》，上海科学普及出版社1991年版。

26.沾益县地方志·年鉴编纂委员会编纂：《沾益县志》，云南人民出版社2003年版。

27.〔明〕张介宾：《景岳全书》，上海科学技术出版社1959年版。

28.中国人民政治协商会议云南省大理市委员会编：《大理市文史资料》第十三辑，2006年。

29.中国人民政治协商会议勐海县委员会文史资料委员会编：《勐海文史资料》第1辑，1990年。

30.中国人民政治协商会议西南地区文史资料协作会议编：《抗战时期西南的交通》，云南人民出版社1992年版。

31.中国人民政治协商会议云南省委员会文史资料委员会:《云南文史资料选辑》第九辑,1965年。

32.中国人民政治协商会议云南省委员会文史资料委员会:《云南文史资料选辑》第十六辑,云南人民出版社1980年版。

33.中国人民政治协商会议云南省委员会文史资料委员会:《云南文史资料选辑》第二十九辑,云南人民出版社1986年版。

34.中国人民政治协商会议云南省委员会文史资料委员会:《云南文史资料选辑》第三十七辑,云南人民出版社1989年版。

35.中国人民政治协商会议云南省委员会文史资料委员会:《云南文史资料选辑》第四十二辑,云南人民出版社1993年版。

36.中国人民政治协商会议云南省委员会文史资料委员会:《云南文史资料选辑》第四十九辑,云南人民出版社1996年版。

37.中国人民政治协商会议云南省委员会文史资料委员会:《云南文史资料选辑》第五十二辑,云南人民出版社1998年版。

38.中国人民政治协商会议云南省龙陵县委员会、云南省社科院保山分院滇西抗战文化研究基地编:《滇缅公路——血肉铸成的抗战生命线》,云南民族出版社2013年版。

39.中国人民政治协商会议祥云县委员会编印:《祥云文史资料》第三辑,1993年。

40.昭通旧志汇编编辑委员会编:《昭通旧志汇编》,云南人民出版社2006年版。

二、著作、论文集、学位论文

1.〔英〕阿兰·R.H.贝克著,阚维民译:《地理学与历史学——跨越楚河汉界》,商务印书馆2008年版。

2.陈征平:《云南早期工业化进程研究》,民族出版社2002年版。

3.陈征平:《云南工业史》,云南大学出版社2007年版。

4.成崇德主编：《清代西部开发》，山西古籍出版社2002年版。

5.褚守庄：《云南烟草事业》，新云南丛书社1947年版。

6.戴鞍钢：《发展与落差——近代中国东西部经济发展进程比较研究（1840—1949）》，复旦大学出版社2006年版。

7.戴逸等主编：《中国西部开发与近代化》，广东教育出版社2006年版。

8.董孟雄：《云南近代地方经济史研究》，云南人民出版社1991年版。

9.段金生：《南京国民政府的边政》，民族出版社2012年版。

10.段金生：《南京国民政府对西南边疆的治理研究》，社会科学文献出版社2013年版。

11.〔美〕葛勒石著，谌亚达译：《中国区域地理》，正中书局1947年版。

12.郭垣：《云南省经济问题》，正中书局1940年版。

13.贺升华、任炜主编：《烤烟气象》，云南科技出版社2001年版。

14.何兆武：《苇草集》，生活·读书·新知三联书店1999年版。

15.何忠禄主编：《云烟奠基人——徐天骝文选》，云南民族出版社2001年版。

16.洪其琨编著：《烟草栽培》，上海科学技术出版社1983版。

17.黄恒蛟主编：《云南公路运输史》第一册，人民交通出版社1995年版。

18.蒋君章编著：《西南经济地理纲要》，正中书局1943年版。

19.蒋君章：《西南经济地理》，商务印书馆1946年版。

20.蒋君章编著：《战时西南经济问题》，正中书局1943年版。

21.蒋君章等编著：《中国边疆地理》，文信书局1944年版。

22.金士宣、徐文述编著：《中国铁路发展史（1876—1949）》，中国铁道出版社1986年版。

23.昆明师范学院史地系编著：《云南地理概况》，云南人民出版社1978年版。

24.李珪主编：《云南近代经济史》，云南民族出版社1995年版。

25.李学通：《抗日战争时期后方工业建设研究》，团结出版社2015年版。

26.李占才、张劲：《超载——抗战与交通》，广西师范大学出版社1996年版。

27.凌鸿勋：《中国铁路志》，台北文海出版社1974版。

28.陆韧：《云南对外交通史》，云南人民出版社、云南大学出版社2011年版。

29.罗坤、陈松主编：《云南省蚕桑产业政策研究》，中国农业科学技术出版社2014年版。

30.罗群等：《云南省经济史》，山西经济出版社2016年版。

31.罗钰、钟秋：《云南物质文化·纺织卷》，云南教育出版社2000年版。

32.马曜：《云南简史》（新增订本），云南人民出版社2009年版。

33.宓汝成：《帝国主义与中国铁路1847—1949》，经济管理出版社2007年版。

34.农林部棉产改进处编：《冯泽芳先生棉业论文选集》，中国棉业出版社1948年版。

35.彭泽益主编：《中国社会经济变迁》，中国财政经济出版社1990年版。

36.云南省交通厅云南公路交通史志编写委员会、《云南公路史》编写组编：《云南公路史》，国际文化出版公司1989年版。

37.〔英〕R.J.约翰斯顿主编，柴彦威等译：《人文地理学词典》，商务印书馆2005年版。

38.任美锷、杨纫章、包浩生编著：《中国自然地理纲要》，商务印书馆1979年版。

39.石俊杰：《近代云南红河区域经济地理研究（1889—1949）》，云南大学2010年硕士学位论文。

40.史全生主编：《中华民国经济史》，江苏人民出版社1989年版。

41.孙代兴、吴宝璋主编：《云南抗日战争史》（增订本），云南大学出版社2005年版。

42.孙代兴、吴宝璋：《团结抗战——抗日战争中的云南》，云南人民出版社1995年版。

43.孙喆：《江山多娇：抗战时期的边政与边疆研究》，岳麓书社2015年版。

44.孙中山：《建国方略》，中国长安出版社2011年版。

45.谭刚：《抗战时期大后方交通与西部经济开发》，中国社会科学出版社2013年版。

46.万湘澄：《云南对外贸易概观》，新云南丛书社1946年版。

47.王声跃主编：《云南地理》，云南民族出版社2002年版。

48.王晓华、李占才：《艰难延伸的民国铁路》，河南人民出版社1993年版。

49.王学典主编：《史学引论》，北京大学出版社2008年版。

50.王艳：《云南美烟的引进和推广研究（1939—1949）》，云南师范大学2018年硕士学位论文。

51.韦丹凤：《滇缅公路研究（1937—1942）——基于战时公路工程史的视角》，北京科技大学2018年博士学位论文。

52.吴松弟主编：《中国近代经济地理》，华东师范大学出版社2015年版。

53.萧乾：《从滇缅路走向欧洲战场》，云南人民出版社2011年版。

54.《云南近代史》编写组：《云南近代史》，云南人民出版社1993年版。

55.谢本书、温贤美主编：《抗战时期的西南大后方》，北京出版社1997年版。

56.谢华香：《清至民国时期云南经济作物的种植及影响》，云南大学2015年硕士学位论文。

57.杨寿川：《云南经济史研究》，云南民族出版社1999年版。

58.杨寿川:《云南矿业开发史》,社会科学文献出版社2014年版。

59.杨寿川:《云南烟草发展史》,社会科学文献出版社2018年版。

60.杨伟兵、张永帅、马琦:《中国近代经济地理》第四卷《西南近代经济地理》,华东师范大学出版社2015年版。

61.杨毓才:《云南各民族经济发展史》,云南民族出版社1989年版。

62.云南省经济研究所编:《云南近代经济史文集》,《经济问题探索》杂志社1988年版。

63.云南农业地理编写组编:《云南农业地理》,云南人民出版社1981年版。

64.云南省国防科学技术工业办公室、军事工业史办公室编:《云南近代兵工史简编(1856—1949)》,1991年。

65.云南省汽车工业行业办公室、云南省汽车工业联合会:《云南汽车工业史》,云南人民出版社1995年版。

66.曾玉珊:《冯泽芳与中国现代棉业改进研究》,南京农业大学2012年博士学位论文。

67.张怀渝主编:《云南省经济地理》,新华出版社1988年版。

68.张其昀:《中国地理大纲》,商务印书馆1930年版。

69.张其昀:《中国经济地理》,商务印书馆1930年版。

70.张肖梅编:《云南经济》,中国国民经济研究所,1942年。

71.张永帅:《空间视角下的近代云南口岸贸易研究》,中国社会科学出版社2017年版。

72.郑友揆、程麟荪、张传洪:《旧中国的资源委员会(1932—1949)——史实与评价》,上海社会科学院出版社1991年版。

73.周天豹、凌承学主编:《抗日战争时期西南经济发展概述》,西南师范大学出版社1988年版。

74.周勇主编:《西南抗战史》,重庆出版社2006年版。

75.周智生:《商人与近代中国西南边疆社会:以滇西北为中心》,中国社会科学出版社2006年版。

76.周智生：《晚清民国时期滇藏川毗连地区的治理开发》，社会科学文献出版社2014年版。

77.邹逸麟主编：《中国历史人文地理》，科学出版社2001年版。

三、论文

1.〔日〕滨下武志著，朱荫贵译：《中国近代经济史研究中一些问题的再思考》，载《中国经济史研究》1991年第4期。

2.蔡泽军：《云南近代工业特点述论》，载《云南教育学院学报》1990年第1期。

3.车辚：《滇越铁路与近代云南社会观念变迁》，载《云南师范大学学报（哲学社会科学版）》2007年第3期。

4.车辚：《滇越铁路的成本与收益分析》，载《云南民族大学学报（哲学社会科学版）》2010年第2期。

5.车辚：《近代云南经济史中的若干计量经济模型——以滇越铁路经济走廊为例》，载《云南财经大学学报》2007年第2期。

6.车辚：《地缘政治视野下的近代云南铁路网规划》，载《曲靖师范学院学报》2010年第1期。

7.陈豹隐：《西南工业建设与特种奖励制之创设》，载《西南实业通讯》1940年第2卷第1期。

8.陈立夫：《如何共同建设西南》，载《实业通讯》1940年创刊号。

9.陈征平：《滇越铁路与云南早期工业化的起步》，载《云南财贸学院学报》2000年第5期。

10.陈征平：《二战时期云南近代工业的发展水平及特点》，载《思想战线》2001年第2期。

11.陈征平：《近代云南的矿业工业化与社会扩散效应》，载《云南社会科学》2002年第2期。

12.储一宁、冉瑞法：《浅谈云南蚕业的特殊性》，载《云南农业科技》2009年增刊。

13.邓汉祥：《建国必自建设西南始》，载《西南实业通讯》1940年第1卷第6期。

14.董长芝：《抗战时期大后方的交通建设》，载《抗日战争研究》1993年第1期。

15.杜彬、金本启等：《滇东北生态脆弱区资源开发与环境保护问题研究》，载《云南农业大学学报（社会科学版）》2010年第5期。

16.范贤超：《试论云南高原气候桑蚕养殖的优势和制约因素》，载《中国农业信息》2015年第15期。

17.方素梅：《抗日战争时期沿海沿江经济向西部民族地区的迁移及其影响》，载《广西民族研究》2000年第4期。

18.方铁、邹建达：《论中国古代治边之重北轻南倾向及其形成原因》，载《云南师范大学学报（哲学社会科学版）》2006年第3期。

19.方显廷：《西南经济建设与工业化》，载《新经济》1938年第1卷第2期。

20.冯泽芳：《云南木棉事业之开创与进展》，载《中国棉讯》1948年第2卷第9期。

21.冯泽芳：《云南木棉之研究及推广》，载《教育与科学》1938年第7期。

22.石青农：《云南木棉的保姆傅毓南》，载《人物杂志》1948年第3卷第1期。

23.古永继：《云南古代的水运发展》，载《云南社会科学》1992年第1期。

24.韩继伟：《从抗战时期滇缅公路运输的三个阶段看中英美日等国际关系》，载《广西社会科学》2012年第5期。

25.胡秋原：《谈西南经济建设》，载《西南实业通讯》1940年第2卷第3期。

26.黄汲清：《西南煤田之分布与工业中心》，载《新经济》1939年

第1卷第7期。

27.黄立人、周天豹：《抗战时期国民党政府开发西南的历史评考》，载《历史档案》1986年第2期。

28.黄正林：《内生与转型：抗战时期中国大后方农村经济发展的两大变化》，载《河北学刊》2015年第3期。

29.季树人：《滇边车里移垦计划》，载《西南导报》1938年第1卷第2期。

30.贾国雄：《抗战时期滇缅公路的修建及运输述论》，载《四川师范大学学报（社会科学版）》2000年第2期。

31.贾士毅：《从战时经济说到西南经济建设》，载《西南导报》1938年第1卷第2期。

32.姜从山：《试论国民政府大西南大后方战略的确立》，载《扬州大学学报（人文社会科学版）》1997年第4期。

33.蒋新红：《云南公路运输在抗战时期的战略地位》，载《楚雄师范学院学报》2008年第2期。

34.蒋用庄：《滇越铁路与云南交通》，载《交通杂志》1934年第2卷第6期。

35.孔祥熙：《西南经济建设问题》，载《四川经济月刊》1939年第11卷第1—2期。

36.李德毅：《西南天然林之开发及其途径》，载《西南实业通讯》1940年第1卷第3期。

37.李慧：《云南人民抗战的历史地位》，载《云南师范大学学报（哲学社会科学版）》1995年第4期。

38.李俊：《论抗战时期大后方的林业开发》，载《求索》2014年第11期。

39.李硕：《抗战时期开辟金沙江航道的查勘试航纪实》，载《档案与建设》2014年第8期。

40.李晓明：《抗战中的滇越铁路》，载《云南档案》2017年第12期。

41. 李秀、付东灵等:《玉溪市烤烟种植气候指标分析》,载《云南科技管理》2017年第3期。

42. 李埏:《重视云南经济史的研究》,载《云南日报》1979年7月27日。

43. 梁家贵:《抗战时期西南地区民营工业起落原因探析》,载《贵州社会科学》2000年第6期。

44. 林风:《云南省的木棉推广》,载《农业推广通讯》1940年第2卷第5期。

45. 凌民复:《建设西南边疆的重要》,载《西南边疆》1938年第2期。

46. 林建曾:《国民政府西南大后方基地战略思想的产生及结果》,载《贵州社会科学》1995年第4期。

47. 刘方健:《抗日战争时期我国沿海厂矿的大规模内迁》,载《重庆社会科学》1985年第4期。

48. 刘黎:《边疆学视野下民国时期云南的"内地化"——以抗战时期云南交通建设为中心》,载《山西大同大学学报(社会科学版)》2015年第3期。

49. 刘莲芬:《抗战期间中美的战略合作与驼峰空运的发展》,载《军事历史研究》2007年第4期。

50. 刘卫东:《论抗战前期法国关于中国借道越南运输的政策》,载《近代史研究》2001年第2期。

51. 陆鼎揆:《建设西南的必然性及其方案》,载《西南导报》1938年第1卷第2期。

52. 陆大道:《关于"点—轴"空间结构系统的形成机理分析》,载《地理科学》2002年第1期。

53. 陆韧:《抗日战争中的云南马帮运输》,载《抗日战争研究》1995年第1期。

54. 罗敦伟:《西南经济建设与计划经济》,载《西南实业通讯》1940年第2卷第3期。

55.吕志毅：《木棉——大自然的恩赐 云南的特产》，载《云南档案》2004年第1期。

56.马小军：《云南近代工业经济发展概述》，载《经济问题探索》1981年第6期。

57.乔启明：《西南经济建设与农业推广》，载《西南实业通讯》1940年第2卷第5期。

58.欧阳仑：《如何吸引游资以济后方工业之需要》，载《西南实业通讯》1941年第3卷第6期。

59.潘洵：《论抗战大后方战略地位的形成与演变——兼论"抗战大后方"的内涵和外延》，载《西南大学学报（社会科学版）》2012年第2期。

60.潘洵、杨光彦：《近代西南地区经济开发述论》，载《西南师范大学学报》1998年第1期。

61.彭绍光：《云南之木棉事业》，载《农报》1945年第10卷第19—27合期。

62.沈正伦、黎永谋、江亚、田梅惠：《云南蚕业发展的优势与机遇》，载《中国蚕业》2004年第2期。

63.寿勉成：《西南经济建设之商榷》，载《中央周刊》1938年第1卷第12期。

64.孙君灵：《一个种植90余年的地方品种——开远木棉》，载《植物遗传资源学报》2009年第2期。

65.唐靖、王亦秋：《抗战时期修筑川滇铁路的意义及其艰难历程》，载《重庆师范大学学报（哲学社会科学版）》2016年第2期。

66.谭刚：《抗战时期大后方的内河航运建设》，载《抗日战争研究》2005年第2期。

67.万树源：《资金内移之前提与后果》，载《经济汇报》1941年第4卷第11期。

68.王树荫：《国民党何时确立西南为战略大后方》，载《史学月刊》1989年第2期。

69. 卫挺生：《开发西南经济意见》，载《四川经济月刊》1938年第9卷第3期。

70. 卫挺生：《西南经济建设之十大政策》，载《西南实业通讯》1940年第2卷第2期。

71. 卫挺生：《西南经济建设之我见》，载《西南实业通讯》1940年第1卷第6期。

72. 翁文灏：《经济部的战时工业建设》，载《中央周刊》1941年第3卷第42期。

73. 翁文灏：《西南经济建设之前瞻》，载《西南实业通讯》1940年第2卷第3期。

74. 吴松弟、方书生：《起源与趋向：中国近代经济地理研究论略》，载《天津社会科学》2011年第1期。

75. 吴逊三等：《云南红铃虫之研究》，载《农报》1940年第5卷第19—21合期。

76. 向芬：《中国与西方的现代意象：抗战时期滇缅公路的舆论建构》，载《北大新闻与传播评论》第10辑，北京大学出版社2015年版。

77. 奚元龄：《云南木棉推广问题》，载《农报》1942年第7卷第7—9合期。

78. 熊廷柱：《现阶段中之云南木棉问题》，载《教育与科学》1946年第7期。

79. 徐南：《我国后方棉花增产展望》，载《农业推广通讯》1944年第6卷第7期。

80. 徐康明：《滇缅战场上中印公路的修筑》，载《抗日战争研究》1995年第1期。

81. 徐康明：《二次大战中的"驼峰"航线》，载《云南大学学报（社会科学版）》2003年第3期。

82. 徐康明：《中国抗日正面战场的主要国际通道》，载《淮阴师范学院学报（哲学社会科学版）》2005年第3期。

83.徐兴祥：《云南木棉考》，载《云南民族学院学报》1988年第3期。

84.杨慧中：《民国时期云南主要特色经济作物的发展与推广》，载《昆明学院学报》2012年第6期。

85.杨军、戴江：《云南木棉的前世今生》，载《今日民族》2019年第6期。

86.杨寿川：《抗战时期的云南矿业》，载《云南社会科学》1995年第6期。

87.杨天虎：《抗战时期云南木棉推广研究》，载《安徽农业科学》2013年第19期。

88.羊枣：《清初金沙江航道的开凿工程与航运效益》，载《曲靖师专学报》1993年第1期。

89.姚钟秀：《中国木棉推广区域之探讨》，载《农业推广通讯》1944年第6卷第7期。

90.叶树藩：《滇省木棉推广问题之检讨》，载《云南建设》1945年第1期。

91.于绍杰：《云南木棉推广的初步成效》，载《农业推广通讯》1941年第3卷第9期。

92.张服真：《云南棉产之改进》，载《云南建设月刊》1937年第1卷第4—5期合刊。

93.张国瑞：《如何建设西南》，载《西南导报》1938年第1卷第1期。

94.张黎波：《抗战生命线：京滇公路与战时运输》，载《民国档案》2015年第4期。

95.张雷：《抗战时期的中国民族烟草工业》，载《东方烟草报》2015年8月15日。

96.张其昀：《今后抗战之西南经济基础》，载《西南边疆》1939年第5期。

97.张天放：《云南之木棉贷款》，载《农业推广通讯》1944年第6卷第7期。

98.张天放:《云南木棉推广事业的过去现在与将来》,载《云南建设》1945年第1期。

99.张天放、孙方:《云南棉花增产之限度及其途径》,载《农业推广通讯》1943年第5卷第9期。

100.张笑春:《抗日战争时期云南交通的开发》,载《云南文史丛刊》1992年第1期。

101.张笑春:《试论滇越铁路在近代云南经济中的地位》,载《经济问题探索》1987年第7期。

102.张肖梅:《对开发西南实业应有之认识》,载《工商界》1945年第2卷第5期。

103.张永帅:《近代云南的人口、土地、水利与农业发展》,载《文山学院学报》2014年第2期。

104.张永帅:《雨水、瘴疠:腹地自然生态与近代云南口岸贸易的波动》,载《中国历史地理论丛》2016年第1辑。

105.张永帅、朱梦中:《学术与政治:抗战时期蒋君章的边疆地理研究论略》,载《青海民族研究》2019年第4期。

106.张振利:《蒲德利与金沙江查勘试航》,载《云南档案》2012年第9期。

107.赵旭峰:《滇越铁路与滇东南民族地区的近代化进程》,载《云南农业大学学报(社会科学版)》2009年第3期。

108.曾玉珊、王思明:《冯泽芳与抗战时期的后方棉产改进》,载《安徽史学》2013年第2期。

109.周振鹤:《求真存实还是经世致用——〈中华文史论丛〉与我》,载《文汇报》2011年6月6日。

附　录

一、构筑空中生命线——全面抗战时期的云南航空与航空运输[①]

（一）航线的增加

抗战爆发后，中国航空公司、中央航空公司开办的航线随之西移，云南航线大为拓展。除战前开通的航线外，又新增昆明—广州、宜宾—昆明—丁江—加尔各答、昆明—仰光、昆明—重庆—成都—兰州—哈密—迪化（乌鲁木齐）与欧洲联航、昆明—桂林—香港、昆明—河内与法国航空公司联航等数条航线。

新增航线之中有四条是国际航线，从此云南对外交通有了航空运输的历史。抗战时期的昆明，也一度成为国内、国际航空枢纽站。

（二）空前的机场建设

抗日战争期间，为了适应驻滇空军训练和作战的需要，云南机场建设空前，改建、扩建以及新修机场达40个之多。加上战前已有的20多个机场，抗战期间云南机场数量接近70个。其中，改、扩建和新修的机场，史料记载较为明确的主要有：

1.蒙自机场。抗日战争爆发前，蒙自就建有一座小型机场。1938

[①] 据相关资料和论著编写，为普及文章，俱不注出处，部分内容以《云南人的飞机梦》为题在《云南经济日报》（2014年5月18日）发表。

年，为适应驻云南空军部队训练和作战的需要，开始进行扩建。云南省建设厅征集蒙自、建水、个旧、屏边、开远5县民工约4000人，将原来只有一条短跑道的小型机场，扩建成一个东西长1200米、总面积达90万平方米的梯形机场。

2.广南机场。抗日战争爆发后，因军事需要，国民政府决定在广南修筑机场。勘测、修筑开始后，曾两易其址，进展缓慢。新址选定在县城东门外约500米处，机场南北长1150米，东西宽650米。新址选定后，政府动用广南及邻县大量民工，每天用工人数在6000人上下，累计用工130余万个，经过几个月的奋战，于1938年底基本建成。首批停驻广南机场的是从昆明飞来的26架双翼教练机。以后又有从广西方向飞来躲避日机袭击的飞机，每次歇落，少时有9架，多时曾达54架。1942年后，美军一个拥有27架P40、P51型战斗机的空军分队进驻机场，截击由越南入侵云南的日军飞机。

3.呈贡机场。1942年8月，云南省政府根据军委会工程委员会的要求，命令省公路总局在昆明附近勘测并建设一个大型军用机场。经勘测，机场选址于呈贡跑马山附近，于1942年11月开工，共征集民工1.5万人，1943年3月建成。1944年5月，呈贡机场为适应进驻B25重型轰炸机的需要，进行了扩建。

4.羊街机场。羊街机场位于距离昆明约70公里的寻甸羊街，1942年底开工建设，动用寻甸、嵩明、曲靖、沾益、陆良、马龙民工2.5万名，仅用了3个月时间，于1943年2月建成。美军第14航空队直属的B24和B25轻、重型轰炸机联队随即进驻机场，成为美国空军重型轰炸机基地。

5.保山机场。保山原有一个小型机场，1939年冬扩建为空军前进基地。1942年5月，日军占领怒江以西腾龙地区，省政府命令保山县调2000名民工，对机场实施破坏作业，仅保留一条跑道。1943年4月，为适应滇西反攻战的需要，又征调保山各乡镇民工，日夜赶工扩建；10月，又进行了第二次扩建，建成长1800米、宽45米的混凝土跑道。

6.罗平机场。它是属于美军第14航空队的作战前进机场。1943年，省政府令罗平县征调民工1.5万人，协助军委工程处赶工抢修，40天即基本建成。

7.思茅机场。1944年，为解决滇西南驻军的军需供应困难，军委驻滇国防工程处抢建思茅机场。省政府命令宁洱县（今普洱）征集民工1000名，思茅县征500名，六顺县征1000名协助抢修，仅用40天时间即基本建成。

8.白屯机场。白屯机场位于云南驿东北约7公里的白屯村附近，建成于1939年，是中央航校的训练机场。由于抗战形势变化，1943年12月，每日由祥云县派出300人，将白屯机场扩建成盟军机场。

9.楚雄机场。抗战前，楚雄县城北门外西边曾建有一个小机场。1938年10月，应中央航空委员会的要求，楚雄机场改建，选址在孙家河东菜园。共动员楚雄、双柏、牟定、镇南（今南华）出工10余万人次，1939年6月建成。1940年，中央航校初级班到此训练。1941年，飞虎队进驻楚雄机场。

10.沾益机场。1938年7月，中央航空委员会选定沾益县城东门外的西平镇建设机场，1939年1月完工，建成南北分别长2000、1200米的机场，由曲靖、平彝（今富源）、马龙、陆良四县各派出民工800人协助沾益县修建。1939年，又征用土地1400亩，将机场宽度扩大到2000米，增加了2条跑道、5个飞机掩体。1943年和1945年，又两次扩修，征地1934亩。

在物质匮乏的战争年代，云南进行大量的机场建设，充分体现了云南人民坚忍不拔、渴望胜利、争取胜利的决心、信心和勇气。云南的这些机场，或是抗战物资运输的中转基地，或是战略反攻的前沿阵地，或是中国空军重要的训练场地，为抗日战争的胜利作出了重要贡献。

（三）中国第一架直升机

抗战爆发后，大批工矿企业向后方转移。1939年，中国第一飞机制造厂迁到昆明。由此，中国飞机制造的一项重大突破就与云南产生了必然的联系。

1944年，中国飞机制造厂厂长朱家仁在国际上直升机刚刚开始发展之时，即开始了国产直升机的研制。经过大约一年的精心研制，1948年3月，"蜂鸟"甲共轴双旋翼单座直升机研制成功。这是中国自己研制的第一架直升机，它采用封闭式座舱，甚至超过了国际上同类的直升机。

这架"蜂鸟"直升机，外形酷似一只蜜蜂，头部是驾驶舱明亮的挡风玻璃窗，两侧有大大的"眼睛"，支架犹似蜜蜂的肢足。"蜂鸟"的升空，填补了我国直升机制造业的空白，中国直升机制造业由此发端。这既是中国飞机制造业上的一个里程碑，也是属于云南这片神奇国土的光荣。

（四）"驼峰"航线的开辟

1.飞越"驼峰"

1942年1月31日，日军攻陷缅甸毛淡棉，滇缅公路面临被日军切断的危险。这引起了中、美两国政府的严重忧虑。对此，美国总统罗斯福提出，要在中、印、缅之间"开辟一条空中运输线和另辟一条陆上补给线"。那么，这条空中运输线如何走呢？时任国民政府外交部部长的宋子文向美方建议，运输线可以从印度东北部阿萨姆邦地势最高的萨地亚到中国昆明，能够满足紧急需要，是最为理想的一条航线。为了说服罗斯福，宋子文特别保证说，100架DC-3运输机一个月内在这条航线上就可以运送12000吨物资。经过一番讨论后，美国决定采纳宋子文的建议，开辟这条航线。

1942年5月，日机占领缅甸后，又入侵云南西部，滇缅公路被完全切断。为了确保将盟国和海外华侨的抗日物资运送到中国，支持中国的抗日战争，中、美正式开通中印航线。这条中印航线，从昆明等机场到印度萨姆邦汀江等机场，需要在喜马拉雅山系的群山间穿行，进入云贵高原后，还要飞越6000到7000米高的横断山脉。受当时飞机性能的限制，飞机只能在群峰山峦中穿行，这些绵延起伏的山峰，犹如骆驼的峰背，飞行员们形象地将这些群山称为"驼峰"，经新闻报道流传开来，"驼峰"也就成了这条中印航线的代称。

2. 空中生命线

承担"驼峰"航线飞行任务的是美国空运大队和中国航空公司。"驼峰"航线开辟后，中美两国飞行员严格执行"飞越'驼峰'，没有天气限制"的命令，不管是冰冻还是雷雨，也不顾从缅甸起飞的日本零式歼击机的拦截，500多架各型运输机夜以继日地飞行，源源不断地将抗日物资从印度运送到中国。

据记载，从1943年9月到1945年8月仅仅两年时间内，"驼峰"空运就执行了150万小时的航行任务。我国云南的昆明、陆良、呈贡、云南驿、沾益和四川的宜宾、新津、彭山、广汉、泸州，以及重庆等机场在最繁忙的时候，每75秒就有一架飞机从印度或我国的某机场起飞。"驼峰"航线开辟后，中国航空公司飞机共飞越"驼峰"约80000万架次，从印度向中国运送物资50089吨，从中国向印度运送物资20472吨，运送人员33477人；美国空运大队从印度向中国运送物资65000吨。

据相关研究，从1943年1月到1945年10月，"驼峰"空运运输的物资占到了中国获取外援物资总量的80%。这充分说明，在滇缅公路被日军切断后，"驼峰"航线成为一条名副其实的中国抗战空中生命线，有力地支持了中国人民的抗日战争，为抗战的胜利作出了非常重要的贡献。

3. 高昂的代价

"驼峰"空运作出的巨大贡献，是以高昂的代价和巨大的牺牲换来的。

"驼峰"航线经过的地区在当时被称为禁飞区，充满着来自各方面的危险：

一是地形非常险要，随时都有发生撞机的危险。航线所经过的喜马拉雅山南段，海拔在5000米以上，群峰耸立，飞机穿行其中，稍不小心，就会发生撞机。特别是在雷雨季节、浓雾天气，能见度极低，情况就更糟了。

二是气候恶劣，飞行难度大。从气候上看，"驼峰"上不存在夏季，山峰终年积雪，云层中悬挂着冰粒，如果遇到大范围的冰幕把飞行中的飞机包围起来，就很难脱险。到了雨季，风暴无时不在发生，笼罩着山峰，使飞机无法正常航行，遇上时速200公里以上的猛烈大风，逆风行驶，会使飞机不能前行而空耗燃料；急剧上升、下降的气流，使飞机猛烈颠簸，险象环生。即便是在平时，如果高度太低，狂暴的气流会导致飞机机身破裂，但如果略为超高，飞机又会遭到云层中冰粒的威胁，飞行困难重重；而一旦遇到极端天气，飞行员不得不面临生与死的考验。

三是导航设备、通信设备差，飞行难以得到有力的地勤保障。"驼峰"航线几乎没有比较有效的地勤保障，尤其是在飞经中、印、缅边境的"野人山"时，放眼望去，是一望无际的原始森林，没有无线电定向台和明显的地标，要保证飞行安全，难度是非常大的。

四是飞行时不得不躲避日军飞机的拦截，危险随时都有可能发生。"驼峰"航线开通后，日军企图切断这条航线，东条英机曾明确下令："缅甸防空部队的最大任务就是切断中印空运路线。"由于日军飞机的拦截、追击，飞行在"驼峰"航线上的中、美飞机，被击落、被俘，或飞机受损的情况，常有发生。

有人形容空运队的飞行员"像狗一样生活，像魔鬼一样飞行"。面临以上种种困难和危险，为了保证这条空中生命线不中断，中美两国人民做出了巨大的牺牲。据统计，在"驼峰"空运期间，中美两国损失飞机近600架，牺牲飞行员1000多名。美国1946年第1期《时代》杂志上有文章写道："在第二次世界大战中，美国在亚洲战场共损失3603架飞机，而在'驼峰'航线上，损失的飞机达400架。""至战争结束，在长520英里、宽50英里的航线上，飞机的残骸七零八落地散布在陡峭的山崖上，而被人们称之为'铝谷'。在晴朗的天气，飞行员可以把这些闪闪发光的铝片作为航行的地标。"这一个个长眠幽谷的英魂，一架架闪闪发光的飞机残骸，以及这些或许并不准确的数字，无不在诉说着战争的残酷与日本法西斯犯下的罪行。

与此同时，为了保证"驼峰"空运的飞行，中美两国还投入了大量的空勤、地勤及民工。其中，美国空运大队最多时派用空勤、地勤人员26000名、民工47000多名，而这些人员的工作条件、生活环境都非常差，今天当我们谈论"驼峰"航线时，他们的付出也是不应该被忘记的。在工作条件上，由于缺乏飞机棚，损坏的飞机只好放在气温很高的露天中维修，由于气温太高，维修人员被烧伤的事情时有发生；由于备用零件非常缺乏，经常使得地勤人员难以保障所有飞机都能飞行。在生活环境方面，由于军需供应不上，卫生设施简陋，生活用品匮乏，使初到印度的美军空运队地面工作人员生活不便，健康受到严重影响。这些地面工作人员不仅忍受着生活的贫乏，而且往往还要带病工作。如果没有这些人的付出，不难想象"驼峰"空运将会是怎样的一种情形。

如今，我们谈论"驼峰"航线，不仅要记住"驼峰"航线上的辉煌，更不能忘记冒着生命危险飞行在"驼峰"航线上的飞行员，以及为了保障飞行安全在各种困难环境下工作的地面人员。试想一下，如果没有他们，没有他们的付出，以至于付出生命的代价，"驼峰"这条空中生命线还能存在吗？

4.永远的友谊

"驼峰"航线在中美关系史上有着重要的地位，是中美合作史上里程碑式的事件。

2003年，《华盛顿邮报》记者对时任国务院总理的温家宝进行专访，温总理在采访中谈到中美历史上的两次重要合作，第一次是中国为美国修筑第一条横贯东西的铁路提供了大量的劳工，第二次就是"驼峰"空运，他说：

> 我还清楚地记得：上个世纪，1942年5月到1945年的9月，美国派了年轻的飞行员组成"飞虎队"，飞越著名的"驼峰"航线，支持中国的反法西斯战争。那是世界上著名的艰难航线，美国几年间大约损失了500多架飞机，美中两国飞行员牺牲了1500多人。因为山谷里的飞机碎片在阳光下闪闪发光，人们称之为"铝谷"。

它记载了中美合作的历史。

在"驼峰"空运中，中美两国人民结下深厚的友谊。如今，曾经参与"驼峰"空运的飞行员和地面人员大多已经离世，但中美两国人民在"驼峰"空运中结下的友谊，并不会随着他们的离去而消失。我们没有忘记"驼峰"空运的历史，也不会忘记中美两国人民在"驼峰"空运中结下的深情厚谊：在中国人民抗日战争纪念馆里，展示着"驼峰"航线和"驼峰"飞行的故事；在我们的教科书里，有关于"驼峰"空运的叙述。

"驼峰"飞行的根在中国，"驼峰"飞行的故土在云南，"驼峰"飞行的主要基地在昆明。为了纪念"驼峰"飞行的壮举，表达云南人民对中美两国人民并肩战斗友谊的珍视之情，云南省政协于1993年5月1日在昆明西郊的玉案山上，建立了一座"驼峰飞行纪念碑"。

"驼峰"空运是人类航空史上的伟大壮举，历史不会忘记它；"驼峰"航线是一条友谊的航线，凝结着中美两国人民的深厚情谊，这是一种永远的友谊，我们不应该忘记它，也不会忘记它。

二、一滴汽油一滴血——全面抗战时期中印输油管道的铺设①

（一）一波三折，中缅油管铺设半途夭折

或许很少有人知道，中印输油管的前身是中缅输油管。又有谁清楚，铺设中缅输油管的建议虽然早在抗战前就已提出，可谓"先见"，但谁又能想到，它经历了一波三折，在正当开始筹备铺设之时，就因日军侵入缅甸而搁置了。

---

①据相关资料与论著编写，为普及文章，俱不注出处，先以《一滴汽油一滴血——抗战时期中印输油管道的铺设》为题在《团结报》（2015年10月29日）发表，后被《军事文摘》以《一滴汽油一滴血》为题（2016年第3期）全文转发。

　　抗战之前，我国所需石油全赖进口，随着日本侵华的扩大，我国沿海港口一旦被日军占领，失去海上运输线，抗战必需的石油，只有从管道运输。预料到这一点后，津浦铁路工程师郑华于1935年提出铺设一条输油管的建议，路线从缅甸腊戍经昆明、贵阳到重庆。郑华的这一建议得到了美国油管公司的支持。之后，他对铺设油管的一些具体问题作了实际调查，对铺设油管所需设备、所需费用及铺设工程所需时间等问题作了详细论证，于抗战爆发两个月之前，即1937年5月5日，将建议书递交行政院。但是，行政院经济部认为油管输油不切合我国实际，没有采纳郑华的建议。

　　抗日战争爆发后，郑华心急如焚，又将铺设中缅输油管的建议送交军事委员会运输总司令部。司令部将郑华的建议移交交通部审核，交通部认为铺管中的一些具体问题不易解决，交美国顾问谢安进行研究。谢安认为中国没有足够的外汇用于铺设油管，缅甸汽油大量输供中国是难以保障的，这两个问题使中国无力开展输油管的铺设。因此，郑华的建议又一次没有得到采纳。

　　1940年10月，我国沿海口岸已被日军占领，铺设输油管道迫在眉睫。郑华设法将铺设输油管的建议交到了蒋介石手上，得到了蒋介石的认可，蒋介石命经济部、交通部会同办理，并指派财政部部长宋子文延请美国油管专家研究具体方案。经研究，决定先铺设从缅甸腊戍至昆明1146公里的油管，购置油管费用由美国商借，工程费用由中国国库核拨。决定一出，即开始进行各项筹备工作。然而，正当调运油管之际，日军逼近仰光，英国驻仰光当局迫于压力，于1942年2月20日发出公告，限在24小时之内，所有在仰光的车辆和人员撤离仰光。我国驻仰光办理滇缅线国际运输的机构、车辆和人员，不得不于当日全部撤出，滇缅公路物资运输因此中断，油管无法运入，铺设油管的工作只能宣告中止。

（二）"驼峰"空运燃油不敷所用

　　滇缅公路中断后，我国所需油料只能依靠"驼峰"航线用飞机运油供应。但是，飞机的运量毕竟有限，而且本身还要耗费掉大量油料，不能满足作战的需要，严重影响着军事的进展。军用油料供应不足，可想而知，民用汽油就更加短缺了，严重的油荒在各地蔓延。当时，虽然提出了"一滴汽油一滴血"的口号，倡导爱惜、节约用油，民用汽车改用酒精、木炭作燃料代用品，但无法从根本上解决问题。更为严重的是，改用代用品后，因燃料性能的差异，汽车动力不足，导致发动机部件损坏，越来越多的汽车处于待油、待修的状态，运输濒于瘫痪。

在这种情况下，解决中国战区严重的缺油问题，已是刻不容缓，铺设输油管道成为当时交通运输战线的头等大事。为此，1943年8月，中美英三国首脑在加拿大魁北克市召开会议，决定铺设从印度加尔各答到中国昆明的输油管道，并确定于当年12月开工。

（三）丛林会战，铺就世界最长输油管

中印输油管的起点为印度的加尔各答港，经布拉马普得拉河流域及帕特卡山脊、丁江到利多，然后沿中印公路进入缅甸密支那、八莫，从畹町进入我国境内，再沿滇缅公路到达终点昆明，全长3218公里，是当时世界上最长的一条成品油管线。

印度、缅甸境内的油管铺设工程，由美国陆军建筑队承担；中国境内的由中美双方负责。所需油管每节长6.1米，直径10.2厘米，每公里约需164节，全线共需492000节，全部用美国制轻质无缝管，一人可扛一节。油管的节与节之间，先用螺丝扭紧，再用电焊密封。油管多数铺设在地面上，少数掩埋在地下。

管线所经过的地方，环境非常恶劣，沿线多山谷、河川、密林，瘴疟、毒蛇、猛兽为害，特别是要经过一望无际的原始森林地带的野人山，极大地考验着工程的进行。为了修筑这条当时世界上最长的输油管道，中美两国付出了巨大的人力、物力、财力。修筑中印输油管道堪称一场艰苦卓绝的丛林会战。

由于条件所限，材料的运输非常困难。铺设油管的材料，先由美国用飞机运到印度，再用汽车沿中印公路运到各分段铺装。在中印公路上，卡车满负荷奔跑，折旧速度快得惊人。一套刹车系统最多使用一个月就不行了，而刹车片在当时又很难弄到。一旦遇到悬崖峭壁，或卡车开不过去的地段，材料只能靠工兵和劳工人拉肩扛。人们徒步翻山越岭，将管线物资运输到位。参加油管铺设的美军 Ray O. Howard 军士在一篇文章中介绍说："输油管建设初期，工具和物资供应困难，甚至连扳手都没有，工兵用一英寸的钢管制作扳手，用手推车把钢管运到汽车无法通行的深谷丛林中，然后一捆一捆堆放着。"

在雨季铺设油管，严重影响工程进度，也使工兵和劳工倍感痛苦。1944 年 5 月，在缅甸新平洋和丁加克之间，工兵要抢在雨季到来前通过 21 公里的沼泽地。因为白天中印公路要运输大量一线军用物资，铺设管线的部队只能晚上运送油管，工兵和劳工把油管放到卡车上慢慢通过桥梁，不通车的地方则要扛在肩上蹚过齐腰的泥水，在小船上对接管道，再沉入沼泽……在孟拱河谷铺设油管时，连续 45 天都在下雨，为了保证工程进度，每天都要工作 12 小时的工兵和劳工，几乎每天都不得不穿着湿漉漉的衣服。由于每天都在下雨，衣服放在防水袋里都会发霉，一双鞋只能穿一个星期。

油管铺设至森林地带，先以刀斧开路，驱走毒蛇猛兽。在距离村庄和公路较远的地方施工，夜晚不能回驻地住宿，美方人员撑起帐篷就地宿营，中方人员条件差，只能烤火度过寒夜。

雨季的持续和丛林昆虫开始对人们的身体造成伤害。疟疾、痢疾和斑疹伤寒使得连续工作的很多工兵都病倒了。水蛭不断骚扰工兵，成为最让人讨厌的事情。只要一个人在丛林里走一会儿，身上就会爬满水蛭。那个时候人们开玩笑说医生在用这些吸血的动物为病人输血。还有蛇和野兽的故事都是传说，但是输油管工兵遭到伤害却没有被记录下来。只有一些人为了解闷，记录了一些老虎和巨蟒被打死的故事。

我国境内油管铺设工程，经过很多的荒僻艰险、瘴疠疟疾流行地区，还有数十里荒无人烟的地方，无水可喝，无盐可用，没有蔬菜可吃，"美方人员吃罐头，中国职工吃粑粑、米饭"，生活非常艰苦。"在中美合作铺设油管的全部工程中，因气候恶劣，疟疾流行，各工程队虽配有医务人员和药品，患病缺勤者仍多，美方因病死亡者有6人，我方死亡者12人。"

尽管工作非常艰苦，但是在这3000多公里的漫长线路上，来自中、美、印、缅等国的工程师、工兵、劳工们，不惧艰险，忍受着万般的痛苦，争分夺秒，保证了工程的顺利进行，"油管铺设工程于1943年12月开始，而全部工程是1944年3月各分段才全面开工。各分段全面动工后齐头并进，进度很快。1945年4月铺至昆明"，比计划提前了一个星期。

1945年4月9日，经过万水千山，在一节又一节的钢管里流淌了3000多公里后，第一批油料输抵昆明。5月5日，在油管开工整整一年半后，在华的美军供应部司令戚夫士少将，与印缅战区美军司令柯维尔少将发表联合声明，宣告中印油管全部完工。5月31日晚，中美两国工程人员在昆明市篆塘新举行了"中印油管通油联欢晚会"。

铺设中印输油管道用了200万个人工日，"建设这条管线，美国工兵的工作量是100万个人工日，中国、缅甸、印度劳工的工作量也是100万个人工日"。全线共设置35个抽油站、50个储油池，还有为数众多的加油站、储油库，共使用油管总重量50多万吨。

（四）胜利之油

中印油管通油后，大量从中东和其他产油区运到加尔各答的石油，开始源源不断地输向中国昆明。据统计，不包括印缅战区的用油，"自1945年6月起，每月由中印输油管输入我国的油料为18000吨，每天平均输入600吨，至1945年8月，日本战败投降后，至当年11月份停止输油，总共输油时间为七个月，输入汽油、柴油、润滑油等油料，约10万吨。相当于滇缅公路用汽车运油一年半的数量，较之飞机空运之油量更为巨大。"

中印油管供油，解决了我国战时能源短缺的困难，使濒于瘫痪的中国公路运输迅速恢复了元气，一度萧条冷清的西南公路上，又开始变得非常繁忙；原来大量运输油料的汽车和飞机，改为运送更为急需的物资；云南不少军用机场上，飞虎队的战机频繁起降，令日本侵略者闻风丧胆的"空中堡垒"重型轰炸机，加足油料之后，从嵩明机场出发，径直飞往日本列岛，扔下一串串惩罚侵略者的炸弹。这条输油管的修建，是盟军最终在亚洲大陆打败日本侵略军的重要因素之一。

（五）"油管桥"没有油管的踪影

1945年8月15日，日本宣布无条件投降。美国以战争结束、中印油管任务完成为由，拟停止供油。中国政府曾多次提出交涉，要求继续使用油管通油，都没有得到美国的同意。当时在我国经营汽油、煤油的亚细亚、美孚、德士古三家美商洋行联手向美国政府提出"租用"中印油管的申请，但美国政府不愿意在中国陷得过深，还是坚持原来的政策。一条因战争而生的油管，在工作仅仅7个月后，于1946年1月，因战争的结束而骤然停用了。美国"对外清理委员会"按照废旧金属的价格，将这些正线依然崭新的全部油管以及35个抽油站、50个储油池等设备，以废金属价格卖给了印度的贸易公司。中国境内的管件及设备，除了被当地农民拆作零用，大多拆运至甘肃，供正在紧锣密鼓勘探和开采石油的玉门煤油公司使用。曾经在抗战最后关头发挥了重大作用的中印油管，从此渐渐湮没在历史深处。

在昆明火车北站和小菜园立交桥之间有一个市民非常熟悉的公交站——"油管桥"。之所以叫"油管桥"，是因为这里曾经有一座用油管建造的桥，是从盘龙江上架设中印输油管时形成的。年近90岁的小菜园人李培先老人说，铺油管桥的事情他知道，应该是1944年，中印油管路过盘龙江，先打木桩，然后在上面架油管，在油管上铺木板、架桥，修好后，桥上面可以走人，也可以过马车。抗战结束后，管道就拆了，但油管桥还用了很多年，具体是哪年拆的，他也记不清楚了。

如今，每天至少有9路公交车在"油管桥"站停靠，数以千计的人途经此地，但是，几乎没有人知道它为什么叫这个名字。顾名思义，这里应该是有一座用油管建造的桥的，但是，人们没有见到一座用油管建造的桥，哪怕是油管都不见踪影。这倒也罢了，更令人唏嘘的是，早些年，用油管造的桥还在的时候，在桥边长大的一些人，都已经搞不明白桥的来历了。云南著名本土诗人于坚曾在《油管桥》一文中这样描述他记忆中的油管桥："（那时）油管桥是在郊区，架在盘龙江上，管子的两头埋在岸上的荒草里面。露在江上的一截是生锈的铁管，直径有两米多。人可以从上面走过去，我们在河的这岸走，听见那边有鸟叫，就从油管桥上跑过去。那管子里面流的当然不是油，只是因为它看着像伊拉克的输油管，才这么叫的。那时代谁也不知道伊拉克，昆明也没有石油，我估计是一个去过大庆油田的人取的名字。"

中印输油管道的历史离我们并不遥远，但在人们记忆中已显得如此陌生，人们甚至已经忘记了这段历史。前事不忘，后事之师，建成投产不久的中缅油气管道，在中国境内，与70年前的中印油管，走的几乎是同一条路线，难道这只是历史的巧合吗？

后　记

　　自10年前开始近代云南经济地理的研究，我就固执地认为，全面抗战时期是云南历史上尤其重要的一个时期，有必要对这一特定时段的经济现象进行专门的研究。

　　硕士毕业在云南工作两年后，我于2008年考入复旦大学历史地理研究中心攻读博士学位。考虑到我来自云南，对云南地理和近代历史有一定的了解，业师吴松弟教授建议我进行近代云南经济地理的研究。这对我而言，不仅是一个很大的转变，因我硕士毕业论文做的是有关隋唐长安城的研究，也是一个巨大挑战，因我作为一个外地人也只是在云南工作了两年，对云南其实并不是很了解。但是，一方面，我打算博士毕业后还是回到云南工作，博士论文研究云南的"问题"或有利于再找工作；另一方面，在业师吴松弟教授和复旦大学历史系戴鞍钢教授的带领下，基于"港口—腹地与中国近代经济变迁"理论的研究已经积累了相当丰硕的成果，但这些成果主要集中在沿海、沿江的东、中部地区，对西部地区，尤其是西部边疆地区很少进行专门的研究，云南作为西部边疆省份，对其进行相关研究，可以从区域上丰富"港口—腹地与中国近代经济变迁"研究，或也可以从实践层面上修正和完善对这一理论的表述，我于是接受了吴师的建议，由此进入对近代云南经济地理的研究。

　　我的博士论文《近代云南的开埠与口岸贸易研究（1889—1937）》主要探讨腹地特征和外部市场对近代云南三关贸易的塑造，2011年6月顺利通过答辩，后经修改以《空间视角下的近代云南口岸研究（1889—1937）》（中国社会科学出版社2017年版）为题出版。在这本书中，我提出了近代中国口岸贸易"面→点←面"的空间研究范式，并以云南为个案进行了较为深入的探讨。有关中国近代经济变迁的空间进程最为简洁的概括，业师吴松弟教授先前的表述是"自西向东"，通过本书对云南的研究，我们认为，沿边口岸至少对其所在区域的经济变迁起到了非常重要的作用，吴松弟教授也相应地将中国近代经济变迁的空间进程表述为"自东向西，由边向内"。在本书研究的基础上，吴松弟教授进一步概括出跨国性"港口—腹地"模式。因此，至少从这两点上讲，我博士阶段的研究大致实现了博士论文选题时的"学术目标"，而我也顺利地再回到云南工作，继续进行近代云南经济地理的研究。

回到云南工作后，我想从"口岸—腹地"互动的视角对对外贸易与近代云南经济变迁进行研究，其间参与了吴松弟教授任总主编的九卷本《中国近代经济地理》第四卷《西南近代经济地理》（杨伟兵主编，杨伟兵、张永帅、马琦著，华东师范大学出版社2015年版）的撰写，积累了一定资料，有关对外贸易的内容也写入了该书。在对这些内容进行扩充，并进一步从更多方面探讨对外贸易与近代云南经济变迁关系的研究断断续续地进行，便有了我的第二部个人学术著作——《口岸—腹地：对外贸易与近代云南经济变迁研究（1840—1945）》（齐鲁书社2020年版）。该书属于学术界具有广泛影响力的"港口—腹地"研究范畴，即中国近代口岸贸易研究的"点→面"的空间研究范式，主要探讨的是口岸开放——对外贸易如何影响和推动了近代云南经济的变迁。如果从口岸—腹地互动的视角看，《空间视角下的近代云南口岸研究（1889—1937）》主要关注腹地对口岸的塑造，第二部著作探讨的则是口岸对腹地的辐射影响，两书放在一起，似乎可以构成一个整体。而这两本书的研究内容主要限定于1840—1937年，第二部著作对1937—1945年的历史有一定的涉及，所以在完成这两本书后，就可以自然地进入到全面抗战时期的云南经济变迁的研究了。于是，我便循着先写单篇论文，逐步形成一部著作的"路数"着手进行研究。在写了几篇论文后，获悉吴松弟教授主编的"中国近代经济地理研究"丛书获批国家"十三五"出版规划，并申报国家出版基金资助，我的有关全面抗战时期云南经济变迁的研究符合丛书主题，于是被纳入该丛书。申报国家出版基金资助的书稿，须完成60%的内容，这使我不得不加快研究和写作的进度。在山东画报出版社领导和编辑的努力下，"中国近代经济地理研究"丛书顺利获得2019年度国家出版基金资助。从第一篇文章《后方建设与边疆开发：抗战期间国人对西南经济建设问题的认识》（写成于2016年8月，发表于《西南边疆民族研究》第23辑，2017年11月）算起，前后历经3年多时间，完成了《时局与地域：全面抗战时期云南的经济开发与经济建设研究》这部书稿。

笼统地讲，人类社会的发展过程就是"人—地"不断互动的过程。任何具体的人类活动都发生于特定的地理环境之中，受其制约。人类对地理环境是否了解、是否尊重，以及了解与尊重的程度如何，都会直接影响人类活动的结果与价值。因此，任何的经济建设与经济开发活动的结果如何，往往与是否做到了"因地制宜"，以及在多大程度上做到了"因地制宜"直接相关。与此同时，任何的人类活动，都不可能脱离具体的时代，任何具体的人类活动产生于特定的时代，并随时代的变化而变化。因此，任何的经济建设与经济开发活动往往是特定时代的产物，其内容、特点乃至于结果在很大程度上无不是对这一"特定"时代的反映。基于这种考虑，我放弃了原计划写一部全面抗战时期的云南"经济史"或"经济地理"的想法，而是选择那些"时代"即全面抗战时期这一特定的"时局"与"环境"即云南特定的"地域"特征对经济建设与经济开发的共同塑造作用比较明显的个案，构成本书的研究内容。这样各章似可自成一"体"，虽失于系统，失于全面，但各章都围绕着时局与地域的互动而展开，有鲜明的"主题"，主线还是很清晰的。至于书中很多没有写到的方面，其实也都有比较充足的资料在手，我正在考虑找一个恰当的"主题"进行另一番专门的研究。希望进展顺利，几年后，再向学界推出一部有关近代云南（西南）经济地理研究的专书。

每每回首，我的人生总充满着一个个的"没想到"，也正是这一个个的"没想到"让我一步步走上学术研究的道路。不知道陕西师范大学历史系99级1班的同学还有谁记得，大一第一学期教我们《中国古代史》（上）课程的王晖老师快到期末时给全班同学布置了一个作业——"西周的土地制度"，同学们可以自由选择以简答、论述或小论文的形式完成这个作业。当时，对王晖老师此举，我并没觉得有多特别，但在自己混迹于高校后，才感觉出它的不一般来，并随时间的推移，愈发感佩于王老师的"师者"风范。班上60个人，好像有十几个人是写了小论文的，我便是其中之一。王老师改完作业，在下次的课堂上做了点评，原话已不记得，意思是：没想到有不少同学以"论文"的形式完成作业，值得肯定；大一的学生，刚从高中过来，接触学术论著不多，也还没有学过"论文写作"之类的课程，但有几位（具体好像是6位）同学写的"论文"还是蛮像论文的，有学术感觉。王老师一一点到了这几位同学的名字，我是其中之一。王老师大概不会想到，他的此番点评，对我是莫大的鼓舞，激发了我对学术的兴趣。

大三时《中国历史地理》的授课教师是唐亦工教授，她讲课风趣幽默，又喜欢叫学生回答问题。没想到的是，在第一次课上我就被提问了两次，而在第二次、第三次以及接下来的每次课几乎都要被提问一两次。这在当时，我也没觉得有什么特别，只是怕被提问时出丑，便对《中国历史地理》课不敢有丝毫怠慢，总要在课前做好预习。也正因为如此，当我在大学毕业前决定报考历史地理学专业研究生时，便不假思索地选唐老师做我的导师。成了唐老师的研究生后，有一次我问唐老师"您为什么在历史地理课上老叫我回答问题啊"，她说"其实第一次课叫同学回答问题，只是很随机地叫到了你，你回答得不错，有了好印象，以后就想给你多提供一些和老师交流的机会。因为我让学生回答问题是想和学生互动、交流，不是要为难学生"。现在想想，如果没有唐老师一次次的"逼问"，历史地理学之门于我，不知何时才会开启。从这个意义上讲，唐老师是我走上历史地理学研究之路的引路人。而跟随她作为研究生学习的三年时间，则奠定了我以后从事学术研究的必要基础。

硕士毕业后，虽因种种原因，我没有继续升学而是选择了就业，但并未放弃攻读博士学位的想法。2007年底，经再三考虑，我决定报考复旦大学历史地理研究所，但对于报考哪位导师我却没有一点概念，因为除了在陕西师范大学读研究生时听过葛剑雄先生的讲座外，史地所其他老师我一概未曾见过，对他们的研究领域也只是在面上有一定了解。因此，借着在上海出差的机会，我来到复旦大学邯郸校区校门口，通过保安的指引到了光华楼西主楼21楼。在楼道碰到当时在史地所读博士的梁志平老师（现上海工程技术大学教授），我说我想考史地所2008年的博士，他便把我带到了当时正在办公室的樊如森老师面前。樊老师是吴松弟老师带出来的第一个博士，时留所任教不足两年，在樊老师办公室我和吴松弟老师取得了联系。因他下午有课要来办公室，上课之前，在办公室，我和吴老师交流了半小时。吴老师表达了欢迎报考之意，但也向我坦诚地说报考他的博士的人比较多，竞争会比较激烈。回到工作单位后，在工作之余，继续复习，一切都很平常。翌年3月考试，英语没有过线，在失落之余，依然继续工作。没想到的是，吴松弟老师从上海打来电话询问我考试的结果，并鼓励我来年再考。更没有想到的是，在仅仅隔了一天后，接到史地所办公室老师的电话，要我将我曾发表的文章扫描发去，因吴老师打算破格录取我，提交研究生院的材料需要这些文章。说实话，我与吴老师素昧平生，如果没有吴老师的破格录取，虽不能说我就一定没有到复旦史地所求学的机会，但至少不会在2008年就有了这样的机会。复旦三年，言传身教，吴老师对我的影响至为深远。甚至在我博士毕业后好几年，吴老师担心我经济紧张又没有研究经费而疏于与学术界的交流，每年都要我去上海等地参加一两次的学术会议，所需费用都是在他项目经费里开支的。现在我和吴老师每年都会见面两次左右，在学习上，在生活中，在工作中，每每遇到困惑，打个电话、发个邮件给他，他总能让人豁然开朗。

像拉家常一样写出以上文字，就是想说，对于一个从小生长在小山村、上大学前没有走出我们那个县（甘肃天水秦州区）的我，走上学术研究这条路不是刻意为之，而是懵懵懂懂地在人生的关键阶段得遇"良师"，以及更多的润物细无声的好老师，在他们的感化、鼓励与帮助下，一步步走到了今天。虽说大恩不言谢，但很多时候，一声"谢谢"其实不是说给对方听的，而是说给自己听的，因为说了这声"谢谢"才可以让自己的内心感到踏实。2019年11月25日，当得知我高中时的班主任王健通老师于当天凌晨去世的消息，我才意识到，之前没有当面或没在我的文字中对我关心有加、曾向学校申请免除我学费的好老师表达一句感谢的话，是多么遗憾的事！于是，我想以后一定不能再错过向"恩人"表达谢意的机会。在此，我对在我人生中所有扮演过"师者"角色的人，真诚地说一声"谢谢"！如今，我也已为人师多年，王晖老师、唐亦工老师、吴松弟老师等诸位老师教我者，我当复教之，以各位老师为楷模，尽师者之本分，以报师恩。

本书在写作过程中，我指导的研究生刘长利、吴波，在搜集和整理资料上付出不少，书中部分章节的初稿也由他们完成，但修改、统稿都是我做的，我是把关人，因此，这部分的疏漏、不足和问题，责任也都尽在我一人，与他们无关。感谢他们的付出，希望他们因经历了这种学术训练而在以后的学术道路上走得更顺、走得更远。

感谢我的家人对我一直以来的支持。感谢父亲总是站在我的立场为我考虑、为我付出，以及对我永远的信任；感谢我的爱人，对我从来都是那么包容，始终如一的理解与支持，并勤勤恳恳地操持这我们这个小家；感谢我的两个女儿，是她们总是让我们的小家充满了欢声笑语。愿我的家人、所有关心和支持我的人，平安健康！

感谢山东画报出版社的领导，感谢本书责任编辑，由于他们的负责与细心，本书中的错误和不规范大为减少。祝愿山东画报出版社越办越好，多出精品！

张永帅

2020年2月16日于昆明